ライブラリ 経済学
レクチャー & エクササイズ　6

レクチャー&
エクササイズ
日本経済論

釣　雅雄 著

新世社

編者のことば

　急速に進む少子高齢化，累積する財政赤字，情報化やグローバル化への対応など，日本経済には課題が山積しています。課題を解決する方法を唱える言説は世にあふれていますが，それが望ましいかどうかを判断することは難しいです。経済学を学ぶことこそ，様々に飛び交う考え方を評価する力を身につけるきわめて有効な方法なのです。

　経済学を学ぶ意義は，経済の動きの理解だけにとどまりません。経済学は論理の積み重ねで成り立っており，経済学を学ぶことで，論理的に考える力を養うことができます。表面的なテクニックの習得に溺れがちな現代社会ですが，経済学の教養が，いまを生きる私たちには大切なのです。

　経済学の学びには，教科書が欠かせません。世の中には，数多くの教科書があふれていますが，自分に合った教科書を探すことは案外難しいです。特に初学者にとっては，その教科書の内容が標準的なのかどうかも，分からないことがあります。まずは本人に合った教科書を読むことが重要なのですが，初学者ほど情報が不足しています。

　これまで新世社では，数多くの経済学ライブラリを公刊してきました。この経験をもとに，経済学の初学者に対して，ここに「ライブラリ 経済学レクチャー＆エクササイズ」を公刊します。本ライブラリの特長は次の通りです。

- 経済学を学びたい大学1～2年生，学び直したい社会人を読者に想定しました。
- ERE（Economics Record Examination；経済学検定試験）や公務員試験がカバーする標準的な内容を基本として，これらの試験に対応した練習問題も取り入れました。
- 大学での半期15コマの講義を想定し，予習・復習もサポートする構成としました。
- 読みやすさを重視して2色刷とし，図表をバランス良く配置しました。

　新しい情報を知ったときの子どもの目は輝いています。「知りたい」という欲求は，人間にとって自然なものなのです。本ライブラリによって，読者の「知りたい」欲求が自然にわき上がってくることを，心より願っております。

上村　敏之

はしがき

　本書は，現実の日本経済（時事ニュースやデータなど）を読めるようになるための教科書です。特徴は，ネット上からデータを直接取得する方法を紹介するなど，新しいタイプの教科書となっていることです。すなわち，**Python**（Google Colaboratory）や **Google スプレッドシート**を利用して，ネット上から**経済データ**を入手し，**プログラミング**で整形する方法を紹介します。ゼミやオンライン形式，あるいは実習での利用で便利なように，図表データの入手先を少し詳しく記載しています。また，経済分析のための理論を同時に学びます。データは数字にすぎず，その解釈には経済学の理論が欠かせません。

　内容は，広い意味での**価格**を中心に構成しました。モノの値段（第5章）だけでなく，マクロ経済での**物価・インフレ**（第2章），労働市場の**賃金**（第6章），金融市場の**金利**（第3章，第7章），**為替レートや株価**（第7章）を含みます。また，経済構造を長期成長（第3章）と，短期の景気変動（第4章）に分けて分析しています。日本経済各論として，家計の消費（第6章），企業の投資（第7章），貿易（第7章）を学びます。さらに，現実の日本経済を学べるように，図表を豊富に掲載しました。

● 読者の皆様へ

　本書は，大学生や社会人が現在の経済情報を確認しながら学べる日本経済の教科書です。類似の書籍は今のところ見当たらず，そのため，データの入手や整形のプログラムは筆者独自に作成しています。もしかしたらより良い方法があったり，あるいは，入手方法が変更になっていたりする可能性もあります。そのような場合は，自分でデータを修正したり，新たな入手先を探したりしてください。そのこともきっと学びになると思います。なお，本書サポートページに修正・最新版を掲載する予定です。

　本書執筆時点，世界中で物価高となっており，日本も特異な状況です。次の図上段は品目別価格指数（消費者物価指数）で，前月比が1%より大きい品目の全体に占める割合を月別（1月，4月，7月，10月）に棒グラフにしたもの

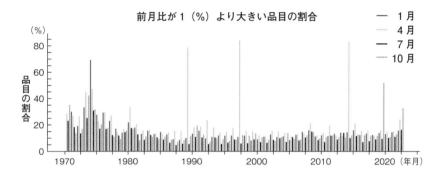

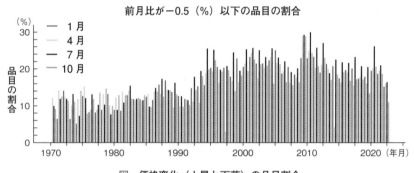

図　価格変化（上昇と下落）の品目割合
（出所）総務省統計局「消費者物価指数」より作成

です。消費税導入や増税の時期（1989年4月，1997年4月，2014年4月，2019年10月（ただし軽減税率あり））を除くと，石油ショック以来の品目数の多さです。

　下段では逆に，前月比が−0.5％以下と価格が下がった品目の割合を図にしてみました。1990年代半ばから2010年代初め頃までデフレ傾向だったところ，2010年代半ばにはやや落ち着いていました。とはいえ，デフレ傾向が根強いこともわかります。

　このような変化の中，本書が学習の中心に据えた物価と景気動向の把握は，今後の日本経済の構造をとらえるために重要です。2022年の物価高で状況が変化しそうな予感はありますが，まだ，どうなるかはわかりません。本書は，今後，経済変動が生じたときに，皆さんがその本質をとらえるとともに，変化に対応できるようになることを目指しています。

　ところで，この図は一見シンプルですが，実際に表計算ソフトで作成すると

なると大変です。品目は大分類，中分類，小分類，品目別という階層があるので，品目別のみを拾い出します。直近（2023年3月）までのサンプルサイズは約25万8,000で，2020年基準の品目数は582にもなります。その中から変化率が1%以上の品目数を数え，それを月別に色を分けて棒グラフにします。期間も長めで，1970年1月からの約50年間の月次データになっています。

このように，この図は大きなデータに基づいていますが，筆者は作成にそれほど時間をかけていません。それは，本文コラム2.3で紹介するプログラミングによるデータ整理をしているからです。第4次産業革命ともよばれる情報環境の変化で，大量かつ多様なデータがネットワークでつながり，個人による利用も可能になってきました。今後は，デジタル化やネットワークの深化により，これまでみたことがなかったようなさまざまな経済状況の把握がなされていく予感がします。

また本書では，総務省統計局e-StatなどからGoogleスプレッドシートやPythonを使用してデータを取得・整形する方法を紹介します。これらは無料で，またPCがなくてもタブレットやスマートフォンで利用が可能です。R，Stata，EViewsなど他のソフトウェアを使うときにも役に立つことでしょう。ただし，本書ではプログラミングの詳しい解説はしておらず，その手法は別に学ぶ必要があります。プログラミングは「習うより慣れよ」ですので，このような方法があるのを知ることで，徐々に自分でできるようになっていくことでしょう。

なお，本書はレクチャーとして経済学や経済状況について学びながら，復習や練習問題でデータの取得や処理をしていきます。この組合せによる学びが日本経済データの分析力へとつながるはずです。

● 授業を担当される先生方へ

本書の使い方の一つはゼミ（演習）での利用です。学生が実習として統計データの取得，整理，図の作成，発表資料を作成するのに利用できます。つまり，現実経済を事例とした具体的な実習が可能です。もう一つは講義での利用です。利用しているのは無料のソフトウェアなので，学生それぞれに自主学習してもらうことができます。また，オンライン授業での活用も可能です。本書は図表が多く，経済統計・情報の入手先を掲載しているので，教員が独自に作成した

資料の補助としても便利なはずです。データ実習に便利な補助資料は，本書サポートページにあります。

　筆者が執筆に関わったものとして『入門 日本経済論』（新世社）や『入門・日本経済［第6版］』（有斐閣，分担執筆）などがありますが，本書はこれらとは毛色が少し異なります。そのため，それらの教科書の補助資料として利用するのもよいと思います。

　本書では，物価，金利，賃金，景気，経済成長，消費，労働，投資など，日本経済を多様な視点からみていきます。実践的なデータの取得は主にコラムで説明されており，それらを自分でエクササイズしていくことで，高度な手法が徐々に身につけられる構成になっています。

　また，統計データの入手先や形式は変更されることがあります。本書で紹介した方法でデータの入手ができない場合は，変更されているかもしれないことを学生に伝えてください。自分で検索すれば，すぐに見つけられるはずです。

● 本書の活用方法（シラバス例）

　本書は，レクチャーとエクササイズの組合せで学べるようになっています。通常の授業（14回＋試験）の他，入門，演習，データ分析補助での利用ができます。そこで，授業形態や学年に合わせた学び方を表にまとめました。

　理論と実証分析を組み合わせた構成になっていますが，入門レベルでは理論の一部を省略することも可能です。本書で解説する理論はマクロ経済学やミクロ経済学で学ぶことのポイントですので，これらの科目を一度学んだ後のほうが理解しやすいかもしれません。その代わり，表にあげたテーマに重点を置き，日本経済の実際をみながら学ぶ方法があります。

　演習（ゼミ）で利用する場合は，これらのテーマはディスカッションの題材や課題となります。課題はエクササイズ（練習問題）にもあります。データ分析の実習で利用する場合は，表の右列「データ分析実習での利用」であげた部分が便利です。Google スプレッドシートや Python（Google Colaboratory）でのデータ取得方法を紹介しています。コラムでの紹介なので，実習をしない場合はこれらをスキップすればよいようになっています。

　本書は，経済統計や理論で経済分析するための手法や考え方を学ぶ教科書ですので，「日本経済論」などの科目での利用では，現状や過去の状況の説明が

表　授業での利用を想定したシラバスの例

授業	章，レクチャー＆エクササイズ		入門レベル（テーマ例）ディスカッション，課題	データ分析実習での利用
第1回	第1章 日本経済の読み方	1.1　日本経済を読む 1.2　経済分析とは	（経済学の概要，調べ方，注意点）専門分野にはどのようなものがあるか	・経済統計一覧，国際統計 ・実際の経済統計をみる
第2回		1.3　経済情報を集める 1.4　情報収集から分析へ	（日本経済の情報源）経済統計，白書，新聞などを読む	・相関係数 ・データ取得実習（デジタル化と経済データ収集）
第3回	第2章 マクロでみる日本経済：物価とマネー	2.1　日本経済と物価 2.2　物価と実質	（物価とマネー）日本銀行統計でマネーストック	・物価指数，ウェイト ・変化率，季節調整，寄与度
第4回		2.3　消費者物価指数 2.4　日本経済の動きを知る	（物価指数）物価指数の式，消費者物価指数の種類	・コラム2.3　消費者物価指数（Python）
第5回	第3章 日本経済の長期分析：経済成長	3.1　国内総生産（GDP） 3.2　経済成長の理論	（GDP，経済成長とは）GDP統計とその読み方，成長の理論	・国民経済計算，速報と確報 ・一人当たりGDP，購買力平価
第6回		3.3　経済成長の実際 3.4　日本経済の構造と課題	（戦後日本経済，労働，資本，技術）高度成長と低成長	・コラム3.2　実質GDP（Googleスプレッドシート） ・人口統計，貯蓄率，財政統計
第7回	第4章 日本経済の短期分析：経済構造と景気循環	4.1　日本経済の構造をとらえる 4.2　景気の指標，金利	（財市場，労働市場，金融市場）経済ショック，GDPギャップと景気	・GDPギャップ，景気動向指数 ・コラム4.1　金利の指標
第8回		4.3　景気分析 4.4　日本における景気循環の論点	（景気分析，海外，金融）寄与度分析，海外要因・金融政策との関係	・コラム4.2　在庫循環図 ・コラム4.3　国債金利（Python）
第9回	第5章 価格と日本経済	5.1　価格の変化 5.2　需要：消費と相対価格	（価格のとらえ方，相対価格，需要曲線の傾き）相対価格と一般物価の違い	・コラム5.1　品目別の価格
第10回		5.3　供給：生産，費用，利潤 5.4　日本経済のミクロ分析	需要曲線，供給曲線の傾きは何か？価格の設定，実例を調べる	・品目別の価格動向（図5.11）

第 11 回	第 6 章 家計消費と 労働	6.1　家計の消費 6.2　ライフサイクル仮 　　説と家計貯蓄	（世帯，消費・貯 蓄動向）収入別， 年齢別などでの違 い	・総務省「全国家計構 　造調査」 ・コラム 6.1　金融資 　産（Python, e-Stat 　統計）
第 12 回		6.3　労働 6.4　雇用の変化	（雇用，賃金，日 本的雇用慣行）非 正規雇用，賃金の 長期動向	・コラム 6.2　データ 　自動取得（Google 　スプレッドシート） ・コラム 6.3　プログ 　ラミングによる女性 　の労働力率分析
第 13 回	第 7 章 企業活動と 貿易・金融	7.1　企業活動 7.2　日本の貿易	（企業，法人企業 統計調査，貿易） 経常利益，営業利 益，売上高の産業 別動向をみる	・国税庁「会社標本調 　査結果」 ・コラム 7.1　法人企 　業統計（Google ス 　プレッドシート）
第 14 回		7.3　金融 7.4　国際金融と為替レ 　　ート	（金融，株価，為 替レート）株価や 為替レート動向を みる	・コラム 7.2　貿易統 　計のデータ入手と整 　形（Python） ・コラム 7.3　回帰分 　析：株価と為替レー 　ト
第 15 回	期末試験等			

不足するかもしれません。そこで，本書と組み合わせて別の教科書を利用する場合，現状については，改訂頻度の高いロングセラーの教科書（『入門・日本経済［第 6 版］』（有斐閣）など），過去の状況については拙著（『入門 日本経済論』（新世社））などがあります。また，「経済政策論」などの応用科目や「経済統計」などの補助教材にも便利です。なお，当初，財政統計も組み込むつもりでしたが，プログラムが複雑になるため省きました。国際機関の統計利用も便利なのですが，英語での利用にハードルがあるので省略しました（第 1 章で少し紹介しています）。

　本書の執筆には長い年月がかかりました。先にふれたように筆者は以前にも日本経済の教科書を出版しています。しかも，日本経済にはロングセラーや良書が多くあり，これらとは別の役に立つ教科書を執筆するにはどうすればよいのか，なかなかよいアイディアが浮かびませんでした。

　ところが状況は変化してきました。筆者は毎日，経済統計を確認するのを日

課としています。それをただ眺めるだけでなく，プログラミングによって大量の処理を短時間でできるようになりました。また，コロナ禍でのオンライン授業の取組みでは，これまでとは異なる教え方が必要となりました。このタイミングでそれらの模索が組み合わさり，これまでにない独自のものを執筆することができたと思います。

「ライブラリ 経済学レクチャー＆エクササイズ」編者の上村敏之教授（関西学院大学）と清水匡太氏（新世社）には長い期間にわたり励ましを頂き，心より感謝しております。また，岡山大学経済学部で日本経済や経済政策の科目を担当してきたことの積み重ねが本書の完成につながりました。2022 年に武蔵大学経済学部へ転出しましたが，伝統を感じるキャンパスでの執筆や授業は励みになりました。なお，本書の執筆中，私の恩師である浅子和美一橋大学名誉教授が『経済学入門 15 講』（新世社）を出版されました。これはまさに経済学教科書の決定版というべきもので，大変刺激を受けました。

最後に私事ですが，家族と両親の日頃の励ましに，この場を借りて感謝します。

2023 年 5 月

釣　　雅　雄

目　　次

第6章　家計消費と労働　　187

第7章　企業活動と貿易・金融　　229

日本経済の読み方

予習

　日本経済の構造や動きを把握するためには，統計やニュースからの情報を集めるだけでなく，理論や歴史的経験，数量分析などを踏まえた総合的な分析が必要になります。第1章では，その第一歩として，日本経済の読み方を学びます。さまざまな事柄を複合的にとらえていきますので，はじめは理解が難しいと感じても問題ありません。まずは経済分析のイメージをつかみましょう。

日本経済の読み方：
政府発表の各種資料，新聞，経済雑誌などで，経済の現状を把握する。経済統計の情報源，統計の定義，作成方法を知る。

経済学と経済ニュース：
経済情報を経済理論（モデル分析）で解釈したり，経済統計を収集して数量分析することで事実を確認したりする。

経済情報の収集と整理：
経済統計は，表や図により把握しやすくなる。クロスや時系列などデータ形式には種類があり，それに応じた整理をする。

日本経済分析：
モデル分析から因果関係を推測し，相関係数などで経済変数間の関係を把握する。

学びのポイント

レクチャー**1.1**　日本経済を読む

● 日本経済を学ぶ

　本書で**日本経済**を学ぶ目的は，経済統計やニュースなどから情報を得て分析し，それを仕事や生活に役立てるようになることです。たとえば，住宅を購入するときに住宅ローンを組むなら，金利の動きを知っているほうが有利です。年金保険のような長期的な人生設計でも，制度や日本経済の状況についての理解が役立ちます。皆さんが社会人となり，会社で海外とつながるプロジェクトを担当したときには，為替レートが将来どう動くのかを予測する必要があるかもしれません。金融機関なら，日本銀行の金融政策の動向やその影響を把握しておく必要があるでしょう。

　また，日本経済を学ぶことは予期しない**経済ショック**に対応する能力を身につけることになります。近年でも，就職氷河期とよばれる就職難，海外需要が急減したリーマンショック（世界金融危機），東日本大震災による甚大な被害（人的被害の他サプライチェーンの寸断など），パンデミック（新型コロナウイルス感染症拡大）など，経済にマイナスの影響をもたらすショックが発生しました。私たちは，そのようなショックに対応しながら生活を維持しています。

　本書での目標は，自分で日本経済の**データ**や**情報**を集め，**理論分析**や**数量分析**を行い，今後の日本経済の動向を見通すことができるようになることです。事実を知っているだけでは生活に役立ちにくいので，その経済現象がどのような意味をもつのかを理解することが必要です。日本経済の動向を調べて今後の見通しを立てたり，さまざまなショックに対する政府の**経済政策**の効果を求めたり，海外経済の動きが日本経済へどのような影響を与えるかなどを解明したりできるようになります。

　ジョーン・ロビンソンというイギリスの経済学者は「経済学を学ぶ目的は，答えが決まっている経済問題に答えられるようになるためではなく，どのようにして経済学者にだまされないかを知ることだ。」[1]と述べました。ジョークのような文言ですが，ここで重要なのは自分で考えられるようになるということ

---

[1]　"The purpose of studying economics is not to acquire a set of ready-made answers to economic questions, but to learn how to avoid being deceived by economists." (Joan Robinson (1955) "Marx, Marshall, and Keynes", *Occasional papers no. 9*, Delhi School of Economics.)

です。経済活動では，ひどければ詐欺被害もありますので，そのような不利益を避けるのに，経済学は役立ちます。

　また，多くの人が経済学を理解していることは社会的にも重要です。たとえば，公的年金は今後も長く維持できるでしょうか。膨らんだ政府債務残高は今後，どのような影響を経済に与えるのでしょうか。多くの人が，政府が適切な政策を採用しているかを判断できることが民主主義の基盤になります。そうでなければ，問題があっても解消されず，一時しのぎで問題が先送りされる政策ばかりになってしまいます。

> **日本経済分析**とは
> ・**現状把握**：問題意識，経済データ・情報収集
> ・**経済分析**：理論分析，数量（データ）分析，制度分析
> ・**インプリケーション**：経済予測，経済政策提言など

　私たちは，新聞やインターネット上のニュースなどで日本経済の日々の動きを知ることができます。ただ，たとえ毎日，新聞などで経済ニュースを読んでいたとしても，経済状況を正しく把握できているとは限りません。ニュースの情報は断片的なことが多く，また，事実確認が中心です。経済の動きを理解するには，ある程度の前提知識や背景の把握，あるいは分析力が必要とされます。現代の複雑な経済を理解するには，多くの情報を結びつけて複合的にみる必要があります。たとえば，経済政策は，国内要因のみを考慮すればよいのではなく，国際協調が必要な場合があるなど国際動向からも影響を受けます。あるいは，為替レートは，国内外の金利や物価，貿易，経済政策などさまざまな要因で変動しますので，経済全体の状況を把握していないと動きをつかめません。

　経済学では，**経済主体**とよばれる家計や企業などの経済行動を分析するとともに，市場や一国経済の動きなどを説明します。経済学の知識を身につけても，経済時事問題を解釈したり分析したりするのは，はじめのうちは難しいかもしれません。情報を得るとともに，複合的な視点で分析するというプロセスを身につけることが必要です。

● 経済学と経済ニュース

　一般的な情報収集手段は新聞や雑誌，あるいはネット上の記事を読むことで

す。新聞は，1 面にもっとも主要なニュースが掲載され，社説が載せられます。そして，総合，政治，経済，国際，企業，マーケット，社会などが続きます。新聞や経済雑誌は独自の取材に基づく記事の他，政府やその他機関が公表する経済統計に基づくものも多くなっています。

　情報収集の方法については，ネットでニュースを読む人の割合が大きくなりました。動画ニュースも手軽に閲覧できるようになっています。新聞通信調査会による 2017 年調査[2] によると，2017 年度に，はじめてインターネットニュース閲覧率（71.4％）が新聞朝刊閲読率（68.5％）を上回りました。インターネットニュースは，スマートフォンによる閲覧が多く，いつでもどこでもニュースに接することができるようになりました。過去の記事の検索も容易です。

　日本経済を理解するにはネットの活用は欠かせないものの，ネットの情報はそれが真実かどうかわからないケースも多く，かつ，情報へのアクセスが好みのものに偏ってしまう可能性もあります。そのため，経済学をよく学び，情報を鵜呑みにすることなく，自ら考えられるようになることが，ますます必要になっています。現状では，ネット情報を活用しつつ，新聞や雑誌などの有料メディアの情報でも確認するというのがよさそうです。

インターネットのニュース情報：レポート作成等で気をつけたいこと

- ネットで得た情報が統計（図表など）や事実の場合，元となった情報も確認する。作成者の意見の場合は，その論拠を確認する。
- 情報の出所を明記せずにコピペ（copy & paste）することは剽窃になる。引用する場合は，「　」でくくるなどするとともに，出所（作成者やウェブアドレスなど）を明記する。
- グラフなどの画像データもレポートへのコピペを避け，自分で作成してみる。データがなく引用せざるを得ない場合は，上記と同じく引用元を明らかにする。

　図表や写真，専門家の分析が掲載されている経済雑誌もあります[3]。デジタル

2　公益財団法人　新聞通信調査会「第 10 回　2017 年メディアに関する全国世論調査結果」
3　東洋経済新報社の『週刊東洋経済』は，その前身である『東洋経済新報』が 1895 年に創刊され，1919 年から週刊化された。同社ウェブページの記載によると，日本でもっとも古い週刊誌である。ダイヤモンド社の『週刊ダイヤモンド』は 1913 年に月刊誌として発売され，

版であれば，自分の関心のあることを検索して読むことも可能です。多くの新聞も，紙ベースだけではなくネットでも閲覧できるようになっています。

レクチャー **1.2** 経済分析とは

● 日本経済分析：現状と理論

　日本経済の動きを理解するには，**経済統計**や経済ニュースから現状を把握するだけでなく，経済構造を理論的に解釈できる必要があります。経済情報に接し続けると徐々に経済通になれますが，それらの断片的な知識だけでは経済の動きを理解しきれません。たとえば，**経済政策**の効果を評価するためには，**波及効果**を含めて考える必要があります。相互作用も含めて理解するには，**経済理論**（economic theory）という分析の枠組みが必要になります。

　理論とともに**数量分析**（あるいは定量分析（quantitative analysis））も，分析の精度を確かめるために行います。数量とは統計などの数値データを用いた分析のことで，表にまとめたり，図を作成したりするほか，統計的な解析も行います。経済学の**計量経済学**（Econometrics）という科目では，そのような手法を学べます。

　数値ではとらえられない事項の分析は**定性分析**（qualitative analysis）といいます。人々の幸福（well-being）は経済水準とどの程度関係があるのかというような問いにおいては，すべてを数値化して分析できるわけではありません。歴史や文化的な背景なども含めて分析することになるでしょう。

　経済分析では，さまざまな情報を組み合わせて考え，経済学の手法を使いこなし，統計などで数値的に分析します。情報を得て，他の人の意見も確認しながら，経済学や統計学の手法を用いて分析するという**分析プロセス**を繰り返すことで，徐々に日本経済の動きがわかるようになります。結果発表のプレゼンテーションでは内容がきちんとしているとともに，相手に明確（具体的）に伝わることが重要です。

1955 年から週刊となった。毎日新聞出版の『週刊エコノミスト』は 1923 年に創刊された。また，ビジネスよりの内容のものとして，日本経済新聞社の『日経ビジネス』がある。

分析プロセス
(1) 現状分析：経済統計，経済ニュース，政府情報など
(2) 理論分析：経済学（ミクロ経済学，マクロ経済学など）
(3) 数量分析：統計学，計量経済学，表計算などソフトウェア
(4) 分析発表：レポート・論文，プレゼンテーション

　本書の第 1 章では，主に（1）現状分析について学びます。現状分析では，情報や統計を整理し，それは（3）の数量分析につながります。また，（4）分析発表では，整理した情報や統計からグラフや表を作成することが必要になります。日本経済はそれらを組み合わせて分析する必要があるため，仕事や生活に十分に役立てるまでには慣れも必要です。

　日本経済分析の対象は経済現象のすべてです。そのため，経済学のさまざまな専門分野がベースになります。まず身につけたいのが**ミクロ経済学**（Microeconomics）と**マクロ経済学**（Macroeconomics）です。ミクロ経済学は個別経済主体（家計や企業など）の経済活動を分析します。あるいは，財やサービスが市場でどのような価格で取引されるのかを分析します。市場で決まる価格を**市場価格**とよび，**需要**と**供給**が一致する**均衡**（equilibrium）で定まります。**効率性**（efficiency）などを学ぶことを通じて，合理的な考え方が身につくでしょう。

　マクロ経済学では国単位の**経済構造**を分析するとともに，**経済成長**や**経済政策**を考えます。国全体の消費，労働，投資などが分析対象で，また，財市場，労働市場，金融市場などの複数の市場間のつながりもみます。

　その他にも計量経済学，経済政策，国際経済学，国際開発学，労働経済学，財政学，公共経済学，行動経済学，金融論，経済地理学，経済史などの専門があります。分析対象も多様で，家計や企業の他，政府，社会保障，地域，歴史，環境なども含まれます。

● モデル分析

　経済学では**モデル分析**とよばれる，経済構造を単純化した上で，経済変数間の相互関係を明らかにする手法を用います。最初は単純な設定から学ぶので，現実離れしていると感じるかもしれません。たとえば，ミクロ経済学の教科書

で2財モデルが出てきますが，世の中には2つ以上の商品がありますし，同じ財でも質が異なるものもあります。また，数学で表現するなど抽象的なので，難しく感じるかもしれません。

けれども，このような単純化したモデル分析により，分析対象の性質はより明らかになります。また，実際の経済は相当に複雑ですので，すべてを考慮したモデル構築は難しく，それぞれの変数の因果関係もわかりにくくなります。モデル選択や前提条件などで工夫して，経済の一部分のみを対象にすることで，現実経済の動きをうまく説明しやすくなります。

図1.1は新型コロナウイルス感染症拡大に対して，政府が2020年4月に緊急事態宣言を発令したときを例に，マクロ経済におけるモデル分析をイメージしたものです。実際の経済分析では数式で表現して，その枠組みを用いて統計分析まで行うこともできます。この図のポイントはそれぞれの経済活動や経済変数のつながりです。

経済ニュースと経済分析（例）（2020年，新型コロナウイルス感染症拡大）

「新型コロナウイルスの感染爆発を防ぐために政府が緊急事態宣言を発令したことで，東京など7都府県の8日の人の動きは減少した。東京駅周辺で人出が平時と比べ半減したとのデータもある。外食産業では約7000店が営業自粛を決めたほか，在宅勤務に切り替える企業も増えた。……」
（2020年4月9日付日本経済新聞）

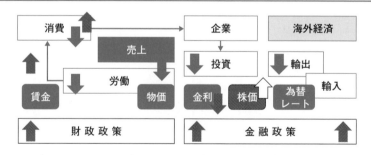

図1.1　経済ニュースのモデル分析イメージ

このときの緊急事態宣言では，新型インフルエンザ等対策特別措置法（特措法）に基づき，飲食店などに営業自粛命令が出されたり，学校の施設が使用を制限されたりしました。加えて，企業が在宅勤務に切り替えるなどしたため，人の動きと消費活動が大幅に低下しました。

　図 1.2 は総務省統計局「家計調査」の消費支出の統計により，2020 年の各月の世帯当たり平均支出額を，2015 年から 2019 年までの間の各月の平均額と比較したものです。5 年の間でも違いがあるので，その幅の目安として ±1 標準偏差も示しています。

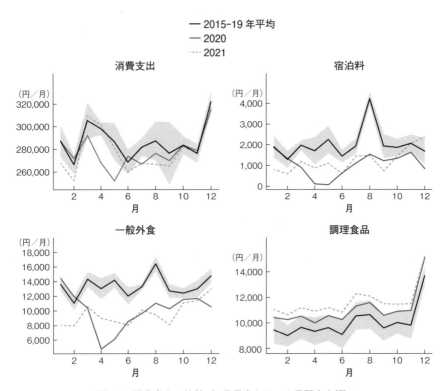

図 1.2　消費支出の比較（1 世帯当たり 1 カ月間支出額）
（出所）総務省統計局「家計調査」より作成
（注）2 人以上の世帯についての統計。2015-19 年平均は 2015 年 1 月から 2019 年 12 月までの月別の平均支出金額で，塗り領域は ±1 標準偏差の値。2020 年および 2021 年における各月の支出金額。

　図をみると，特に 2020 年 4 月や 5 月において，外食産業（一般外食）や宿泊業（宿泊料）などで影響が大きく，例年よりも家計における支出金額が大幅に下落しました。一方で，巣ごもり需要とよばれた家での消費需要は増えたので，スーパーで購入する食品などの支出金額は例年よりも増加しました。図で調理食品の動きをみると，どの月においても支出金額が大きくなっています。

この傾向は 2021 年でも続きました。

　家計の消費支出の減少は，企業の売上や利益の減少につながり，労働市場での賃金低下や失業率の上昇につながってしまいます。また，需要が低迷すると，物価も低迷することになります。そのため，このような状況では財政政策や金融政策での対応がなされます。2020 年に，失業率は上昇して賃金は下落しましたが，経済対策の効果でさらなる悪化は食い止められました[4]。

レクチャー **1.3** 経済情報を集める

● 主な経済指標

　多くの経済統計は政府により作成されており，発表と同時にウェブサイトに掲載されていることがほとんどです。表 1.1 では主要経済統計の資料調査名とどの省庁が作成しているかをまとめました。各指標については，本書を通じてそれぞれのテーマの箇所において学んでいきます。

　政府で統計を扱う部門の中心は**総務省統計局**で，そのウェブサイトからは多様な経済統計が入手できます。その他の個別統計は，各省庁やその他の機関のウェブサイトから入手できますが，各省庁のデータは e-Stat（政府統計の総合窓口）にもまとめられています。e-Stat では Excel や CSV 形式ファイルの他に，データベース化されている統計もあります[5]。長期統計としては『新版 日本長期統計総覧』（2006 年，日本統計協会）があり，同内容のものが総務省統計局ウェブサイトに「日本の長期統計系列」として掲載されています[6]。

　統計データをみるときに気にかけたいのは，その収集や作成の方法，各指標の定義などです。たとえば，失業率は労働力人口に占める失業者の割合のことで，日本の場合は完全失業率といいます。その意味は，直感的にはわかるので

---

[4] 新型コロナウイルス感染症に対する経済対策では，企業支援のための資金繰り対策や，雇用維持のための雇用調整助成金の特例措置などの政策が行われた。厚生労働省『令和 3 年版労働経済の分析』によると，雇用調整助成金等は，2020 年 5 月から 12 月末までで累積 2.5 兆円を超える支給決定が行われた。同白書では，この支給により，2020 年 4〜10 月の完全失業率が 2.1%ポイント程度抑制されたと推計している。

[5] API（Application Programming Interface）機能でデータを取得すると，表計算ソフトを利用した手作業ではなく，プログラミングによる項目抽出などが可能となる。また，ウェブ上でデータを自動取得してグラフを作成することもできる。e-Stat の統計ダッシュボード（https://dashboard.e-stat.go.jp/）のサイトが参考になる。

[6] ただし 2012 年以降は更新されていない。

表 1.1　経済統計の例

	資料調査名	主な期間	主な内容
総務省統計局	労働力調査	月次	完全失業率，就業者・雇用者数
	家計調査	月次	消費支出，実収入，貯蓄・負債
	人口推計	月次	人口（男女別，年齢階級，都道府県）
	消費者物価指数	月次	物価，インフレ率
内閣府	国民経済計算	四半期他	国内総生産（GDP），成長率
	景気動向指数	月次	一致指数，遅行指数，先行指数
	機械受注統計調査報告	月次	機械受注総額，船舶・電力を除く民需
経済産業省	鉱工業生産指数	月次	生産，出荷，在庫
	商業動態統計	月次	商業販売額（小売業，卸売業）
厚生労働省	毎月勤労統計調査	月次	現金給与，労働時間，実質賃金
	一般職業紹介状況	月次	有効求人倍率，新規求人倍率
財務省	法人企業統計	四半期	売上高，経常利益，設備投資
	財政統計	年度	国の歳入・歳出，財政収支，国債費
	貿易統計	月次	貿易収支，輸出額，輸入額
	国際収支統計	月次	経常収支，金融収支，対内・対外直接投資
	国債金利情報	日次	国債流通利回り
日本銀行	全国企業短期経済観測調査	四半期	日銀短観，業況判断，資金繰り判断
	企業物価指数	月次	国内企業物価指数，輸出・輸入物価指数
	マネーストック	月次	M3，M2，現金通貨，預金通貨
	マネタリーサーベイ	月次	マネタリーベース，日銀当座預金
その他	日経平均株価，TOPIX，為替レート，金利，地価公示，路線価など		

　すが，労働力人口とは何か，何歳からが対象なのか，失業者とはどのような状態なのかなど，細かなことは統計の説明で確認する必要があります[7]。

　具体例として，以下で，厚生労働省「毎月勤労統計調査」ウェブサイトにある説明のうち，「毎月勤労統計調査と労働力調査の相違について」の説明を抜き出しました。2 つの調査にそれぞれ労働時間の統計があり，その定義が異なることを説明しています。労働力調査は月末 1 週間の値から算出しているのに対して，毎月勤労統計調査は 1 カ月間の労働時間です。また，労働力調査は世帯調査なのに対して，毎月勤労統計調査は事業所（企業）調査という違いもあります。

[7] 完全失業率は総務省統計局の「労働力調査」で毎月発表されている。そのウェブサイトの「労働力調査　用語の解説」で定義を確認のこと。

[参考] 毎月勤労統計調査と労働力調査の労働時間の違いについて

　毎月勤労統計調査においては，一人平均月間総実労働時間数は，実労働時間数や常用労働者数を基に，次のとおり算出しています。

　一人平均月間総実労働時間数＝（所定内労働時間＋所定外労働時間）
　　　　　　　　　　　　　　÷［（前月末労働者数＋本月末労働者数）÷ 2］

　また，労働力調査においては，月間就業時間は，月末 1 週間の就業時間（週間就業時間）等を基に，次のとおり算出しています。

　月間就業時間＝（週間就業時間／週間就業日数）×月間就業日数

　なお，労働力調査では，事業所に対して調査を行う毎月勤労統計調査とは対象が異なることや，1 人が複数の事業所で働いている場合の扱いが異なることなどから，両者の結果を比較する際には注意が必要です。

（厚生労働省ウェブページ「毎月勤労統計調査と労働力調査の相違について」より抜粋）

　日々の情報収集は新聞やネットニュースでの確認となるでしょう。新聞では，政府発表の経済統計をベースにした記事も掲載されます。例として図 1.3 は2017 年度貿易統計速報に関する記事（2018 年 4 月 18 日付日本経済新聞夕刊）です。主要な統計表，時系列でみた動向のグラフとともに，そのときの特徴が説明されています。この記事は，2017 年度の輸出がリーマンショック前の2007 年度以来の規模で，約 79 兆円だったというものでした。前年度からの変化とその要因，長期的な動き，地域別動向，財別動向，為替レートなど他の経済変数との関係などについて記述されています[8]。経済統計からその動きを分析できれば，新聞記事のような説明ができるようになります。

---

[8]　なお，翌 2018 年度の輸出は約 80 兆円となり増加した。ただし，輸入がそれ以上に増加したので貿易収支（輸出と輸入の差）はマイナスに転じた。輸出額は，中国と米国の貿易戦争ともよばれる関税率の相互引上げの影響で，次の 2019 年度に減少し，さらに 2020 年度は新型コロナウイルス感染症拡大の影響で約 69 兆円にまで縮小した。

図 1.3　経済統計に基づく新聞記事の例

（出所）2018 年 4 月 18 日付日本経済新聞夕刊より日本経済新聞社の許諾を得て転載（無断での複写・転載を禁じる）

● 政府の経済情報

　政府は経済政策の方針を決めるための資料として経済情報をまとめ，それを公表しています。たとえば白書は，年に 1 度発行され，各分野の主要な事項について情勢分析がされています。主なものに**経済財政白書**とよばれている内閣府の『**年次経済財政報告**』があります。その時々で，重要な経済テーマが分析されているので参考になります。たとえば，平成 23 年度経済財政白書では，「第 1 章　大震災後の日本経済」において，東日本大震災による経済への影響を分析しています。ここでは消費者マインドへの影響やサプライチェーンの寸断などが取り上げられました。

　その他にも経済産業省の『**通商白書**』，中小企業庁の『**中小企業白書**』，厚生労働省の『**労働経済白書**』や『**厚生労働白書**』，農林水産省の『**食料・農業・**

農村白書』なども日本経済の理解に役立ちます。世界経済については通商白書の他に，内閣府の『**世界経済の潮流**』があります。

　白書は年に1度の発行というのがほとんどです。もう少し短期間での状況を確認したい場合は，内閣府の「**月例経済報告**」が便利です。同時に公表される「月例経済報告関係資料」[9]では，毎月の経済動向が，経済統計の図表とともにまとめられています。月例経済報告は閣僚会議に提出されますが，そのときの資料である「閣僚会議資料」では，経済状況がわかりやすく解説されています。また，同じく閣僚会議の「日本銀行資料」では金融状況がわかります。

　月例経済報告とは，政府が景気に対する**基調判断**を毎月発表しているもので「景気は，一部に弱さがみられるものの，回復している。(2008年1月)」やリーマンショック後の「景気は，弱まっている。(2008年10月)」のように，経済状況が独特の表現で示されます。同様の表現は景気動向指数に対する基調判断でも用いられ，その定義は**表1.2**にある通りです。ニュースでもよく出てくるので，聞いたことがあるかもしれません。このような判断を基にして，政府は経済政策の方針である「**政策の基本的態度**」を定めます。

表1.2　基 調 判 断

（出所）内閣府『景気動向指数（月次）』結果の概要にある定義と基準を著者が簡略化したもの

基調判断	定義	基準
改善	景気拡張	3カ月連続で3カ月後方移動平均が上昇など
足踏み	景気拡張の動きが足踏み状態	3カ月後方移動平均の符号がマイナスに変化など
上方への局面変化	景気の谷からの上方変化	7カ月後方移動平均がプラスに変化など
下方への局面変化	景気の山からの下方変化	7カ月後方移動平均がマイナスに変化など
悪化	景気後退	3カ月連続で3カ月後方移動平均が下落など
下げ止まり	景気後退の動きが下げ止まり状態	3カ月後方移動平均の符号がプラスに変化など

（注）3カ月後方移動平均は過去3カ月の平均値，7カ月後方移動平均は過去7カ月の平均値のこと。

---

[9] 資料としては，閣僚会議で参照するための「月例経済報告等に関する関係閣僚会議」とさらに詳細な「主要経済指標」がある。内閣府のウェブサイトからダウンロードできる資料は，図表がカラーで作成されたり，傾向についてのコメントがついていたりとわかりやすい。

　経済政策のうち金融政策を担っている日本銀行によるレポートも役立ちます。日本銀行は年に 8 回，金融政策決定会合において金融政策を決定しています。そのうち 4 回（通常 1 月，4 月，7 月，10 月）報告されるのが「**経済・物価情勢の展望**」です [10]。この資料では金融関連の情報がまとめられています。

　世界経済については，上記の白書や月例経済報告でもある程度確認できます。あるいは，国際機関の IMF（International Monetary Fund）が発行する 'World Economic Outlook' や OECD（Organisation for Economic Co-operation and Development）が発行する 'Economic Outlook' があります。これらの機関のウェブサイトの統計情報は豊富なので，世界経済と日本経済の関係を分析するときに便利です。

レクチャー **1.4** 情報収集から分析へ

● 経済統計の整理と分析

　経済分析をするときに必要となる経済統計は，入手した後，分析前に整理する必要があります。また，統計の数字だけをみて，何らかの傾向をつかむのは難しいので，図を作成して統計の動きや特徴を把握します。統計の整理や図表の作成は Microsoft の Excel に代表される**表計算ソフト**（図 1.4）で作成するほかに，より専門的なソフトウェアで行うこともできます。まずは，統計データをウェブからダウンロードして，表計算ソフトで整理しながら図を作成し，統計に慣れていくのがよいでしょう。

　表計算ソフトは直感的なデータ整理が可能ですが，手作業が多く時間がかかります。R や Python などでプログラムを組めば，複雑なデータ整理や処理，あるいは大量の図を作成したりすることが可能です。経済学を学ぶ中で，データ分析のための**プログラミング**も学習したいところです。

　経済統計をみるときには，その統計がどのようなものかを把握しておきます。一時点における国や都道府県など複数の主体に関する統計を集めたものを**クロスデータ**（または**クロスセクションデータ**）といい，比較分析するときに利用します。ある対象の時間による変化をとらえたものは**時系列データ**といいます。

---

[10] 2015 年まで毎月発表されていた金融経済月報は 2016 年に廃止された。ただし，内閣府の月例経済報告には日本銀行資料があり，金融政策関連統計を確認することができる。

図 1.4　表計算ソフト（Microsoft Excel）の例

時系列とクロスの両方をもつ統計は**パネルデータ**とよばれます。

> **(1) クロスデータ**：一時点での比較。国別，地域別，世帯別など
> **(2) 時系列データ**：時間軸での比較。変化率，トレンドなど
> **(3) パネルデータ**：クロスおよび時系列データ

　比較するためには単位をそろえなければいけないので，比率でみたり，ドル換算でみたりなどします。あるいは，GDP のように一人当たりでみる場合もあります。クロスデータでは，図としては，**円グラフ**（pie chart）や**棒グラフ**（bar graph）で確認すると傾向がわかりやすいです。時系列データの場合は**折れ線グラフ**（line graph）にすると動きをとらえやすくなります。

● 経済変数間の関係をみる：相関係数

　経済分析は，異なる 2 つ以上の経済変数の関係をみるのが基本になります。たとえば，所得が増加したときに消費はどの程度増えるのか，価格が上昇したときにその製品の需要はどう変化するのかといった分析です。異なる 2 つの変数がどのような関係をもつのかをみる指標として代表的なものに**相関係数**（correlation coefficient）があり，日本経済を読むのに有用です。なお，経済分析では因果関係も重要ですが，相関係数は因果関係を明らかにしていないこと

に注意してください。

　相関係数は 2 つの変数の関係をマイナス 1 から 1 の範囲で表すものです。0 なら相関関係がなく（**無相関**），0 より大きく 1 に近い値ほど**正の相関**が強く，0 より小さくマイナス 1 に近いほど**負の相関**が強いことを意味します。2 つの変数をそれぞれ x と y とし，相関係数を r_{xy} とおくと，以下の範囲になります。

$$-1 \leq r_{xy} \leq 1$$

　正の相関とは，ある変数の値（x）が大きくなると，もう 1 つの変数の値（y）も大きくなる傾向にあることをいいます。たとえば，ある家計の所得が増えると，消費支出額も増える場合，所得と消費支出額には正の相関関係があります。

　負の相関関係はその逆です。たとえば，ある財について，価格が上昇するとその販売量が減少する場合，その財の価格と販売量は負の相関関係にあります。

　相関係数 r_{xy} は，変数 x と変数 y の**標準偏差**（standard deviation）と**共分散**（covariance）から求めます。標準偏差は，平均からの乖離から計測するデータのばらつきです。x について，その平均値を $\bar{x}$ とします。x としてさまざまな値が観測されていますので，それらを順に x_1, x_2, x_3, … とおき，n 番目まであるとします。これをまとめて，x_i, $i = 1, …, n$ と書きます。すなわち 1 番目のデータは x_1，2 番目のデータは x_2 となります。y_i も同様です。

　それぞれについて，平均からの乖離（**偏差**（deviation））は $x_i - \bar{x}$ なので，この乖離をすべて足し合わせると全体のばらつきがわかりそうです。しかしながら，この差にはプラスの場合とマイナスの場合とがあり，単純な加算ではプラスとマイナスの値が相殺されてしまいます（すべての偏差を合計するとゼロになります）。そこで，2 乗して $(x_i - \bar{x})^2$ とし，すべてプラスの値になるようにしてから足し合わせます。

　それらをすべて足し合わせて個数で割ると**分散**（variance）が求められます。ここでは標本数の偏りを調整することを想定して $n-1$ で除していますが，n を用いる場合もあります。x の分散を s_x^2 とすると，分散は以下のようになります。

$$s_x^2 = \frac{1}{n-1} \sum_{i=1}^{n} (x_i - \bar{x})^2$$

ここで Σ（シグマ）は足し合わせる意味の記号で，1番目から n 番目までの合計となります。

　分散は2乗しているため，元の観測値と比較して大きな値になってしまいます。そこで，1/2乗（ルート）して，元の数値と同程度に戻し標準偏差 s_x を求めます。変数 y についても同じなので，x と y の標準偏差と分散をまとめると以下のようになります。

$$s_x = \sqrt{s_x^2}, \quad s_x^2 = \frac{1}{n-1} \sum_{i=1}^{n} (x_i - \bar{x})^2$$

$$s_y = \sqrt{s_y^2}, \quad s_y^2 = \frac{1}{n-1} \sum_{i=1}^{n} (y_i - \bar{y})^2$$

　共分散は，変数 x がその平均値からずれたとき，変数 y も同じく平均から離れるかどうかをみています。共分散を s_{xy} とすると，以下のように求められます。

$$s_{xy} = \frac{1}{n-1} \sum_{i=1}^{n} (x_i - \bar{x})(y_i - \bar{y})$$

　平均からの乖離を掛け合わせた $(x_i - \bar{x})(y_i - \bar{y})$ の値が大きいほど，x と y が同じ動きをしていることになります。x_i が平均 $\bar{x}$ から離れた値となったときに，y_i も同じく平均 $\bar{y}$ から離れるという連動です。そして，それらを掛け合わせて合計し，個数 n で割った（ただし通常は標本であるので $n-1$ で除する）値が共分散です。なお，反対方向に連動している場合はマイナスになります。

> 共分散は，$i = 1, 2, ..., n$ の x と y について
>
> 　　$(x_i$ の平均からの乖離$) \times (y_i$ の平均からの乖離$)$
>
> を計り，その平均的な値を求めたもの。

　次に，-1 から 1 の範囲になる相関係数を求めます。相関係数は，x と y の標準偏差により共分散を標準化（基準化）したものです。標準偏差を用いて，相関係数は以下のように求められます。なお，Microsoft Excel と Google スプレッドシートでは，CORREL 関数を用いると相関係数を計算できます。

$$相関係数：r_{xy}=\frac{S_{xy}}{S_x S_y}$$

$r_{xy}>0$　正の相関，$r_{xy}=1$　正の完全相関，

$r_{xy}=0$　相関なし，

$r_{xy}<0$　負の相関，$r_{xy}=-1$　負の完全相関，

では，例題をみてみましょう。図 1.5 では日本の株価と為替レートの関係を
グラフ化するとともに，それぞれの相関係数を示しています。アベノミクスと
よばれる一連の経済政策が 2013 年頃から始まり，同年 4 月からは日本銀行に
よる**量的・質的金融緩和**（あるいは異次元緩和）とよばれる大規模な金融緩和
が行われました。このとき，為替レートが円安となりました。

　一般的に，日本の輸出企業は円安により収益が増加すると考えられます[11]。
円安になれば，たとえば価格が前後で同じ 1 ドルのままでも，円換算すると，
円高のときよりも多くの円収入が得られるからです。また，その分，海外では
商品価格（ドル）を安くでき，価格競争力が高まります。

　図 1.5 で，日経平均株価指数と為替レートの関係をみると，相関係数が
0.823 と 1 に近く，グラフでも比較的強い正の相関があるようにみえます。や
はり，円安になると全体としては株価が上がりました。

　ただし，個別の企業の株価には違いがあります。図では，時価総額が大きい
企業について，この時期における相関係数を計算し，大きめのものからマイナ
スになるものまでいくつか選んで並べています。

　日立製作所の株価は為替レートと相関が強く，日経平均よりも相関係数が大
きくなっています。一方で，グローバル企業でもトヨタ自動車の相関係数は比
較的低く，0.216 にすぎません。もちろん，この間に他の要因が強くあるかも
しれず，為替レートだけで株価を説明できていないのですが，もしかしたら，
トヨタ自動車は為替レートに収益があまり依存していないのかもしれません。

　オリエンタルランドは，東京ディズニーランドなどを運営している企業です
が，輸出関連企業ではないので為替レートとの関係が薄いようです。また，円
安になると原油などの輸入財価格（円建て）が上昇し，コスト高になります。

---

[11] 円安になると輸入財の価格も高くなるので，生産構造によっては収益が悪化する場合もあ
る。

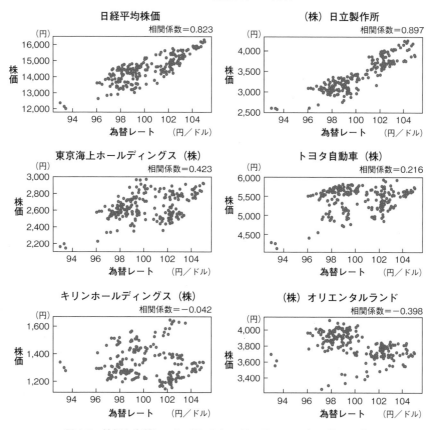

図1.5　**株価と為替レート（2013 年 4 月 1 日～2014 年 3 月 31 日）**
（出所）株価データは Stooq.com サイトのものを，Python の pandas datareader パッケージを
利用して取得した。為替レートのデータは米国の Federal Reserve Bank of St. Louis, Board of
Governors of the Federal Reserve System のもの。
（注）2013 年 4 月 1 日～2014 年 3 月 31 日　終値（日次データ）

そのため，株価と為替レートの相関係数がマイナスとなる企業もあります。

● デジタル化と経済データ収集

　統計データ収集は，デジタル化により大きく変化しつつあります。データの
入手は，ウェブサイトから Excel や CSV 形式のファイルを手動でダウンロー
ドして，表計算ソフトで処理するのが一般的でした。現在（2023 年時点）は，
インターネットを通じて直接入手し，自動的にプログラムで処理することも容
易になりました。API（Application Programming Interface）という仕組みを利

用して，最新のデータを自動で取得して処理し，グラフなどを作成したりすれば，日本経済の状況をより把握しやすくなります。手作業では難しい大量のデータを分析することも可能となります。

　プログラミングや統計ソフトウェアの利用方法は，別に学ぶ必要があります。ただ，プログラミングは「習うより慣れよ」ですので，このような方法があるということを知ることで，徐々に自分でできるようになっていくでしょう。ここではコマンドの説明などを省略して，まずは日本経済分析につながるデータ取得（ただし 2023 年時点の取得方法）を試してみます。EViews，Stata，R，Python，Google スプレッドシートでの方法を順番に紹介していきます[12]。

　もし，皆さんが大学などで有料の統計ソフトウェアを利用できるようなら，比較的，簡単にできるものがあります。たとえば EViews であれば，File → Open → Database とたどっていくと，さまざまなデータベースにアクセスできます。はじめてだとたどっていくのも難しいかもしれないので，以下のコマンドを Command の欄に順番に 1 行ずつ入力して実行（Enter キー）してみてください（workfile の作成が表示されるスタートアップ画面はその右上の×印で閉じます）。変数名は，自動的に表示される jp_ny_gdp_pcap_kd_frequency_y のままとしています。最後の line のコマンドはグラフ作成です（先頭の・は入力しません。・以降の部分が 1 つのコマンドなので，改行せずに入力し，それぞれを実行してください。すべて半角文字です）。なお，コードや仕組みが変更になっていれば，プログラムの修正が必要になります。

　これは，世界銀行データベース（World Bank Database）から，日本の一人当たり実質 GDP（GDP per capita（constant 2010 US$））を，1960 年から 2020 年まで取得するものです。このように，ネットからデータが容易に取得できるような仕組みがあり，最新データを頻繁に更新・取得するときに便利です。

```
・dbopen(type=worldbank, server=api.worldbank.org/v2)
・wfcreate a 1960 2020
・fetch(d=worlddevelopmen) jp/ny.gdp.pcap.kd?frequency=y
・line jp_ny_gdp_pcap_kd_frequency_y
```

---

[12] IT 関連の技術や仕様は変化が著しいので，ここで紹介した方法ではうまくいかなくなる可能性もある。データベースからある統計が削除されたり，コードが変更になったりもする。

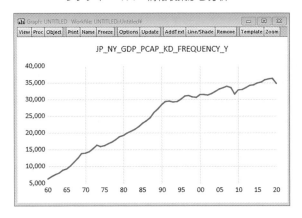

　Stata というソフトウェアも経済分析でよく用いられます。現在（バージョ
ン 18.0 時点），FRED（米連邦準備銀行経済データベース）が利用できます。
FRED は経済データが豊富なので，これだけでも便利です。

　ただし，FRED を利用するには（1）St.Louis FED のウェブサイトで登録し
て API key を入手し，（2）Stata でその key を入力する必要があります。現時
点では以下のようにします。入手方法は変化している可能性がありますので，
ウェブでの指示に従って入手してください。

FRED の API key 入手方法：
・St.Louis 連邦準備委員会の API keys 登録ページにある Request
　or view your API keys という箇所をクリックすると，Sign in
　ページになる。はじめての場合は Create New Account で登録。
　https://fred.stlouisfed.org/docs/api/api_key.html
・登録後に Sign in したページに API keys という項目がある。そこか
　ら再度 Request し，（手短でよいので）申請理由を英語で書くと入手
　できる。この key はアルファベットと数字からなるもので，Stata 以
　外でも利用する。API keys を他人と共有してはいけない。

　API key を入手できたら，一人当たり実質 GDP を取得してみましょう。以
下のコマンドで取得できます。日本に加えて，米国と中国も取得してみました

もし，うまく取得できない場合は，変更になっている可能性があるので，調べて修正してほ
しい。

（ファイル→インポート→米連邦準備銀行経済データベース（FRED）からた
どっても取得できます）。

```
・set fredkey 入手したAPIkeyをここに入力
・import fred NYGDPPCAPKDJPN NYGDPPCAPKDUSA NYGDPPCAPK
  DCHN, daterange(1960 2020)clear
```

　データ取得後に以下のコマンドを入力して実行するとグラフも描けます。グ
ラフをみると，かつて日本と米国は同様の伸びでしたが，1990年代以降で日
本の成長が低迷していることがわかります。中国は2000年代からの成長がみ
られますが，一人当たりの実質値は，比較するとまだ低い水準です。

```
・twoway(line NYGDPPCAPKDJPN daten)(line NYGDPPCAPKDUSA
  daten)(line NYGDPPCAPKDCHN daten)
```

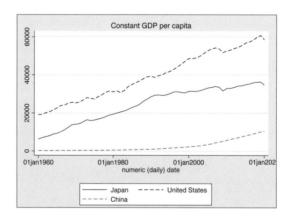

　なお，FREDのウェブサイトでもデータを確認できます。たとえば，日本の
一人当たり実質GDPのID（NYGDPPCAPKDJPN）を利用して，以下のウェ
ブアドレスからみることができます。グラフの他にデータのダウンロードもで
きるようになっています。

```
https://fred.stlouisfed.org/series/NYGDPPCAPKDJPN
```

　EViewsやStataは，上記のように比較的容易にデータへアクセスでき，か

つ，そのままデータ分析ができるので便利なのですが，個人で利用するには高価です（ただし学生版で比較的安価に入手できる場合もあります）。そこで，無料の統計ソフトウェアでは，R やプログラミング言語の Python を利用する方法があります。ただし，最初にインストールや環境構築が必要になります。R の場合は，RStudio などの開発環境で利用するのが便利です。

　R では，データ取得のためのパッケージがあり，たとえば世界銀行のデータベースを利用するには WDI パッケージを用います。利用する前に install.packages("WDI") を実行して，パッケージをインストールします。その後に以下のコマンドを実行すると，日本の一人当たり実質 GDP が取得できます。JP の文字を US に変えると，米国についての統計を取得できます。その他にも，もし上記の FRED を利用したい場合は，fredr というパッケージがあります。

```
・library(WDI)
・gdpc_JP <- WDI(country=c("JP"), indicator="NY.GDP.
  PCAP.KD", start=1960, end=2020, extra=FALSE,
  cache=NULL)
・View(gdpc_JP)
・plot(gdpc_JP$year,gdpc_JP$NY.GDP.PCAP.KD)
```

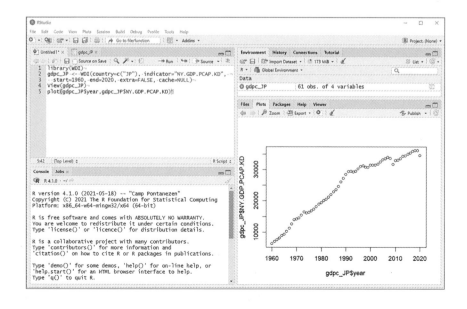

もし，Python を使えるようなら，pandas と pandas_datareader というライブラリ（拡張機能）で比較的容易にデータをネットから取得することができます。ライブラリは最初にインストールしておく必要があります。!pip install pandas-datareader のようなコマンドでインストールできます。

ただ，Python を自分のパソコンで利用するにはインストールなど手間がかかります。そこで，自分のパソコンでの環境構築をせずに利用可能なウェブサービスとして Google Colaboratory（https://colab.research.google.com/）があり，これを利用するとすぐに Python を利用できます。

Google Colaboratory から「ノートブックを新規作成」して，以下のプログラムを書き込み，実行（▲マークをクリック）してみてください。データ取得とともにグラフを描くことができます。ちなみに country=['JPN'] を country=['ALL'] とするとすべての国と地域のデータが入手できます（図は横軸の目盛りの表示調整をしていないので，重なりがあります）。筆者の環境では必要ありませんでしたが，pandas_datareader が読み込めないようなら，最初の行に !pip install pandas-datareader を追加してください。

```
・import pandas as pd
・from pandas_datareader import wb
・import matplotlib.pyplot
・df=wb.download(indicator = 'NY.GDP.PCAP.KD',
  country=['JPN'], start=1960, end=2020)
・df.sort_index().plot()
・display(df.sort_index())
```

日本の経済統計も e-Stat（政府統計の総合窓口）でデータベース化されています。ただ，データベース化されていないものも多くあり，その場合は Excel や CSV 形式のファイルをいったんダウンロードします（R や Python ではインターネットからこれらのファイルをダウンロードすることも可能です）。

現在のところの便利な方法として，総務省統計局の統計ダッシュボード（https://dashboard.e-stat.go.jp/）を紹介します。Google スプレッドシート（https://docs.google.com/spreadsheets/）と組み合わせて，最新データを自動取得することも可能です。Google スプレッドシートは Google のオンラインの

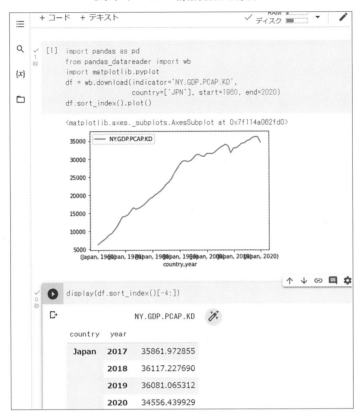

表計算アプリで，スマホやタブレットでも使えますので，必要な情報を取得設定しておけばスマホからいつでも確認できて便利です。

　もし Google のアカウントがあれば Google スプレッドシートを開いて，1つのセルに以下を入力してみてください（改行はせずに入力。すべて半角文字）。すると，図（画面のスクリーンショット）にあるように，2020 年 1 月以降最新までの完全失業率（季節調整済）が自動取得されるはずです。図では A4 セルに入力しています。"（ダブルクォーテーション）が全角やその他の似たような記号になっているとエラーになるので，注意してください。" で囲まれたhttps://〜の部分のみをウェブブラウザで打ち込んで統計をみることもできますが，Google スプレッドシート利用のほうが分析に用いやすくなります。

　ここで，0301010000020020010 が完全失業率のデータ系列 ID で，この部分（およびそれ以下の設定）を変えると他の統計も取得できます。主要な統計が

おおむね同様に取得できます[13]。総務省統計局の e-Stat ダッシュボードは簡易版ですが，代表的な統計を入手するには十分です。より本格的に詳細なデータを入手できる方法もあります。

```
=QUERY(IMPORTDATA("https://dashboard.e-stat.go.jp/
api/1.0/Csv/getData?Lang=JP&IndicatorCode=030101000002
0020010&Cycle=1&RegionalRank=2&IsSeasonalAdjustment=2&
TimeFrom=20200100"),"SELECT Col5,Col10")
```

　この方法だと数値のみが出てくるので，統計情報がわかりにくいかもしれません。その場合は以下のアドレスで統計情報を取得できます。上記のアドレスの getData? を getIndicatorInfo? へ変更しているのみです。用語の説明や単位（この場合は%）などの情報が表示されます。

```
https://dashboard.e-stat.go.jp/api/1.0/Csv/getIndicato
rInfo?Lang=JP&IndicatorCode=0301010000020020010&Cycle=
1&RegionalRank=2&IsSeasonalAdjustment=2
```

　日本経済分析に必要となるデータ収集に向けて，さまざまな方法を紹介しました。試してみて，自分に合った方法を見つけてみてください。本書でもデータ取得について説明していきます。なお，利用規約などに注意してください。いずれも出典を明らかにするよう求められています。当然ですが，データを変に加工したり，あるいはねつ造して，あたかも公式統計のように発表してはいけません。

---

[13] データ系列 ID の一覧は，https://dashboard.e-stat.go.jp/providedDataList で確認できる（2023 年 5 月時点）。系列 ID とともに系列要素 ID というのがあるが，その最後の 6 つの数字が順番に「データ周期（Cycle）」，「地域階級（RegionalRank）」，「原数値・季調値（IsSeasonalAdjustment）」である。ここでは CSV ファイル形式でファイルを取得しているが，他の形式もある。もし，データ取得の期間を最新までではなく，ある時期までにしたい場合は，（たとえば 2020 年 12 月まで）TimeFrom=20200100&TimeTo=20201200 のようにする。Google スプレッドシートを利用しなくても，" " で囲まれる https:～の部分だけでウェブブラウザなどからファイルを取得することもできる。

復習

（1）日本経済分析では，ニュース等で経済状況を把握するとともに□□□□分析や実証分析を行います。

（2）経済分析のレポート作成では，情報の□□□□を明記せずにコピペ（copy& paste）することは剽窃になります。

（3）経済構造を単純化した□□□□分析により，経済変数間の相互関係が明らかになります。

（4）統計データをみるときには，収集および作成の方法，各指標の□□□□を確認します。

（5）内閣府「月例□□□□」では，政府の「政策の基本態度」がわかるとともに，経済状況を把握するための図表等も公表されます。

（6）国や都道府県など複数の主体に関する一時点の統計を□□□□データといい，時間による変化をとらえたものを□□□□データといいます。

（7）□□□□は 2 つの変数の関係をマイナス 1 から 1 の範囲で表すもので，0 より大きく 1 に近い値ほど正の相関が強く，0 より小さくマイナス 1 に近いほど負の相関が強い。

（8）統計データ収集は，統計書等のみではなくウェブから入手できます。API などの仕組みを利用して，R や Python などで□□□□により収集したり，Google スプレッドシートでの直接的なデータを取得したりすれば，データ更新が容易になります。

練習問題

問題1　経済ニュース

　現在，日本経済で課題となっていることに関して，ネットニュース，新聞，経済雑誌の3つの資料を集めて内容を比較してみてください。ただし，問題2以降もこのニュースを利用するので，経済分析できる内容のものを選んでください。

問題2　現状把握

　問題1の経済ニュースで用いられている経済統計を確認してください。ネットを利用して，その統計のウェブサイトで確認し，ニュースの数値を経済統計から見つけてください。経済統計での用語の定義なども確認してください。

問題3　経済分析

　経済分析は主に理論分析と数量分析からなります。問題1のニュース解説で，どのような理論が用いられているのか確認し，その理論の概要をまとめてください。数量分析があれば，その手法や結果についてまとめてみてください。

問題4　政府の経済情報

　政府は経済統計だけでなく，経済分析を含む報告書も発表しています。たとえば，さまざまな分野で白書があります。内閣府の月例経済報告は毎月発表されています。問題1のニュースに関連する政府資料を探し，その内容を確認してください。もし，月例経済報告と関連があれば，月例経済報告で確認してみてください。

問題5　経済統計の整理と分析

　問題2で確認した経済統計を Excel や Google スプレッドシートのような表計算ソフトで整理し，何か意味のあるグラフを作成してみてください。

問題6　分析発表

　問題1～5の内容を，文章やあるいはパワーポイントのスライドにまとめてください。もし発表する機会があれば，発表もしてみてください。ここで，なぜそのニュースを選択したのかという問題意識も加えてください（それが日本経済の課題であることの説明になります）。

問題7　実習：データ取得

　本文「デジタル化と経済データ収集」では，R，Python（Google Colaboratory），EViews，Stata，Google スプレッドシートでデータを直接ダウンロードする方法を紹介しています。これらのうちいずれか，あるいは他に可能な方法によりデータ取得してみてください。

練習問題解答
いずれの問題も特定の解答はありません。

第 2 章

マクロでみる日本経済
：物価とマネー

予習

　本章では，日本経済をマクロ（経済全体）の視点からとらえるために重要な物価とマネーについて学びます。物価は財・サービス市場の状況を把握したり，時系列での比較や名目値から実質値（数量変化）を算出するために用いられたりします。名目値は経済におけるマネーの量によって変化することを学びます。

物価とマネー：
マネーは現金通貨と預貯金の合計。マネーの変化が物価の変化をもたらす。マネーを通じて景気に働きかける金融政策がある。

物価と実質：
名目の金額を数量に変換したものが実質値。実質値は，過去と現在の財の価値を比較するときや購買力の指標として用いられる。

物価指数：
消費者物価指数は，さまざまな財・サービス価格の加重平均で，基準年の物価を 100 とする指数である。

変化率と寄与度：
変化率には対前年同期比や対前期比などがある。各項目の寄与度を合計すると全体の変化率になる。

学びのポイント

レクチャー **2.1** 日本経済と物価

● 物価とマネー

　日本経済の全体の動きを知るための基礎となる経済指標が**物価**（price level）です。物価とは経済全体[1]でのモノやサービスの価格の動きを示す経済指標です。物価は財・サービスの全体的あるいは平均的な価格水準ですが，その動きは景気動向と連動します。景気が良くなると，経済取引が活発化して需要が供給を上回り，インフレ（インフレーション）とよばれる物価上昇が発生します。

　また，物価は**通貨**（currency）の価値も示していて，通貨価値は経済に出回っている通貨量に依存します。たとえば，通貨の量が多くなると，通貨 1 単位当たりの価値は低くなります。

　ところで，日本における日本円などの自国通貨と他の国の通貨（外貨）との相対価値は，必ずしも一定ではありません。自国通貨と外貨との交換レートが**為替レート**（exchange rates）です。為替レートが変化すると輸入物価を通じて国内の物価に影響し，逆に国内外の物価変動が為替レートに影響を与えることもあります。

　経済構造や景気動向は物価との関係が深く，物価動向をとらえるためにはマネーの量を把握することがカギとなります。ここでは，物価統計の作成方法も学びながら，物価から経済の動きをみる方法を学びます。

　価格の単位は日本なら円，米国ならドルなど，国によって異なる通貨で測られます。通貨は財の価値を測る**価値尺度**（ニューメレール；numéraire）です[2]。すなわち通貨との交換比率がその財の価格になります。通貨によってモノやサービスの価値は**価格**として表示されます。

　通貨には**現金通貨**（日本においては日本円の貨幣や紙幣）の他に，**預金通貨**（普通預金など）もあります。それらを合わせたものを**マネー**とよび，その量を**マネーストック**（money stock）といいます。教科書によってはマネーサプライ（money supply）とよんでいることもあります。マネーストックは日本銀

---

[1] 本書では物価と価格を区別しているが，英語だとどちらも price。英語で物価という場合は，複数形の prices や price level，あるいは変化率である inflation でとらえる。
[2] ここでは通貨を基準とした場合をみる。経済学で貨幣がない前提の分析では，ある財をニューメレールとして分析することもよくある。

行のマネーストック統計により発表されています。

マネーとは？　現金と預貯金の合計残高

　日本銀行が公表しているマネーストック統計では，対象の範囲によって狭い順から M1，M2，M3，広義流動性の指標があり，経済状況との関係では M3 がよく利用されています。定義は，以下の通りです。

M3＝M1＋準通貨＋CD

M1＝現金通貨＋預金通貨

　預金通貨とは普通口座預金や当座預金のことです。準通貨は定期預金や外貨預金のことを指します。CD（Certificate of Deposit；譲渡性預金）は譲渡可能な預金のことです。以前は M2＋CD がマネーの指標としてよく使われていたのですが，M2 には郵便貯金が含まれていません。郵政民営化以降は全預金取扱機関が範囲となる M3 が中心的指標となっています[3]。

　日本銀行のウェブサイトには「時系列統計データ 検索サイト」があり，各種統計が取得できます。2023 年時点では，「主要指標グラフ」「主要時系列統計データ表」という欄があり，グラフや統計が簡単に確認できます。「主要時系列統計データ表」の「マネタリーベース平均残高［月次］」をたどると，表 2.1 にある指標を確認でき，それらのデータはダウンロードできます[4]。

表 2.1　**マネーストック（兆円）**
(出所）日本銀行統計より作成

年月	M3	M1	(M1 内訳)	
			現金通貨	預金通貨
2005 年 4 月	1,030.1	470.9	69.4	401.4
2010 年 4 月	1,074.9	496.4	73.7	422.7
2015 年 4 月	1,219.1	617.8	85.4	532.4
2020 年 4 月	1,397.8	853.9	104.4	749.6
2022 年 4 月	1,554.8	1,024.0	114.0	910.1

(注）単位は兆円，月次データ，平均残高。

---

[3] 日本では銀行へ預けたものは預金，ゆうちょ銀行へ預けたものは貯金とよぶため，合わせて預貯金ともいう。

[4] 利用頻度が高い指標は「データコード直接入力」を，統計全体を最新分まで取得したい場合は「各統計データの一括ダウンロード」を利用するのが便利（ただし，2023 年時点情報）。

　表2.1でマネー残高（月平均）をみると，M3は2022年時点で約1,554.8兆円ですが，そのうち現金通貨は114兆円にすぎません。また，2005年と比較すると，M3は約525兆円増加しているものの，そのうち現金通貨の増加は約44.5兆円にすぎません。

　財やサービスを購入するときに利用する紙幣や硬貨（最近では電子マネーも）は，それ自体には価値がありません。そのため，安定的な通貨制度を導入するのは難しいことがあります。かつては，紙幣の価値が金で裏づけられ（**金本位制**），金に交換できる**兌換紙幣**だった時期もありました。現在は**不兌換紙幣**とよばれるものになっていて，金などによる裏づけがなくても普通に利用されています。このような価値づけされていない不兌換紙幣による通貨制度は，政府・中央銀行の信用により維持されています。

● マネーと景気

　次に，物価の動きをとらえるためのポイントを学びます。1つめは，物価はモノとマネーの相対価値，あるいは相対的な量で決まることです。財の量が一定のまま，マネーの量だけが増加すると，相対的に1単位（日本の場合1円）当たりのマネー価値が下がり，物価が上昇します。

　たとえば，仮に，政府・日銀がこれまでの1万円紙幣を10万円紙幣として利用できると宣言したとします。これはマネー（ここでは現金）量が10倍になったことを意味します。1万円が10万円になって一瞬うれしいかもしれませんが，実質的には何も変わっていません。おそらく物価が上昇し，今まで1万円で購入できていたモノが10万円になるだけでしょう。

> マネーストック増加➡物価上昇（インフレーション）
> マネーストック減少➡物価下落（デフレーション）
> 　　　　　または停滞（低インフレ）

　2つめはマネーの量を中央銀行が変化させることができるということです。**通貨発行権は中央銀行**（日本の場合は日本銀行）がもっています。中央銀行の重要な役割は**物価の安定**[5]ですが，マネーの調整により行います。また，**金融**

---

[5] 2013年1月に日本銀行は，2％の物価安定の目標（消費者物価の前年比上昇率）を定めた。インフレ率を一定範囲に収めるインフレーション・ターゲティング（inflation targeting）の

政策として景気への働きかけを行うこともあります。

　ただし，中央銀行は，**量的金融緩和**[6]のようにマネーの量を直接変化させることもありますが，通常は金利を通じた調整で政策を行います。たとえば，景気が過熱しているときには，**金利**（利子率）を引き上げて投資を抑制するなどして景気を落ち着かせてインフレ率を引き下げようとします。これを**金融引締め**（monetary contraction または monetary tightening）といいます。逆に，不景気のときには金利を引き下げて景気を下支えします。これを**金融緩和**（monetary easing）といいます。

　中央銀行は，金利を操作するために政府が発行する**国債**などの**債券**（bond）を売買します。債券とは，国や企業が投資家から資金を借り入れるときに発行する有価証券のことをいいます。債券発行体は，定められた期間ごとに利子を支払うとともに，満期に元本を返却します。

> 金融緩和　：金利引下げ（マネー増加）
> 金融引締め：金利引上げ（マネー減少）

　量的緩和政策は，金利が低く（ゼロ金利など）さらには下げられない状況において，**マネタリーベース**（monetary base）の量を政策目標とする政策です。マネタリーベースは，現金（紙幣と貨幣）および**日銀当座預金**（日本銀行当座預金）からなります。日銀当座預金とは，金融機関等が日本銀行にもつ当座預金のことで，金融機関が銀行間や国との決済のために保有しています。日本銀行はその名の通り銀行ですが，一般の人はこの口座を開設できません。

　現金と預貯金の合計であるマネーストックとは異なり，マネタリーベースに含まれるのは現金と日銀当座預金のみです。日本銀行は預貯金を直接操作はできませんが，金融機関から国債を購入した代金を日銀当座預金に振り込むことなどによりマネタリーベースは調整できます。量的緩和政策では，マネタリーベースの変化がマネーストックへ影響すると想定されています。

金融政策は，さまざまな国で採用されている。日本ではデフレ経済からの脱却という意味合いも強いが，物価の安定という目的にも合致している。

[6] 量的金融緩和は英語で Quantitative Easing（QE）といい，引締めは Quantitative Tightening（QT）という。2008 年に発生した世界的な金融危機（日本ではリーマンショックということが多い）に対して，米国の中央銀行にあたる FRB（米連邦準備理事会）が量的金融緩和を採用し，以降，新聞等のニュースで QE の略語が多く使われた。本書では通常は金利による金融政策としたが，日本では量による金融政策が常態化してきた。

> マネタリーベース
> ＝日本銀行券発行高＋貨幣流通高＋日銀当座預金

　マネタリーベースの量による金融緩和は，経済全体のマネーストックを操作できているわけではないため，マネーが増加しない場合もあります。図2.1 をみると，2013 年から日銀当座預金の増加が大きくなってマネタリーベースが増加しています。この時期から，アベノミクスや量的・質的金融緩和とよばれる政策が採用され，日本銀行が大量の国債を購入し始めました。日本銀行は市場を通じて国債を購入し，購入した国債への支払いは日銀当座預金になされるのです。

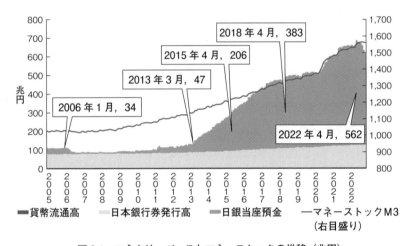

図2.1　マネタリーベースとマネーストックの推移（兆円）

（出所）日本銀行統計より作成
（注）月次統計。マネタリーベース＝貨幣流通高＋日本銀行券発行高＋日銀当座預金。図中四角内の数値は日付と日銀当座預金（兆円）。貨幣流通高は棒グラフ一番下にあるが，額が小さいため見えにくい。

　けれども，マネーストック（M3）の顕著な増加はみられません。マネタリーベースとマネーストックの関係が弱く，経済ではマネーが増えず，物価も上昇しませんでした。
　3 つめは，モノ・サービスの側の要因による物価の変動です。物価は**経済の体温計**ともよばれ，経済状況と連動します。日本経済全体（マクロ経済）での需要と供給をそれぞれ**総需要**，**総供給**といい，両者の差を**需給ギャップ**[7]とい

います。景気が過熱しているときは，需要が高まってモノ不足の状態です。このときに需給ギャップはプラスの値となり，物価上昇（**インフレーション**）しやすくなります。逆に景気が後退して不景気となるとインフレは抑制され，場合によっては物価下落（**デフレーション**）することもあります。このように，物価の動きは景気状況と連動しています。

> 好景気（需要＞供給）→インフレーション
> 不景気（需要＜供給）→低インフレまたはデフレーション

　図 2.2 は，内閣府が推計している需給ギャップと，それに期間などを合わせて推計したインフレ率の動向を比較したものです（特殊な計算をしているので，その計算方法は図注参照）。両者の動きが似ていることがわかります。ただし，消費税率が引き上げられた 1997 年と 2014 年はズレがあります。消費者物価指数には消費税増税が反映されているためです。

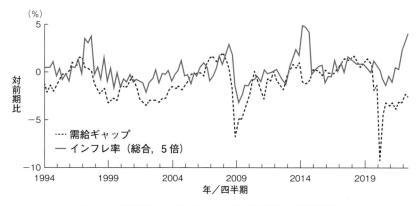

図 2.2　需給ギャップとインフレ率（四半期，対前期比）
（出所）内閣府「GDP ギャップ，潜在成長率」（令和 4 年 9 月 22 日更新）および総務省統計局「2020 年基準消費者物価指数」より作成
（注）インフレ率は月次の総合指数を四半期へ変換（平均値）した上で対前期比変化率を計算し，さらにこの変化率についての 3 期移動平均を求めたものである。また，需給ギャップとの比較を容易にするため，インフレ率の値を 5 倍したものを図にしているので実際の値は 5 分の 1 である。

　2019 年の消費税増税は物価への影響がみられません。ところが，需給ギャップとの差は大きくなっています。本来は不景気で物価低迷のところに消費税

---

[7]　需給ギャップは GDP ギャップともよばれる。

増税の分が上乗せされたため，変化がみえないだけかもしれません。

　それぞれの個別のモノやサービスにおける**相対価格の変化**は景気動向とは直接的には関係しません。モノやサービスの価格は需給ギャップにかかわらず，制度，貿易，技術革新などの要因で上下しますので，相対価格の変化は常に生じています。対して，物価の変化は経済全体での**一般物価の変化**を示しています。個々の財・サービスの価格と経済全体での一般物価の動きとは異なるという点に注意しましょう。

　図2.3はいくつかの財・サービスの価格の動きを，消費者物価指数を用いて比較しています。一般物価を表す総合はこの20年間において比較的一定です。しかしながら，通信や教養娯楽用耐久財（電化製品など）のように下落してきたものがあります。教養娯楽用耐久財は，2012年頃まで著しい下落になっています。2021年の通信料下落は，政府が推し進めたスマートフォン等のネット通信利用料金引下げ政策による効果です。

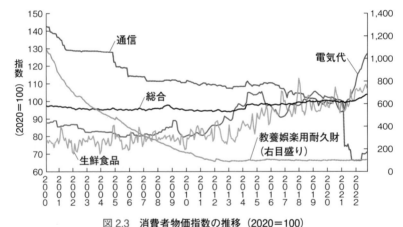

図2.3　消費者物価指数の推移（2020＝100）
（出所）総務省統計局「消費者物価指数（品目別価格指数（1970年1月～最新月））」より作成
（注）2020年基準消費者物価指数，月次，2000年1月～2022年11月まで。

　一方で，電気代や生鮮食品は2010年代以降に上昇傾向の時期が多くみられます。電気代は発電に必要な液化天然ガスなどの燃料資源をほぼ輸入に頼っているため，燃料資源の国際価格（ドル価格）や為替レートにも依存します。特に2022年には大幅な円安となったため，電気代が上昇しました。

コラム 2.1　マネーを増やすとは？

　マネタリーベースは主に日本銀行券発行高（現金）と日銀当座預金からなります。中央銀行はこのマネタリーベースを通じて，経済のマネーストック（現金通貨および通貨預金）へ影響を与えます。2013 年からのアベノミクスとよばれる一連の経済政策では，金融緩和が 3 本の矢の一つとして，重要な政策手段とされました。本文の図 2.1 にあるように，この時期には，主に日銀当座預金が増加することで，マネタリーベースが増加しています。

　では，日本銀行はどのようにマネーを増加させる金融政策を行うのでしょうか。すなわち，どのように日銀当座預金を増加させるのでしょうか？　次の記事は2016 年 3 月のマネタリーベースについてのもので，アベノミクスが始まってからしばらく経った後でも，日銀当座預金残高が増加している状況がわかります。この記事にあるように，日本銀行が大量（「年間約 80 兆円に相当するペース」）の国債などを購入し，その支払いを日銀当座預金ですることで，日銀当座預金残高が増加するのです。

　　「日銀が 6 日発表した 4 月のマネタリーベース（資金供給量，月末残高）は 3 月末から 10 兆 4905 億円増えて 386 兆 1882 億円と，5 カ月連続で前月を上回って過去最高を更新した。日銀が金融機関から大量の国債を買い入れ，日銀当座預金残高の増加が続いた。……

　　マネタリーベースは市中に出回るお金（紙幣，硬貨）と金融機関が日銀に預ける当座預金の合計。日銀は市場に大量の資金を供給するため「年間約80 兆円に相当するペース」でマネタリーベースを増やす方針を決めている。」

　　　　　　　　（2016 年 5 月 6 日 9:28 日本経済新聞電子版「4 月末の資金供給量，
　　　　　　　　386 兆 1882 億円　5 カ月連続で過去最高」より抜粋。一部改変）

　このような日本銀行の金融市場調節の手段をオペレーション（公開市場操作）といい，購入する場合を買いオペ，売却する場合を売りオペとよびます。国債の他にも，CP（コマーシャルペーパー），社債，ETF（上場投資信託），J-REIT（不動産投資信託）といった金融商品でオペレーションを実施する場合があります。次の文章は 2013 年 5 月の金融政策決定から資産買い入れ部分を引用したものです。なお，その 10 年後の 2023 年 3 月でも同様の方針のまま（ただし 2016年にイールドカーブ・コントロール導入（p.139 参照））で，加えて ETF は年間約 12 兆円，J-REIT は年間約 1,800 億円に相当する残高増へと増加しています。

これほど長期にわたり金融緩和策が継続されたのは驚きです。

当面の金融政策運営（2013 年 5 月 22 日　日本銀行）
「2. 資産の買入れについては，以下の方針を継続する。
①長期国債について，保有残高が年間約 50 兆円に相当するペースで増加し，
　平均残存期間が 7 年程度となるよう買入れを行う。
② ETF 及び J-REIT について，保有残高が，それぞれ年間約 1 兆円，年間約
　300 億円に相当するペースで増加するよう買入れを行う。
③ CP 等，社債等について，本年末にそれぞれ 2.2 兆円，3.2 兆円の残高ま
　で買入れたあと，その残高を維持する。」

　ところで，日本銀行は一般の預金を預かっているわけではないのに，国債購入
のための資金をどのように用意しているのでしょうか？　日本銀行が日銀当座預
金へ支払うとき，その残高の数値を（書き換えて）増やすだけです。ただし，金
融機関が日銀当座預金から引き出すときには，日本銀行は現金を引き渡す必要が
あります。日本銀行は通貨発行権をもつのでそのようなことが可能なのです。国
債を保有していた民間金融機関は，皆さんから預かった預金で国債を購入してい
ます。そのため，間接的にはその預金が日銀の国債買い入れの原資になっていま
す。

　もし，日本銀行が政府から国債を直接購入するとどうなるでしょうか？　中央
銀行と政府を一体化した**統合政府**としては，お金を刷って使ってしまっている
（**財政ファイナンス**とよばれる）ことになります。日本のように政府債務残高が
莫大な場合は，裏づけのないマネーとみなされ，**ハイパーインフレーション**とよ
ばれる制御できない超高インフレにつながる可能性もあります。そのため，日本
銀行による国債の直接引き受けは財政法（第 5 条）により禁止されています。

レクチャー **2.2** **物価と実質**

● 実質とは

　物価は，過去と現在の財の価値を比較するときの指標となります。たとえば，
厚生労働省「賃金構造基本統計調査」で企業規模別新規学卒者の初任給の推移
をみると，1976 年の大卒・男性初任給は平均で 9 万 4,300 円でした。43 年後
の 2019 年は 21 万 2,800 円で，約 2.26 倍となっています。

　では，当時の金額を現在の価値に直して比較するにはどうすればよいでしょうか。一つの方法は，その給与でどれだけ購入できるのかの数量でみることです。たとえば，ある財の価格が1,000円のときに，1万円あれば10個購入できます。けれども，価格が2,000円に上昇すれば同じ1万円でも5個しか購入できなくなります。この計算式により，1万円の実質価値は10から5へと半減したととらえることができます。このように，名目の金額を数量に変換する方法が実質値で，実質値は以下のように計算します。

$$実質値 = \frac{名目値}{物価}$$

　所得の例に戻ると，財・サービスの一般物価を表す**消費者物価指数**（総務省統計局「消費者物価指数」の総合指数（2015年基準消費者物価指数），2020年時点データ）では，2015年の一般物価を100とすると，1976年は59.1でした。2019年は101.8です。そこから先ほどの初任給の実質値を計算[8]すると，この間の実質的な増加は約1.3倍と計算できます。名目で計算した2.26倍よりはずいぶんと小さいことがわかります。

　43年経っても，大卒初任給の額は実質的にはあまり変わっていないようですが，ただ，購入できる財の種類，性能や質はこの間に変化していますので，生活の質という視点からは，これでも本当の実質とはいえないかもしれません。それでも，通貨価値の変化を反映した値にはなっていますので，時系列での比較をする場合は実質値が適切です。

　変化率の場合の実質計算も覚えておくと便利です。以下のようになります[9]。

$$実質変化率 = 名目変化率 - 物価変化率$$

　ここで物価変化率は**インフレ率**のことです。

---

[8] 2015年の初任給は20万4,500円だが，これを基準とすると，1976年の実質値は約15万9,560円（＝9万4,300円/（59.1/100））で，2019年は約20万9,037円（＝21万2,800円/（101.8/100））となる。

[9] 1期前の値との差から計算し，変化率同士の積の項はゼロ（たとえば1％×1％は0.01×0.01＝0.0001とごく小さい）の近似値として本文の式が導かれる。対数を利用しても計算できる。

コラム 2.2　100 円の価値

　2020 年の厚生労働省「賃金構造基本統計調査」によると，40〜44 歳の大卒男性の平均給与額は月額 41.6 万円です。この給与は所定内給与額とよばれるもので，残業代やボーナスなどは含みません。ちなみに，同年代の大卒女性の平均額は 32 万円で，男女で差があります。また，同年における新規学卒者（新卒）の給与額は男女平均で 22.6 万円です。

　戦前の 1930 年頃，サラリーマンの月給は 100 円程度でした（参考：岩瀬 彰（2006）『「月給百円」サラリーマン――戦前日本の「平和」な生活』（講談社））。100 円というのは現在の価値でどの程度でしょうか？　物価指数を用いると，現在の価値に変換することができます。

　ただし，1930 年頃と 2020 年頃とで一貫性のある（すなわち同じ手法で作られた）物価指数はありません。完全な実質値はわからないのですが，ある程度のめどを計算してみます。戦前の物価統計としては日本銀行の「東京小売物価指数」を用いました（その他にも「東京卸売物価指数」がありますが，卸売のため現在の企業物価指数に近い）。この統計はさまざまな財の加重平均ではなく単純に平均値である点が，現在の消費者物価指数とは異なります。また，全国ではなく東京における物価です。現在，東京都区部のみの物価指数があるので，それを用いて接続しました。1960 年について両統計の値があるので，そのときの差（倍率）により遡ってあてはめて，2015 年＝1 になる長期の物価指標を作成してみました（図 2.4）。

　このように求めた物価指数によると 1931 年の 100 円は現在の感覚で，約 20 万円となりますので，その当時の額をおおむね 2,000 倍にすると現在の値に近い感覚になります。はじめにみたように現在は 40 代の月額給与は 40 万円くらいです。実質でみると現在の給与額は 1930 年（100 円）の 2 倍程度になります。2 倍というのは，100 年程度という長い期間であることを踏まえると，あまり増えてないと感じます。

　ただし，当時のサラリーマンは比較的裕福で，100 円の月給をもらえた人は少なかったはずです。戦前の旧制高校や専門学校も含めた高等教育機関の就学率は 10％程度（文部科学省「学校基本調査」による）でした。2020 年度では大学・短期大学進学率が 58.6％です。戦前の比較的裕福であったサラリーマンの給与額の 2 倍を，今では平均的な人が得ていると考えると，日本は全体的に豊かになるとともに，所得格差が小さくなったともいえます。

　作成した物価指数で 1922 年から 2020 年までに現在の 100 円の価値が実質でど

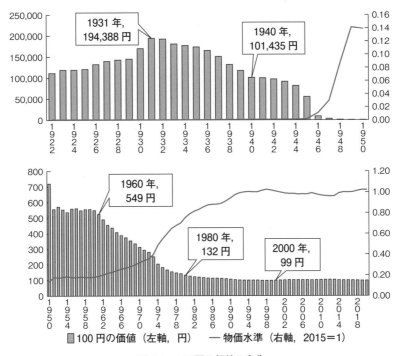

図 2.4　100 円の価値の変化

（注）1961 年以降は，東京都区部における 2015 年基準消費者物価指数の持家の帰属家賃を除く総合を用いて，2015 年が 1 となるように 100 で除した。1922 年から 1960 年までについては，日本銀行「明治以降　本邦主要経済統計」による戦前基準の東京小売物価指数（1934〜36 年平均＝1）を用いた。1960 年における両統計の値から倍率を求めて，2015 年が 1 となるように調整した。戦前基準の東京小売物価指数では，食料品，服飾用品，木炭や石炭などの燃料燈火，その他の商品の価格指数を平均化しており，加重平均とはなっていない。

のように変化してきたのかを図でみてみます。1931 年におよそ 20 万円ですが，その後はインフレが発生したことにより 1940 年には約 10 万円にまで落ち込んでいます。1931 年頃は昭和恐慌とよばれる特殊な時期で，厳しいデフレでした。昭和恐慌に対する経済対策（当時大蔵大臣だった高橋是清によるリフレ政策）によってインフレになったのです。

　第 2 次世界大戦の終戦直後には，物価は数年で 80 倍弱となるハイパーインフレーションともよばれる高インフレとなりました。100 円の価値も大幅に目減りしました。1960 年頃で 550 円程度です。戦前の家計の預貯金はほぼゼロとなってしまいました。1970 年代半ば以降の石油ショックを経て，1980 年には 132 円となっています。その後はほとんど変化なく現在に至っています。日本の物価は長期で安定してきたのです。

● **その他の実質値**

　実質値はその他の経済指標でも重要です。たとえば，金利についても実質金利と名目金利の違いがあります。金利は率（%）ですので，物価の変化率と同様の式があてはまり，

$$実質金利＝名目金利－物価変化率$$

となります。この式は，米国の経済学者アービング・フィッシャー（Irving Fisher）の名前から**フィッシャー方程式**とよばれています。

　金利は，金融市場での価格です。名目金利を考えると，預金すると，毎期，預け入れをした元本に金利を乗じた分の**利子収入**を得ることができます。逆に住宅ローンなどの借入れでは，金利に応じた**利払い**が必要になります。国債などの債券も同様に，貸し手は利子収入があり，借り手は利払いがあります。債券は市場で売買され，金利はそのときの価格ですが，金利が高まると価格が安くなったといい，逆に金利が低くなると高くなったといいます。

　金利は借入れや償還（元本を返済すること）までに期間があります。住宅ローンの35年固定というのは35年間名目金利が一定という意味です。また，10年国債とは，10年後に元本を償還する国債のことをいいます。長い期間，金利が固定ということは，その間に金利が変動する可能性が高くなります。そのため，**リスクプレミアム**が付加され，長期になるほど金利は高くなります。

　図 2.5 は日本の国債について，横軸に**償還年限**をとり，それぞれの償還年限の国債金利を縦軸にとっています。このような期間が異なる金利を小さい順からつないだグラフを**イールドカーブ**（yield curve）といいます。この図ではいくつかの時点におけるイールドカーブを描いています。すると，時期によって異なるものの，どの時期でも期間が長いほど金利が高くなっていることがわかります[10]。

　企業は名目ではなく実質金利に基づいて投資判断をします。投資による利益率[11]が実質金利を上回るときに企業は投資を行いますが，このときの金利は物

---

[10] 逆イールドカーブという状況に陥る場合もある。たとえば，米国で金融政策が変化しているときに，まず短期金利が上昇して逆イールドとなり，その後に調整されていく現象がみられる。

[11] 第3章でみるが，投資の利潤率（rate of profit）という。

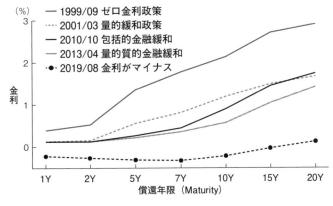

図 2.5　国債金利のイールドカーブ

（出所）財務省ウェブサイトの「金利情報」より作成
（注）日次データから月次平均を求めた。1Y は 1 年，2Y は 2 年，以下同様に償還年限を表す。

価変動を考慮した実質金利です。

　たとえば，デフレ（マイナスの物価上昇）のときは，自社製品の価格も下落しているとして，その企業の売上（価格×販売量）と利潤が減少します。このとき実質金利（名目金利－（マイナスの物価上昇））は高くなっています。もし設備投資時点で将来のデフレを予想していなかったとすると，事後的にその投資の利益率は実質利子率を下回ります。そこで，実際のインフレ率ではなく**予想インフレ率**（expected inflation）を用いて，実質金利を以下の式で定義することも多くあります。

実質金利＝名目金利－予想インフレ率

　為替レートにも**実質為替レート**があります。名目の為替レートは外国通貨と自国通貨の交換レートです。たとえば米国の 1 ドルを購入するのに必要な円を円ドル為替レートといい，1 ドル何円と表現されます。実質為替レートは，国内外の物価の違いを考慮したもので，基準年と比較してどの程度，自国通貨の購買力が変化したかがわかります。例で考えてみましょう

　（例）ある財が日本で 120 円，米国で 1.2 ドルだった。米国でインフレが発生し価格 1.6 ドルとなったが，日本では変化しなかった。当初の名目為替レートは 1 ドル 100 円で，このときはどちらの国で購入しても円換算で

120円である。その後，名目為替レートが変化した。

> **ケース1**：名目為替レート75円／ドル，1.6ドルは120円
>
> **ケース2**：名目為替レート120円／ドル，1.6ドルは192円

　ケース1は円高（1ドル100円から75円）となっています。しかしながら，この財の米国での円換算価格は120円のままなので，日米で実質的な変化はありません。一方で，ケース2は円安であり，かつ日本での価格が相対的に安くなっています。

　では，ケース2は実質的にどの程度の円安なのでしょうか。それを測るのが**実質為替レート**で以下のように定義されます。ただし，統計では指数化するので，基準値を100とします。合わせて計算例もみてみましょう。

$$実質為替レート = \frac{1}{名目為替レート} \times \frac{自国（日本）の物価指数}{外国の物価指数}$$

実質為替レート計算例

当　　初：$(1/100) \times (120/1.2) = 1$　　→実質指数 100

ケース1：$(1/75) \times (120/1.6) = 1$　　→実質指数 100

ケース2：$(1/120) \times (120/1.6) = 0.625$→実質指数 62.5

　実質為替レートは名目と異なり，数値が低くなるほど円安となります。例でケース2では名目為替レートの変化は−20％（円安）ですが，実質は−37.5％で，名目でとらえるよりさらに大きな円安であることがわかります。

　図2.6は長期で名目為替レートと実質実効為替レートを比較しています。実質為替レートと比較しやすいように，名目為替レート（左目盛り）について軸を反転させ，上に行くほど円高としています。実質は**実効為替レート指数**を用いています。実効為替レートとは，さまざまな通貨に対する為替レートの貿易額をウェイトとした加重平均です。為替レートは対米ドルだけでなく，さまざまな通貨との交換レートがあります。日本円の全般的な変化を知るために，実効為替レートが参照されます。

　図で2000年代から名目と実質との乖離がみられます。たとえば，この期間（1970年1月〜2022年11月）で実質実効為替レートが最大の1995年4月と，

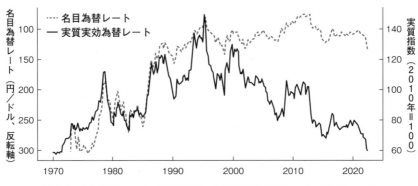

図 2.6　名目為替レート（対米ドル）と実質実効為替レート（実効レート）
（出所）日本銀行統計より作成
（注）名目為替レートは東京インターバンク相場における 17 時時点値の月中平均。実質実効為替レートは 2010 年を 100 とする指数。

　最小の 2022 年 10 月とを比較すると[12]，実質指数は 1995 年のほうが約 2.63 倍も大きな値ですが，名目為替レートは約 1.76 倍にとどまります。あるいは，1990 年 8 月の名目為替レートは 147.46 円／ドルで，2022 年 10 月の 147.16 円／ドルとほぼ同じですが，実質実効レートは 1990 年のほうが大きく，約 1.7 倍の差があります。このように近年の日本の物価上昇が他国よりも小さいことが多いため，実質為替レートをみることが重要になっています。

レクチャー**2.3**　**消費者物価指数**

● 物価指数とは

　物価統計にはいくつかの種類があります。ここで学ぶ**消費者物価指数**（CPI; Consumer Price Index）は，総務省統計局が作成・公表するもので，家計（世帯）が購入する財・サービスの価格を平均化したものです。そのため，生活実感に近く，景気動向との関係で重要な指標となります[13]。消費者物価指数の変化率（対前年同月比）は**インフレ率**（物価変化率）の代表的指標です。

---

[12] 1995 年 4 月の実質指数は 150.84（2010＝100）で，名目為替レートが 83.53 円／ドル（月中平均）。2022 年 10 月は実質指数が 57.26 で，名目為替レートは 147.16 円／ドル。
[13] 消費者物価指数には家賃が対象に含まれているが，地価や株価などは含まれない。地価，住宅などの不動産価格，金やプラチナなどのコモディティ価格，株価や為替レートなど，価格にはさまざまなものがある。

　その他にも，日本銀行が作成・公表している**企業物価指数**（CGPI; Corporate Goods Price Index）[14] があり，企業間で取引される財の価格動向がわかります。企業物価指数には，**国内企業物価指数**の他に，**輸出物価指数**，**輸入物価指数**もあります。

　GDP の実質化のための物価は GDP デフレーター（GDP deflator）です。GDP デフレーターは，消費者物価指数が対象とする消費の他に投資なども含み，範囲が広いのが特徴です。図 2.7 ではこれらの（2015 年を 100 とする）物価指標の推移を比較しています。全体的に 2000 年代の下落傾向がありますが，下落幅は消費者物価指数よりも，GDP デフレーターや国内企業物価指数のほうが大きくなっています。物価指標が対象とする範囲（GDP デフレーターは投資を含むなど）が異なるためです。

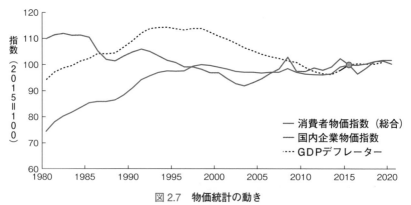

図 2.7　**物価統計の動き**

（出所）総務省「消費者物価指数」，日本銀行「企業物価指数」，内閣府「国民掲載計算年次推計」より作成
（注）2015 年基準。GDP デフレーターは 1990 年から 1993 年について平成 12 年基準（1993 SNA）統計における変化率を用いて，2015（平成 27）年基準（2008SNA）における 1994 年の指数から推計。

　消費者物価指数や企業物価指数は月次統計で，毎月公表されています。GDP は四半期統計（または年次）なので，消費者物価指数のほうが現在の物価動向を把握しやすくなっています。消費者物価指数は，おおむね 1 カ月後に

---

[14] 米国等では**生産者物価指数**（PPI; Producer Price Index）が企業物価指数に該当するものとしてある。IMF（International Monetary Fund；国際通貨基金）の代表的な国際比較可能な金融関連統計集である 'International Financial Statistics' でも PPI が掲載されている。

総務省統計局により発表されます。たとえば，4月分の統計は5月下旬に公表されます。

　消費者物価指数は 100 とする**基準年**の物価水準と比較する相対的な数値です。たとえば，2020 年が基準年（物価指数が 100）のとき，もし，2010 年の物価指数が 94.8 とあれば，それは 2020 年と比較して物価水準が 5.2% 程度低い（$(94.8 - 100)/100 = -0.052 = -5.2\%$）ということになります。このように，物価指数計算の基本となるのは，基準年の物価水準との比率です。

> 　ある時点の消費者物価指数とは？
> (1) さまざまな財・サービス価格の加重平均
> (2) 基準年の物価を 100 としたときの値

　現在のある財 n の価格を $P_{n\text{現在}}$ とおき，基準年の財 n の価格を P_{n0} とします。ここで 0 は基準年を意味します。この財 n の基準年と現在の価格比は，

$$\text{基準年と現在の価格比} = \frac{P_{n\text{現在}}}{P_{n0}}$$

となります。次に，さまざまな財・サービスの価格比の平均値を求めていきます。ただし，自動車のように高額のものや，米や野菜などのように一食当たりは高額ではないけれど，消費頻度は高いものなどがあります。そのまま価格だけで平均化すると，高額だけれどもあまり支出されていない財・サービスが過度に一般物価に影響することになってしまいます。

　そこで，それぞれの支出額に応じた**ウェイト**による調整を行って，平均値を導出します。これを**加重平均**といいます。ウェイトは，基準年時点[15]での経済全体におけるすべての支出額合計に対するその財への支出割合です。

> 　ウェイト：基準年における，それぞれの財・サービス支出額の全支出額に
> 　　　　　占める割合（財 n に対するウェイト）
>
> $$\frac{\text{財 } n \text{ への支出額}}{\text{すべての財への総支出額}} = \frac{P_{n0}Q_{n0}}{\sum_{n=1}^{N} P_{n0}Q_{n0}}$$

---

[15] 基準年時点の支出額でウェイトづけする方法はラスパイレス型とよばれる。一方で，パーシェ型の場合は，価格は基準年だが，数量はその時点の値で作成する。実質 GDP はパーシェ型での計算である。

　ここで，Q は購入数量です。PQ（価格×購入量）は支出額になります。Σ はすべての財への支出額を合計する意味の記号で，財が N 種類あり，$\{1, 2, ..., N\}$ で番号づけしています。すべての財について「ウェイト×比率×100」を求めて，足し合わせることで，物価指数が以下のように求められます。基準年を 100 としていますので，この式で求められた値に 100 を掛けています。

　なお，実際の N の数は，2020 年基準消費者物価指数においては 582 品目となっています。毎月発表される報道資料では，すべての品目についての「総合指数」の他にも，品目を分類しつつ，その中身をある程度確認できる「中分類」あるいは「財・サービス分類」の値も掲載されています。

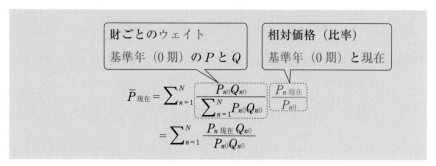

　表 2.2 は 2015 年基準の消費者物価指数について，財・サービスのウェイトの大きさ順に上から並べ，上位のもののみを示しました。ここで，ウェイトはすべての品目のウェイトを合計すると 1 となる比率にしています[16]。インフレ率が高めだった 2018 年 2 月（1.43％）とマイナスのインフレ率であった 2020 年 12 月（－1.19％），インフレ率が約 41 年ぶりの大きさとなった 2022 年 11 月（3.80％）を例に，指数，前年度比，寄与度をみてみます。

　物価指数の作成方法を踏まえると，物価の分析では，ウェイトや各品目の動き，さらに，相対価格の変化などをみることで全体の動きに影響する要因を説明できます。

　上位の品目で目立つのは**光熱費**です。日本は原油や発電に必要な液化天然ガスをほぼ輸入に頼っているため，国際的な原油価格動向や為替レートの変化から影響を受けます。電気代，都市ガス代，プロパンガスの前年同月比は 2018 年と 2022 年はプラス，2020 年はマイナスで，それが全体のインフレ率に寄与

---

[16] 消費者物価指数統計に掲載されているウェイトは万分比での表記。

表 2.2　消費者物価指数でウェイト（万分比）が大きいもの
（出所）総務省統計局「消費者物価指数」より作成

品目	2020年基準 ウエイト 全品目 合計1	2018年2月 1.43%			2020年12月 −1.19%			2022年11月 3.80%		
		指数	前年同月比(%)	寄与度(%)	指数	前年同月比(%)	寄与度(%)	指数	前年同月比(%)	寄与度(%)
持家の帰属家賃	0.1580	100.0	−0.2	−0.032	100.0	0.1	0.016	100.2	0.1	0.016
電気代	0.0341	97.9	5.7	0.195	94.5	−7.9	−0.269	127.0	20.0	0.683
通信料（携帯電話）	0.0271	107.5	−3.5	−0.095	101.3	2.8	0.077	47.8	1.7	0.046
診療代	0.0229	98.2	3.5	0.080	99.8	−0.8	−0.018	98.5	−0.4	−0.009
民営家賃	0.0225	100.1	−0.2	−0.004	99.9	−0.1	−0.002	99.9	0.0	0.000
自動車保険料（任意）	0.0198	95.8	−0.5	−0.010	100.0	1.9	0.038	96.2	−2.6	−0.052
ガソリン	0.0182	105.6	10.9	0.199	98.7	−8.8	−0.160	122.4	−1.0	−0.018
傷害保険料	0.0119	96.0	0.6	0.007	100.0	0.0	0.000	102.8	0.0	0.000
水道料	0.0097	99.1	0.1	0.001	101.5	0.0	0.000	100.3	−3.9	−0.038
都市ガス代	0.0094	97.1	4.5	0.042	92.4	−9.6	−0.090	133.4	28.9	0.272
大学授業料（私立）	0.0091	101.8	0.7	0.006	98.7	−4.5	−0.041	99.9	0.5	0.005
携帯電話機	0.0090	106.9	8.3	0.075	99.6	−4.5	−0.041	115.1	20.1	0.181
インターネット接続料	0.0088	98.2	0.0	0.000	100.0	0.0	0.000	100.0	0.0	0.000
普通乗用車A	0.0088	97.8	0.4	0.004	100.1	0.3	0.003	101.5	1.3	0.011
宿泊料	0.0081	117.6	5.1	0.041	79.7	−34.4	−0.279	91.4	−20.1	−0.163
火災・地震保険料	0.0067	91.2	0.0	0.000	100.0	−0.1	−0.001	128.8	11.2	0.075
下水道料	0.0067	97.1	1.0	0.007	100.9	0.8	0.005	100.5	−0.7	−0.005
小型乗用車	0.0060	97.7	0.5	0.003	100.4	0.9	0.005	100.8	0.9	0.005
プロパンガス	0.0057	96.4	1.5	0.008	99.7	−0.7	−0.004	112.6	8.0	0.045
通信料（固定電話）	0.0055	98.2	0.0	0.000	100.0	0.0	0.000	100.0	−0.1	−0.001
豚肉（国産品）	0.0054	95.8	3.9	0.021	100.8	3.9	0.021	111.1	8.5	0.046
保育所保育料	0.0052	241.3	−0.3	−0.002	100.0	0.0	0.000	99.8	−0.1	−0.001

（注）品目別統計（2020年基準）において，ウェイトが大きいもの順に掲載した。ウェイトは統計では万分比で掲載されているが，ここでは合計で1になる数値に変換した。そのため，「ウェイト×指数」の合計が消費者物価指数（総合指数）となる。もっとも大きい持家の帰属家賃とは，持家で家賃を支払っていないけれども，支払っているとみなして計上されているものである。

しています。電気代やガソリンは家計支出で比較的大きな割合を占めていてウェイトが大きめなので，消費者物価指数への影響度が大きくなります。

　なお，ガソリンは2022年で指数が大きいにもかかわらず，前年同月比がマイナスです。これは政府の物価高対策による補助金の効果です。

その他，通信料，携帯電話機，宿泊料，保育所保育料などに特徴的な値や動きがみられます。たとえば，通信料（携帯電話）の指数は 2018 年 2 月に 107.5，2020 年 12 月に 101.3 でしたが，2022 年 11 月には 47.8 と大幅に小さくなっています。通信料（携帯電話）は政府の政策方針の影響を受け，2021 年に大幅に引き下げられました。2021 年 4 月には −37.9％の対前年同月比となりました。その他にも表には数値がいろいろあるので，特徴的な動きを見つけてみてください。

● 消費者物価指数の読み方

　消費者物価指数は総務省統計局が作成し，公表しています。物価は対象品目が多い細かな統計で，さまざまな財・サービスの価格動向がわかります。大まかな物価動向を知るためには，公表ページにある「今月の結果（冊子）」などのまとめられた資料で確認するのがよいでしょう。

　消費者物価指数の統計には主に（1）**総合指数**，（2）**生鮮食品を除く総合指数**，（3）**生鮮食品及びエネルギーを除く総合指数**の 3 つの指数があります。生鮮食品を除く総合指数はコア，生鮮食品及びエネルギーを除く総合指数はコアコアとよばれることがあります。生鮮食品の価格は天候に左右されやすいため，景気動向を物価からとらえようとするときにその影響を除いたほうがよい場合があります。また，エネルギーについても，海外でのエネルギー価格や為替レートに左右され，国内景気との関連が直接的ではありません。

　これら 3 つの指数の動向を合わせて分析することで，より確かな景気動向を把握できます。たとえば，総合指数でみて物価が上昇していても，コアコアが下落していれば，それは単にエネルギー価格が上昇したためで国内景気が上向いているとはいえません[17]。

- 総合指数
- 生鮮食品を除く総合指数（コア）
- 生鮮食品及びエネルギーを除く総合指数（コアコア）

インフレ率は対前年同月比，すなわち 1 年前の物価水準と比較しており，直

---

[17] 景気が上向いているときは需要が供給を上回るため，インフレ率が上昇しやすいことを前提にしている。

近の物価動向と一致しない場合があることに注意が必要です。図2.8はエネルギー価格に影響する原油価格について，2020年1月から2022年2月まで日次データにより示しています。ドル表示とともに，為替レートを用いて円表示にしたものも描いています。

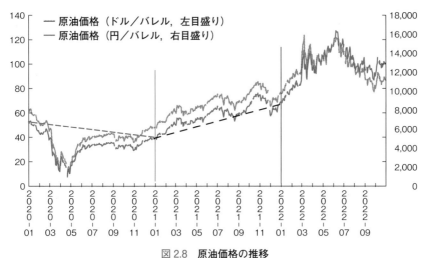

図2.8　原油価格の推移
（出所）FRED（米連邦準備銀行経済データベース）より作成

2021年1月の原油価格は2020年1月と比べると低くなっていますが，2020年5月以降からすでに，価格は上昇傾向にあります。1年前よりは低いため前年同月比はマイナスなのですが，生活上は「去年よりはまだ安いけれども，最近は高くなってきた」という感覚でしょう。

2021年10月は原油価格の上昇が全体のインフレ率（総合やコア）をプラスにするほどの要因でした。エネルギーを除いたコアコアはマイナスなので，国内要因によるインフレ率はマイナスのままです。当時の新聞記事（2021年10月27日 日本経済新聞）をみると，「新型コロナウイルス禍からの経済活動の再開」や「円安」が原因とあります。その後，原油価格は2022年半ばまで上昇し，為替レートも1ドル150円を超えるほどの円安傾向が続きました。

　「ガソリンや灯油の価格が一段と値上がりした。資源エネルギー庁が27日発表した調査（25日時点，全国平均）によると，ガソリンの店頭価格

が 1 リットル 167.3 円，灯油（配達価格）は同 114.7 円だった。ガソリンは全都道府県で 160 円以上となった。原料の原油価格は騰勢を強めており，家計を圧迫して経済活動の足かせになりかねない。……背景にあるのは原油調達コストの上昇だ。新型コロナウイルス禍からの経済活動の再開で需要は増加傾向にある一方，産油国の減産で供給が絞られている。……円安も重なり調達コストが上がっている。……」

（2021 年 10 月 27 日付日本経済新聞）

レクチャー 2.4　日本経済の動きを知る

● 変 化 率

　時間とともに動く経済を分析するためには，時系列で統計をみていきます。原油価格の推移をみた図 2.8 は，横軸が日次という時間軸で，縦軸が価格でした。この図で用いたデータのように，時間との関係がわかるものを時系列データといいます。

　時系列データには，観測周期（frequency）にいくつかの種類があります。為替や株価など，ファイナンス関係のデータは日次データ（daily data）も入手できます。

　月ごとに集計され発表される統計を月次データ（monthly data）といいます。たとえば，「家計調査」による消費支出や「労働力調査」の完全失業率などは月次データです。消費支出は 1 カ月間の間の家計の支出金額合計額で，完全失業率は調査週間中（労働力調査では月末の 1 週間）における状態です。

　GDP の速報値は四半期データ（quarterly data）で，3 カ月ごと（1〜3 月，4〜6 月，7〜9 月，10〜12 月の年 4 回）の発表になります。1〜3 月を第 1 四半期，4〜6 月を第 2 四半期，7〜9 月を第 3 四半期，10〜12 月を第 4 四半期とよびます。

　年（1 月から 12 月の期間）ごとのものを年次データ（annual data）といいます。年次の場合は，1 月からの 1 年間である暦年（calendar year）の他に，日本のように 4 月始まりの年度（fiscal year）もあります。年度は通常はその国の財政での区切りですが，その他にも企業における事業年度や学校における

学年度もあります。

　時間には幅があります。たとえば株価では 1 日の最初の株価である始値と終
了時の終値があり，また 1 日の平均値も計算できます。月の場合も同じで，**平
均値**と**月末値**のどちらなのかの注意が必要です。

　時系列データの場合，経済変数の動きを**水準**や**変化率**でみます。水準の単位
は金額（円や米ドルなど）や数量の他に，ある基準時点をたとえば 100 として，
その基準値から換算する**指数**であることも多いです。

　たとえば，ある年（基準年）の 1,200 円を 100 と基準化したとします。次の
年にそれが 1,380 円となっていれば，基準となった 1,200 円との比を求めて，
指数を（1380／1200）×100＝115 と計算します。

時系列データ：時間とともにどのように変化するかを観察

- **頻度・期間**：日次，月次，四半期，年次など
- **水準**：金額，数量，指数，実質値と名目値など
- **変化率**：前期比，前年同期比など
- **図の作成**：横軸に時間，縦軸に値をとり，推移を観察

　統計データは数字だけで観察するよりも，図をみることでその動きがわかり
やすくなります。たとえば図 2.9 では，例として 2012 年 4 月から 2016 年 10
月にかけての消費者物価指数（総合）の変化率を描いてみました。一つの線は
前期比（月次データなので**前月比**）を描いています。消費者物価指数は毎月発
表される月次データで，前の月と比べて物価が何％変化したかをみることがで
きます。もう一つは**前年同期比**（月次データなので**前年同月比**）です。前の年
の同じ月と比べたときの変化率で，**インフレ率**とはこの消費者物価指数の変化
率（前年同月比）のことをいいます。

X の変化率（%）$= 100 \times \dfrac{X_t - X_{t-1}}{X_{t-1}}$

ここで，t は期を表す。

前期比：1 つ前の期からの変化率

前年同期比：1 年前の同期と比較した変化率

　図 2.9 をみると前期比と前年同期比の動きの違いがわかります。2014 年 4

月に消費税率の引上げが行われました。前月比をみると，実際に物価が大きく変化したのは消費税増税時の 2014 年 4 月で，その後の月には物価は上昇していません。一方で，2014 年 4 月以降の前年同月比（前年同期比）からわかるように，1 年間にわたり 2〜3％のインフレ率となりました [18]。

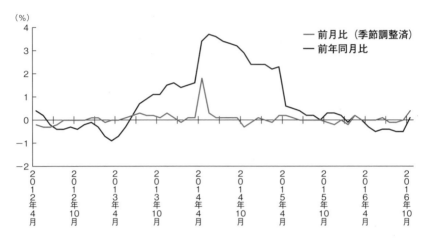

図 2.9　インフレ率（消費者物価指数）前月比と前年同月比
（出所）総務省統計局「消費者物価指数」より作成
（注）総合指数（2020 年基準）の値。前月比は季節調整済である。

　消費税増税の前年の 2013 年にもインフレ率（前年同月比）が高めです。その要因には，2013 年は消費税増税の前の駆け込み需要の他に，円安による輸入物価の上昇があります。2012 年はヨーロッパの債務危機の影響で為替レートが円高となりましたが，逆に 2013 年は円安となりました。2013 年は 4 月以降，前月比が毎月プラスとなっています。

● 季 節 調 整

　図 2.10 は実質 GDP の構成要素のうち，民間最終消費支出と民間企業設備の 2 つの推移を描いたものです。それぞれ**原系列**とあるのが元のデータ [19] で，

---

[18] 消費者物価指数は消費税率の上昇が反映される。2014 年 4 月に消費税率が 3％引き上げられたのに対して，統計で 2.1％しか上昇していないのは，消費者物価指数の対象となる財に消費税がかからないものがあるからである。その代表的なものとして家賃がある。
[19] 原系列は 4 倍にした値を図示している。四半期データ（3 カ月ごと）であるが，季節調整値は年額換算されている。原系列は元の 3 カ月分のみなので，それを 4 倍することでおよその年額換算をしていることになる。

一定周期で変動している（毎年同じ時期に同じような動き）ことがわかります。このような時系列データの一定周期の変動は**季節性**（seasonality）とよばれます。日本であれば年末年始やゴールデンウィークの時期は消費が増え，一方で生産は減少するような動きがみられます。海外でも，クリスマス時期の 12 月に消費支出額が高まります。

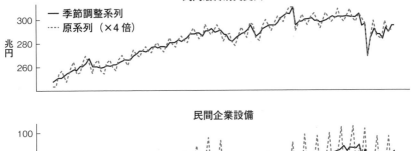

民間最終消費支出

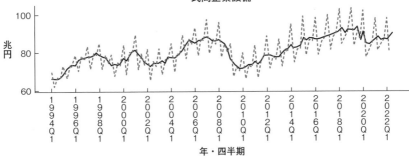

民間企業設備

年・四半期

図 2.10　実質 GDP（支出面）における民間消費と民間投資：季節性
（出所）内閣府「1994 年 1-3 月期〜2022 年 1-3 月期 2 次速報値」より作成
（注）すべて実質値。原系列は 4 倍の値をグラフにしている。季節調整系列は季節調整されているとともに年額換算になっている。実質は 2015 年（平成 27 年）基準，2015 暦年連鎖価格。

季節性は景気動向とは関係が薄いので，通常は**季節調整**（seasonal adjustment）した値をみます。季節調整は，基本的には過去の値の平均から求める移動平均（moving average）に基づいた計算になっています[20]。

●寄 与 度

寄与度（contribution rate）とは，複数の項目・要素からなる統計について，

---

[20] 米国商務省センサス局のセンサス局法 X-12-ARIMA（Autoregressive integrated moving average; 自己回帰和分移動平均）による推計。

各項目・要素が全体の変化にどの程度の影響を与えているのかをみる指標です。各項目の寄与度の合計が全体の変化率と等しくなります。たとえば，GDP変化率が2％で，民間消費の寄与度が1％であれば，2％のうち半分の1％は民間消費によるもので，残りの1％はその他の要因とわかります。寄与度はGDPだけでなく，さまざまな項目からなる経済統計で活用できます。

> 寄与度
> 　　各項目について：寄与度＝変化率×構成比率
> 　　全体の変化率＝各項目の寄与度の合計

　図2.11は寄与度により，消費者物価指数がどのような要因で動いてきたのかを示したものです。消費者物価指数はさまざまな財・サービスの価格の加重平均です。それぞれの財・サービスが全体にどの程度影響を与えてきたのかを寄与度により分析できます。表2.3は数値で，特徴があるいくつかの時点でのインフレ率への影響が大きい分類（品目）についての寄与度です。消費者物価指数の総合指数に対して，それぞれの項目がどの程度寄与したのかがわかります。

　図と表を合わせてみていきます。2010年代前半の物価停滞では，マイナス要因として教養娯楽が目立ちます。教養娯楽用にはテレビなどの耐久財が含ま

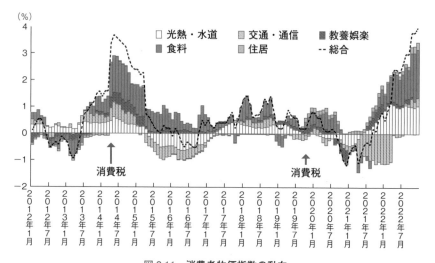

図2.11　消費者物価指数の動向
（出所）総務省統計局「消費者物価指数」より作成

表 2.3　インフレ率（総合指数，対前年同月比%）と寄与度（%）
（出所）総務省統計局「消費者物価指数」の品目別価格指数より作成

日にち	ウェイト	0.0712	0.0396	0.0693	0.1493	0.0911	0.2626
	総合指数（インフレ率）	寄与度（%）					
		（エネルギー）	（生鮮食品）	光熱・水道	交通・通信	教養娯楽	食料
2012年10月	−0.42	0.33	−0.35	0.26	0.12	−0.17	−0.41
2013年12月	1.59	0.48	0.39	0.37	0.30	0.14	0.57
2014年4月	3.39	0.57	0.40	0.47	0.48	0.41	1.32
2016年5月	−0.51	−0.91	−0.07	−0.62	−0.35	0.15	0.19
2018年2月	1.43	0.50	0.49	0.30	0.23	0.11	0.79
2020年12月	−1.19	−0.59	−0.15	−0.42	−0.18	−0.38	−0.16
2022年4月	2.42	1.36	0.48	1.09	−0.03	0.14	1.03
2022年12月	4.00	1.08	0.19	1.05	0.31	0.00	1.82

（注）エネルギーは光熱・水道（大分類）に含まれる電気代やガス代など，交通・通信（大分類）に含まれるガソリンからなる。生鮮食品は食料（大分類）のうち生鮮魚介，生鮮野菜，生鮮果物からなる。その他の品目もあるため，光熱・水道，交通・通信，教養娯楽，食料の寄与度を合計しても総合指数の変化率とは一致しない。

れています。たとえば，2012年10月のインフレ率（総合指数）は−0.42%ですが，教養娯楽と食料のマイナス寄与度が続いています。この頃，海外からの安い家電製品輸入などにより，その価格が下落していました。また2012年は円高で，海外からの輸入品価格が下落しやすい状況でした。

　2014年4月は，消費税率が5%から8%へと引き上げられたときです。消費者物価指数には消費税分も含まれます。消費税は消費者物価指数に含まれる品目の8割程度にかかるため，全体として物価を引き上げています。

　2017年半ばから18年前半まで比較的全体で物価がやや上昇しています。2018年2月の寄与度でわかるように，価格上昇の要因として食料の他光熱・水道の寄与度が大きくなっています。2022年にも同様の動きがみられます（表2.3の2022年4月，12月）。このように，寄与度により要因分析が容易になります。

コラム 2.3　消費者物価指数を取得してみる（Python）

　総務省統計局の消費者物価指数（CPI）ウェブページ「全国の概況」で，最新の消費者物価指数統計を確認できます。2022 年時点では 2020 年基準消費者物価指数の月次データが Excel ファイル形式や DB（データベース），また，「長期時系列データ」のリンクをたどると，CSV ファイル形式での入手ができます。

　月次の消費者物価指数のように更新頻度が高く，調査項目が多いデータは，プログラムでデータ処理をするのが便利です。プログラムであれば，データが更新されたときにグラフや表の作業が自動化できます。プログラミング学習が必要になりますが，ここでは体験的にデータ取得の実習をしてみましょう。

　Python によるデータ取得を試してみましょう。第 1 章で紹介した Google Co-laboratory（https://colab.research.google.com/）は，環境構築をせずに Python プログラムを実行でき，かつ，一度プログラムを作成すれば，スマートフォンでも利用できて便利です。

　ここでは例として 2022 年 9 月消費者物価指数の品目別価格指数から，この頃の物価動向を探ってみましょう。このとき，生鮮食品を除く総合指数（コア）の前年同期比（インフレ率）が 3.0％と，1991 年 8 月以来の大きさとなりました。31 年ぶりの値です。

　まずはデータを取得して，整形します。本来は DB（データベース）を利用したいところですが，登録と ID 取得が必要なので，ここでは長期時系列データの CSV ファイルを利用します。なお，ダウンロードのアドレスは今後変更になることがあります（たとえば新たな基準年となったとき）。最新統計の取得がうまくいかなければ，消費者物価指数の長期時系列データのページを探し，「全国」→「月次」→「品目別価格指数　前年同月比」CSV データダウンロードのウェブアドレスを見つけてください。品目別価格指数は，中分類指数に比べ多くの商品の統計を含みます。指数（水準）ではなく，前年同月比を利用しています。

　Google Colaboratory で「ノートブックを新規作成」して，下のプログラムを書き込み，実行（▲をクリック）してみてください。#から始まる行はコメントでプログラム実行とは関係ないので，省略してかまいません。改行の位置がわかりやすいように・を記載していますが，この記号・は入力しません。

　間違えやすい箇所は以下の通りです。スペースやカンマなどはすべて半角で，全角にするとエラーになります。「'」は半角のシングルクォーテーションです。半角ダブルクォーテーション「"」にしても問題ありません。日本語入力では同じ記号が全角になりますが，半角の記号を用いないとエラーになります。アンダ

ーバー（_）とスペース（空白）との違いにも注意してください。%Y の Y は大文字です。

　プログラムの概要は以下の通りです。このプログラムでは総務省統計局のe-Stat から CSV ファイルのデータをダウンロードして，日付を設定し，df という名前の変数にデータを納めています。ここで扱うデータはデータフレームとよばれる形式で，表計算ソフトと同じような行列での並びになっています。

　pd.read_csv( ) はデータ読み込みの関数で，ファイルあるいはネットからでも読み込むことも可能です。リンク先の CSV ファイルでは，2 行目から 6 行目は英語品名やウェイトなので，それらは読み込みを飛ばします。pd は pandas パッケージに含まれる関数を利用していることを意味しています。時系列データでは日付のインデックス設定をする必要があります。最後に，過去 1 年分のデータを表示して，中身を確認しています。

```
#データを扱うための pandas パッケージ導入
・import pandas as pd
#品目別価格指数　前年同月比（1971 年 1 月～最新月），csv ファイル
・url='https://www.e-stat.go.jp/stat-search/file-download
    ?statInfId=000032103934&fileKind=1'
#データをダウンロード，ファイル 2 行目から 6 行は読み込まない
・df=pd.read_csv(url,encoding='shift_jis', header=0,
    skiprows=[1,2,3,4,5])
#日付（月次）インデックスを設定
・df=df.rename(columns={' 類・品目 ':'date'})
・df['date']=pd.to_datetime(df['date'], format='%Y%m')
・df=df.set_index('date')
#前年同月比 データ表示（確認用，最新 1 年分）
・display(df.tail(12))
```

　では，取得したデータの中身をみてみましょう。Google Colaboratory で「＋コード」のボタンを押すと，新たな枠が出てくるので，以下を入力して実行してみてください。df に納めたデータの項目名（含まれる商品の名前など）がすべて表示されたはずです。2022 年時点での数は 744 です。

```
df.columns.values
```

　気になる商品を選び，2021 年 9 月から 2022 年 9 月のデータをみてみましょう。
loc で特定の行列（データフレーム）を指示し，抜き出して表示しています。上
と同じように「＋コード」をして，以下のように入力してみてください。この期
間の毎月の変化率が表示されますが，物価高となった状況がわかります。日付や
商品を他に変えて同じように試してみることもできます。

```
df.loc['2021-09-01':'2022-09-01',['カレーパン', 'ゆでうどん',
'スパゲッティ']]
```

　さて，生鮮食品を除く総合指数の前年同期比が 3 ％以上の時期のデータを探し
てみます。方法は複数ありますが，ここでは query を用いました。探し出した
後，'生鮮食品を除く総合' の数値を表示します。

```
df.query('生鮮食品を除く総合>=3')[['生鮮食品を除く総合']]
```

　ただ，これだと 1970 年代の高インフレの時期を含むため，データが多すぎて
よくわかりません。そこで，直近までの 25 個だけ数値を表示します。また，比
較するために，'総合' と '生鮮食品及びエネルギーを除く総合' も同時に表示しま
す。なお，直近とは，皆さんがこのプログラムを実行している時点から 25 個の
意味です。1982 年 4 月のデータが表示されない場合は，25 の数値を 30 や 40 な
ど大きい数字に変更してみてください。

```
df.query('生鮮食品を除く総合>=3')[['生鮮食品を除く総合','総合',
'生鮮食品及びエネルギーを除く総合']].tail(25)
```

　実行すると，3 ％以上となった年月が表示されます。2014 年は消費税増税
（5 ％から 3 ％）の年です。消費者物価指数は消費税分を含むので，多くの財で前
年同期比に 3 ％が上乗せされます。そこで，2014 年を除くと，直近で 3 ％を超え
たのは 1991 年 8 月になります。さらに遡ると次に大きいのは 1982 年 4 月が
3.5 ％です。2022 年 10 月に 3.6 ％となったので，そのときは 40 年ぶりの物価高と
報道されました。
　1991 年 8 月のときは，生鮮食品及びエネルギーを除く総合（コアコア）も 3 ％
となっています。一方で，2022 年 9 月のコアコアは 1.8 ％にすぎません。すなわ
ち 2022 年は電気代などエネルギー関連の価格上昇が全体のインフレ率を大きく
引き上げているのです。このように 1991 年 8 月と 2022 年 9 月は同じインフレ率
3 ％でもその中身はまったく異なります。

　品目別（582 品目）変化率について，ヒストグラムを作成してみました。同じ 3％だった 2022 年 9 月，2014 年 9 月，1991 年 8 月を比較しています。2022 年 9 月をみると，多いのが変化率 0％の商品で，このグラフだと全体が 3％変化したようにみえません。一部の高い変化率が平均値を引き上げたのです。

　2022 年 9 月は電気代（前年同期比 21.5％），都市ガス代（前年同期比 25.5％）などウェイトが大きい品目での上昇が目立ちます。なお，1 カ月後の 2022 年 10 月はコアインフレ率が 3.6％となりましたが，9 月と比べて幅広い財において上昇がみられました。

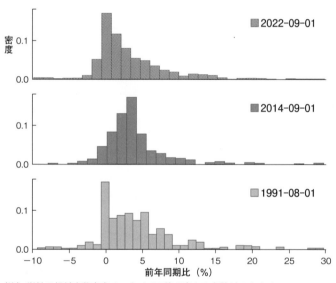

（注）縦軸は相対度数密度で，すべての棒の高さの合計が 1 となる。

　次のプログラムを実行すると，変化率が高いものとウェイトが大きい品目の変化率が表示されます。日にち（2022-09-01）を変えると他の時点についても確認できます。

　なお，食品は単品ではウェイトが小さいので，食品全体でもみると，生鮮食品の 2022 年 9 月における前年同期比は 1.9％，生鮮食品を除く食料は 4.6％とどちらも比較的高めです。ウェイトはそれぞれ 2,230／1 万，396／1 万です。

　以上，プログラミングによるデータ取得を体験してみました。表計算ソフトを用いるよりも多くの品目や年月を扱うのに便利です。Python 以外でも，たとえば，無料の統計ソフトウェアである R でも同様の分析が可能です。

```
#ウェイト（1万分比）と類・品目符号のデータ取得
・dfw=pd.read_csv(url,encoding='shift_jis', header=0,
 index_col=0, skiprows=lambda x: x not in [0,2,5])
#2022年9月の品目別データ抽出とウェイトデータの合成
・df_h=pd.concat([df.loc[['2022-09-01'],:].T, dfw.T],
 axis=1)
・df_h = df_h[df_h.iloc[:,1]>1000].iloc[:,[0,2]]
#変化率20%以上，ウェイト（1万分比）100以上のものを抽出
・df_h[(df_h.iloc[:,0]>=20)|(df_h.iloc[:,1]>=100)]
```

復習

(1)　物価は財・サービス市場の全体的な価格動向，◻︎◻︎◻︎◻︎動向，◻︎◻︎◻︎◻︎の価値などを示しています。

(2)　通貨には現金通貨の他に，◻︎◻︎◻︎◻︎通貨もあります。それらを合わせたものをマネーとよび，その量をマネー◻︎◻︎◻︎◻︎といいます。

(3)　物価は経済の◻︎◻︎◻︎◻︎ともよばれ，経済状況と連動します。たとえば，景気が過熱しているときは，需要が高まってモノ不足の状態で，物価が◻︎◻︎◻︎◻︎（インフレーション）しやすくなります。

(4)　マネタリーベースは主に日本銀行券発行高（現金）と日銀◻︎◻︎◻︎◻︎からなります。中央銀行はこのマネタリーベースを通じて，経済のマネーストックへ影響を与えます。

(5)　実質値は名目金額を数量に変換したもので，財の価値や所得水準などを時系列で比較することができます。「実質値＝名目値／◻︎◻︎◻︎◻︎」と計算します。

(6)　◻︎◻︎◻︎◻︎為替レートは，国内外の物価の違いを考慮したもので，指数100とする基準年と比較してどの程度，自国通貨の購買力が変化したかがわかります。

(7)　◻︎◻︎◻︎◻︎物価指数（CPI; Consumer Price Index）は，総務省統計局が作成・公表するもので，家計（世帯）が購入するさまざまな財・サービスの価格を加重平均し，指数化したものです。

(8)　生鮮食品を除く総合指数はコア，生鮮食品及び◻︎◻︎◻︎◻︎を除く総合指数はコアコアとよばれることがあります。

練習問題

問題1　物価と通貨に関する以下の記述のうち誤っているものをすべて選んでください。

(1)　物価は通貨価値を示す。通貨価値は経済に出回っている量に依存するため，物価は通貨量を変更する金融政策から影響を受ける。

(2)　自国通貨と外貨との交換レートは為替レートとよばれる。その変動は輸入財円建て価格の変動により，国内の物価に影響を及ぼす。

(3)　価格の単位は日本なら円，米国ならドルなど，国によって異なる通貨で測られる。通貨は財の価値を測る価値尺度（ニューメレール）である。

(4)　物価は経済に対して中立的で，景気動向からの影響は受けない。

問題2　マネーに関する以下の記述のうち誤っているものをすべて選んでください。

(1)　現金通貨と預金通貨等の合計量をマネーストックという。

(2)　日本銀行が公表しているマネーストック統計では，対象の範囲が狭い順から M1，M2，M3，広義流動性の指標がある。

(3)　2020 年 4 月の日本のマネーは約 104.4 兆円である。

(4)　財やサービス量が一定でマネーが増加すると，相対的に 1 単位（日本の場合 1円）当たりのマネー価値が下がるので，物価が上昇する。

問題3　物価は経済の体温計ともよばれ，経済状況と連動します。物価と景気の関係について，以下の記述のうち誤っているものをすべて選んでください。

(1)　物価が上昇することをインフレーションという。

(2)　総需要と総供給者の差を需給ギャップという。景気が過熱しているときは，需給ギャップはプラスの値となり，物価が下落しやすくなる。

(3)　景気が後退して不景気となるとインフレは抑制され，物価が下落するデフレーションとよばれる状態になることがある。

(4)　物価の変化とは，経済全体での一般物価の変化のことをいう。一般物価の変化は景気とは直接的な関係はない。一方で，相対価格の変化は景気と関係する。

問題4　厚生労働省「賃金構造基本統計調査」で企業規模別新規学卒者の初任給の推移をみると，1976 年の大卒・男性初任給は平均で 9 万 4,300 円でした。2015 年の一般物価を 100 としたとき，1976 年は 59.1 です。1976 年の大卒・男性初任給の実質値を求め，その意味することを説明してください。なお，43 年後の 2019 年は 21 万2,800 円で物価は 101.8 です。

問題5　総務省統計局が作成・公表している消費者物価指数は家計（世帯）が購入する財・サービスの価格を加重平均により求めたものです。加重平均のウェイトは

消費支出における割合から求められます。ウェイトは基準年により異なる値となります。最近の消費者物価指数の基準年がいつかを調べ，消費者物価指数（品目別統計）におけるウェイトが高いものを 5 つ選び，その財とウェイトを答えてください。

問題 6　寄与度をみることで，全体の変化に対する各項目がどの程度影響を与えたのかを，具体的に知ることができます。最新の消費者物価指数の「今月の結果（冊子）」をみて，「前年同月との比較（10 大費目）」のうちプラスでもっとも大きい寄与度のものを答えてください。

問題 7　コラム 2.3 を参考に消費者物価指数を取得してみてください。

練習問題解答

問題 1 正解 (4)：マネーの中立性という言葉はあり，マネーは実質経済に影響しないという考え方はあります。しかしながら，物価や価格は名目でマネーからの影響を受けます。

問題 2 正解 (3)：2020 年 4 月で約 104.4 兆円なのは現金通貨です。現金通貨のみでマネーとはいえません。マネーの額は定義を明確にしないと答えが出ませんが，一般的にマネーとされる預金等を含めた M3 は 1397.8 兆円です。

問題 3 正解 (2)，(4)：いずれも説明が逆になっています。

問題 4 1976 年の実質値を計算すると約 15 万 9,560 円（＝9 万 4,300 円 /（59.1/100））となります。2019 年は約 20 万 9,037 円（＝21 万 2,800 円 /（101.8/100））なので，名目では 1976 年の 2.26 倍となっていますが，実質的には約 1.3 倍にとどまります。実質所得は購買力を示しています。

問題 5 表 2.2 にあるように 2020 年基準の場合は，持家の帰属家賃（1580），電気代（341），通信料（携帯電話）（271），診療代（229），民営家賃（225）です。カッコ内の数値がウェイトで 1 万分の 1 比です（本文の表は合計して 1 になるように 1 万で割った値になっています）。2015 年基準では，持家の帰属家賃（1499），電気代（356），民営家賃（261），通信料（携帯電話）（230），診療代（207）となっており，ウェイトと順番が異なります。

問題 6 例として，2022（令和 4）年 6 月分では，10 大費目で寄与度が大きいのは光熱・水道の 0.99％でした。次に大きいのは食料の 0.97％です。総合指数の前年同期比は 2.4％ですが，この 2 費目だけでうち 1.96％を説明できます。なお，「生鮮食品」「生鮮食品を除く食料」は「食料」の内訳です。

問題 7 コラム 2.3「消費者物価指数を取得してみる（Python）」により説明されています。

第 3 章

日本経済の長期分析
：経済成長

予習

　本章では長期的な経済の動きを，次章では短期的な景気循環を学びます。日本は第 2 次世界大戦後に高度成長とよばれる高い成長を実現しました。ところが，1990 年代以降の経済成長率は低い状態が続いています。経済成長がどのような要因で生じるのかを，理論と実際の両面からからとらえます。国内総生産（GDP）を中心に一国経済を測る指標についても学んでいきます。

国民経済計算（GDP）の読み方：
一定期間において一国全体で生産され，市場取引された財・サービスの付加価値の総額。三面等価（生産面，支出面，分配面）。

成長理論：
新古典派経済成長モデル（ソロー・モデル）により，経済成長を理論的にとらえ，資本，技術，労働の役割を知る。

日本経済の長期経済動向：
日本経済の実際に理論をあてはめながらみていく。戦後の日本経済，高度成長，技術と経済成長の関係などを知る。

日本経済の課題：
少子高齢化，自然利子率，貯蓄率などについて，成長理論も踏まえた考察を行う。IS バランスから政府財政の課題を知る。

学びのポイント

1. 国内総生産（GDP；Gross Domestic Product）を理解する。——→ p.70
2. 経済成長を新古典派経済成長モデルで分析する。——————→ p.81
3. 日本経済の長期的な動き（経済成長）をとらえる。————→ p.87
4. 日本経済の経済成長における課題を知る。————————→ p.92

レクチャー **3.1** 国内総生産（GDP）

● 国内総生産（GDP）とは

　日本経済全体の経済状況を把握するための代表的指標が**国内総生産**（GDP; Gross Domestic Product）です。一般的に，経済成長というときは，GDP 成長率が意識されます。GDP は，国連（国際連合；United Nations）が定めた基準である国民経済計算（SNA; System of National Accounts）により作成されます。国際基準なので国際比較可能な指標になっています。

　GDP はある一定期間において一国全体で**生産**され，市場取引された財・サービスの**付加価値**（added value）を合計して求められます。「市場取引された」ものが対象なので，家事労働のような取引されていないものは含まれていません。ただし，実際には取引はされていないのだけれども，取引されたとみなして計上される項目もあり，その値を**帰属価値**（imputed value）といいます。たとえば，**帰属家賃**（imputed rent）とは，家賃を支払っていない持ち家から家賃相当のサービスを受けているとみなして計上されます。

　「生産」されたものが対象なので，土地の売買，株式売買などは含まれていません。中古住宅販売は含まれませんが，新築物件は生産されたので含まれます。ただ，中古住宅販売でも，取引のためのサービス（不動産取引の手続きのための手数料など）は含まれます。

　付加価値とは産出額（総額）から生産の過程で必要となる原材料，光熱燃料，間接費などの**中間投入額**を差し引くことで求められます。

> 付加価値＝産出額−中間投入額

　実際の GDP は産業ごとの経済活動別付加価値から推計して求めます。図3.1 は経済活動別にみた GDP 全体に占めるそれぞれの活動（産業）が占める割合です[1]。GDP という付加価値でみると製造業の割合が約 21％でもっとも大きくなっています。日本では農林水産業は 1％程度にすぎません。その割合が大きい農業国もあります。この円グラフでは国の**産業構造**を把握できます。

　産業間での取引について，生産額，中間投入額，付加価値を示したものを産

---

[1]　なお，図は 2019 年の値である。2020 年以降は新型コロナウイルス感染症拡大の影響を受けているため，その前年で確認している。

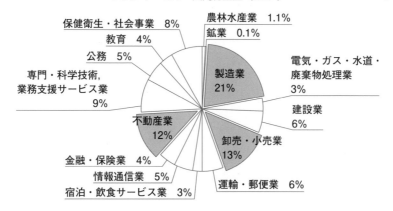

図 3.1　GDP の構成割合（経済活動別，2019 年，名目）

（出所）内閣府「2019 年度国民経済計算（2015 年基準・2008SNA）」の経済活動別国内総生産
（名目）より作成

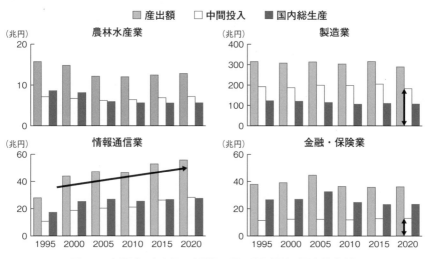

図 3.2　産業別の産出額，中間投入額，付加価値（国内総生産）

（出所）内閣府「2020 年度国民経済計算（2015 年基準・2008SNA）」より作成
（注）暦年の値。「経済活動別の国内総生産・要素所得」の統計を用いている。

業連関表（input-output table）といい，各産業が生産のためにどの産業の商品
をどれだけ投入したのか，どれだけ産出したのかがわかります。図 3.2 は，農
林水産業，製造業，情報通信業，金融・保険業の 4 つの産業について，産出額，
中間投入額，付加価値（国内総生産）の 1995 年からの推移で，この図からそ
れぞれの産業の特徴が読みとれます。

　製造業や農林水産業は，産出額に対する中間投入額の割合が大きめです。逆に金融・保険業では，産出額に対する中間投入額の割合は小さく，付加価値が大きいことがわかります。国内総生産の総額では，製造業がもっとも大きく100兆円規模ですが，近年は伸びがみられません。一方で，情報通信業の産出額や国内総生産には増加傾向が続いています。

　国内総生産（GDP）は，生産され，市場取引された財・サービスの付加価値ですが，それは支出としても同額が取引されていることを意味します。すなわち供給（生産）されたものが，需要（支出）されるという関係です。また，取引された付加価値は所得として分配もされています。国民経済計算は，このような３つの経済取引の側面をとらえてそれぞれの統計が作成されており，それを**三面等価の原則**といいます。生産面，支出面，分配面の３つの側面からとらえた数値が等しくなります。

三面等価：生産面＝支出面＝分配面

　三面等価は均衡ではありません。「生産面＝支出面（含む**在庫**）」として，需要と供給とが一致しない部分は**在庫変動**として計上されます。

　３カ月ごとに速報として発表される統計では，生産ではなく支出面から推計した値が参照されます[2]。支出面（統計では支出側という）は主に消費，投資，輸出入から構成されます。

$$Y = C + I + G + EX - IM$$

Y：国内総生産（GDP），C：民間最終消費支出

I：民間住宅，民間企業設備，（民間在庫変動），

G：政府最終消費支出，公的固定資本形成，（公的在庫変動），

EX：財貨・サービスの輸出，IM：財貨・サービスの輸入

　分配面は**国民所得**とよばれるもので，**雇用者報酬**および**営業余剰・混合所得**からなります。一般的に国民所得という場合は，統計上，国民所得（要素費用表示）というものです。雇用者報酬は付加価値のうち労働者へ分配された額で，

---

[2] 2022年7月から生産側系列の四半期速報が公表されることとなった（生産 QNA（Quarterly National Account））。生産側系列とは，経済活動（産業）別の産出額，付加価値額とその合計に関する統計で，GDP 生産面を表す。

主に賃金で，雇用主が分担した社会保険料なども含まれます。雇用者報酬の対国民所得比率を**労働分配率**といい，70％前後で推移してきました。労働分配率は景気状況に依存して変動します。

　営業余剰・混合所得は企業への分配分です。その他，海外からの報酬や財産所得も国民所得に含まれますが，まずは雇用者報酬と営業余剰・混合所得でとらえておきましょう。

　国民経済計算には「総」と「純」の違い，「市場価格表示」と「要素費用表示」の違いがあります。まとめると以下のようになります。また，図3.3では2020年の確報値を用いて実際の数値（名目）でも示しています。

（1）総生産と純生産の違い：

　　国内総生産 GDP＝国内純生産 NDP＋固定資本減耗

（2）市場価格表示と要素価格表示の違い：

　　国民所得（市場価格表示）＝国民所得（要素費用表示）＋純間接税

　設備投資などの資本は，古くなるとともに価値や生産能力が落ちていきます。その分を**固定資本減耗**として，差し引いたものが国内純生産です。この定義からわかるように，グロス（総）のGDPは資本減耗を含み，ネット（純）は含まない概念です。なお，グロスとネットは他の経済指標でもよく使われますが，それぞれで意味合いが異なるので定義の確認が必要です。図3.3にあるように，

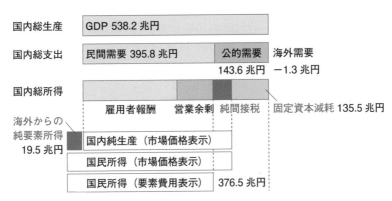

図 3.3　**国民経済計算の体系イメージ**

（出所）内閣府「2020 年度国民経済計算（2015 年基準・2008SNA）」より作成
（注）数値は 2020 年度国民経済計算（2015 年基準・2008SNA）の 2020 年（暦年）名目値に基づく。

コラム 3.1　生産 QNA

　2022 年より生産側系列の四半期速報（**生産 QNA**，四半期国民経済計算（Quarterly National Accounts））が参考系列として公表されることになりました。生産面と支出面と合わせてみることで，経済状況の把握がより確かなものになります。

　公表データは，経済活動（産業）別の産出額と付加価値額です。公表時期は「原則として四半期終了の 4 カ月後以内」で，はじめて公表された 2022 年第 1 四半期（1〜3 月）については，2022 年 7 月 15 日公表でした。支出面よりは速報性はやや低くなっています。

　図 3.4 は「2022 年 4-6 月期四半期別 GDP 速報（2 次速報値）に基づく推計値（2022（令和 4）年 10 月 14 日公表）」により，第 1 次産業，第 2 次産業，第 3 次産業の 1994 からの推移を描いたものです。なお，元の統計においては製造業の中に 14 分類ありますので，より細かな分析も可能です。

　2020 年からの新型コロナウイルス感染症拡大の影響が第 3 次産業にも強く出ています。その後，2021 年から 22 年第 1 四半期の動きには，産業ごとに違いがみられます。

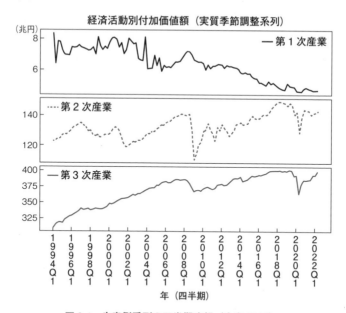

図 3.4　生産側系列の四半期速報（生産 QNA）

（出所）内閣府「生産側系列の四半期速報（生産 QNA）（参考系列）」より作成
（注）実質季節調整系列，四半期値。実質は 2015 暦年（平成 27 暦年）連鎖価格。生産 QNA の生産活動別における第 1 次産業は農林水産業，第 2 次産業は製造業および建設業，第 3 次産業は卸売・小売業などその他の産業。

2020 年の固定資本減耗は 135.5 兆円で，同年の総資本形成（民間投資と公的資本形成の合計）136.7 兆円とほぼ同額の大きさです。投資をしても資本ストックが増えない状況です。

　純間接税は統計上「生産・輸入品に課される税−補助金」となっているものです。純間接税を含む表示額が市場価格表示で，消費者が商品を購入するときの支払い額に消費税が含まれることと同じ表示です。

● GDP 統計の読み方

　日本の GDP 統計には，四半期（1〜3 月，4〜6 月，7〜9 月，10〜12 月）ごとに発表される「**四半期別 GDP 速報**」（QE; Quarterly Estimates）や 1 年ごとの「**国民経済計算確報**」があります。

　GDP 速報は，四半期終了後（1〜3 月なら 3 月末から数えて），およそ 1 カ月半後に **1 次速報**が，さらに約 1 カ月後に，新たに利用可能となった統計も用いた **2 次速報**が発表されます。速報で発表される値は国内総生産（GDP）支出側です。最終的な値は確報（国民経済計算確報）で，確報では支出面，生産面，分配面の統計（フロー編）他，ストック編も含んでいます。経済ニュースで紹介される GDP は，主に四半期の GDP 速報ですので，ここでは，速報値を読めるようにします。

　ある年の実質値は「基準年の物価×その年の数量」となり，基準年では名目 GDP と実質 GDP は同じ値になります。名目が金額であるのに対して実質は量の動きを表しますが，統計では実質も「〜兆円」と，まるで金額のような統計になっています。

　円という金額表記にもかかわらず実質 GDP が量の指標であるということを，簡単な計算例で理解しましょう。下の例では，基準年の物価（P_0）を 100 として，数量が 5，6，7 と増加しています。実質値の動きは 500，600，700 となっていて，数量の変化と同じです。一方で，名目値は物価上昇分も加わるので，それよりは大きな増加の動きになっています。

実質 GDP 理解のための計算例（ある項目についての計算）:			
	物価	数量	実質値	名目値
基準年	$P_0 = 100$	$Y_0 = 5$	$P_0 Y_0 = 500$	$P_0 Y_0 = 500$

| 1年後 | $P_1 = 110$ | $Y_1 = 6$ | $P_0 Y_1 = 600$ | $P_1 Y_1 = 660$ |
| 2年後 | $P_2 = 120$ | $Y_2 = 7$ | $P_0 Y_2 = 700$ | $P_2 Y_2 = 840$ |

　名目 GDP を実質 GDP で割って求めた全体の物価を GDP デフレーター（＝名目 GDP／実質 GDP）といいます。

　表 3.1 は 2015 年基準の実質値についてまとめたものです。支出側では民間最終消費支出の割合がもっとも大きく，表にあるように 1995 年で 55.8％，2020 年でも 54.0％と 50％半ば程度となっています。政府最終消費支出は 1995 年よりも 2020 年の構成割合が大きくなっていますが，公的固定資本形成（公共投資のこと）と合わせると，27％弱でほぼ同じです。なお，政府部門は，中央政府のみではなく，地方政府や政府機関も含みます。

表 3.1　国内総生産（支出側，実質：連鎖方式）
（出所）内閣府「2020 年度国民経済計算（2015 年基準・2008SNA）」より作成

（兆円（実質，2015 暦年連鎖価格））

暦年		1995	割合 (1995 年)	2005	2015	2020	割合 (2020 年)
国内総生産（支出側）GDP		458.3		512.0	538.1	528.2	
C	民間最終消費支出	255.6	55.8%	285.9	300.1	285.2	54.0%
I（民間）	民間住宅	30.4	6.6%	25.7	20.3	19.0	3.6%
	民間企業設備	71.4	15.6%	84.4	87.3	85.4	16.2%
	民間在庫品増加	1.7		0.8	1.1	0.7	
G	政府最終消費支出	75.1	16.4%	92.1	105.5	113.0	21.4%
I（政府）	公的固定資本形成	46.9	10.2%	30.3	26.7	29.1	5.5%
	公的在庫品増加	0.1		0.1	0.0	0.0	
EX-IM	純輸出	−13.1	−2.9%	−5.7	−3.0	−4.5	−0.9%
EX	輸出	39.9	8.7%	70.7	93.8	91.7	17.4%
IM	輸入	53.0	11.6%	76.4	96.8	96.2	18.2%

　輸出は 1995 年と比べて 2020 年のほうが 2 倍以上大きく，しかも徐々に増加してきたことがわかります。ただし，輸入を差し引いた純輸出は年によって変動があります。経済のグローバル化という変化がこの数値に表れています。

　速報値の四半期データをみる場合，変化率について注意が必要です。1 四半期前（たとえば 4〜6 月期の統計については 1〜3 月期）からの変化は前期比と

よばれるもので，3 カ月間の変化率になります。通常，変化率は年率として考えるので，前期比の**年率換算**もニュースで紹介されることが多いです。年率換算は 4 倍程度の値になりますが，厳密には変化率についての換算式により求められます[3]。

　また四半期の前期比は，通常，**季節調整済**の値から計算されたものを確認します。四半期統計や月次統計は毎年同じパターン（たとえば，毎年 12 月に消費が増加するなど）となることがあります。GDP もそうなので，毎年大きくなる時期の値は小さくし，小さくなる値は大きくなるように季節性の調整処理をしています。**前年比**は，1 年前の同期と比較して求めた変化率です。こちらはもともと年率の値となっています。前年比はこの 1 年の中期的な傾向を，前期比は直近の動きをみることができますので，両者を総合して景気の波の状態を判断します。

　図 3.5 は，金融危機となった 1997 年 11 月前後の景気後退と回復の様子を GDP からみたものです。1997Q4 は 1997 年 10 月から 12 月の第 4 四半期のこ

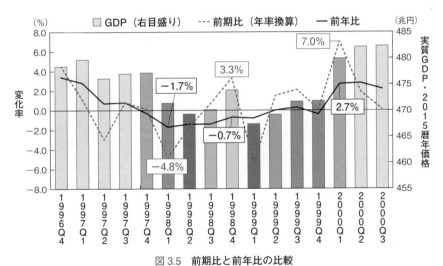

図 3.5　前期比と前年比の比較

（出所）内閣府「2020 年 10-12 月期 2 次速報値」の実質季節調整系列より作成

---

[3]　成長率は複利計算で求める。初期値が 100 として 10％増加だと次期は 110 になるが，その次は 110 の 10％なので 120 ではなく 121 になる。121 は $100(1+0.1)^2$ と計算する。同様に考えると，四半期の年率換算は，前期比を g とすると $(1+g)^4-1$ となる。たとえば，2021 年第 1 四半期 2 次速報で実質 GDP の前期比は -1.0％，年率換算は -4.0％ではなく -3.9％と発表されている。-1.0％を計算式で年率計算すると，およそ -3.9404％となる。

とで，そのときに前期比と前年比はでどちらもマイナスとなりました。特に前期比のマイナス幅が大きいことがわかります。1998Q4は一時的にGDPが回復し前期比が3.3％の大幅上昇となったものの，水準は金融危機前の水準には回復していません。

　1999Q1を底として，その後回復し始めます。そのため，1999Q2から前期比は連続してプラスで推移していますが，前年比がプラスとなったのは2000Q1でした。このときに金融危機前の水準を回復できました。このように，両者を合わせてみることで，景気後退期，一時的回復，景気回復期などの様子がわかります。

● 比較分析と購買力平価

　図3.6は世界経済に占める各国のGDP（名目，ドル値）の構成比率を円グラフにしてみました。国によって通貨単位（日本は円，米国はドルなど）が異なります。そのため，ここではドル換算した上で，世界経済全体に占める各国GDPの比率により比較しました。2004年，2014年について示しています。すなわち，クロスデータを主としつつ，時系列でも確認しています。グラフでは2014年における上位10カ国を示して，その他の国は「その他」でまとめています。

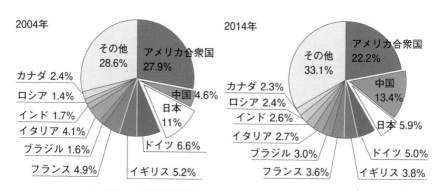

図3.6　世界経済（名目GDP）構成比（％）の変化

（出所）総務省統計局『世界の統計』「第3章国民経済計算　3-1世界の国内総生産（名目GDP，構成比）」各年版より作成
（注）2014年における上位10カ国とその他の国についての図である。ドルベースなので，為替レートにも依存することに注意。2022年時点では『世界の統計2022』が最新で2019年までのデータを取得可能である。2019年ではアメリカ合衆国24.5％，中国16.4％，日本5.8％，インド3.3％となっており，中国とインドの比率がさらに高まった。

　2000 年代以降は経済のグローバル化が進みました。2 つのグラフを比較する
と，中国経済の世界での存在感が大きくなってきたことがわかります。一方で，
日本の割合の低下が顕著です。2014 年では日本の世界第 3 位で 5.9％を占めて
います。それでも大きいのですが，2004 年の 11％と比べると，わずか 10 年で
構成比率が半分近くまでに小さくなりました。

　国の経済規模は人口が多いと大きくなりますが，規模が大きいからといって
国民生活が豊かだとはいえません。一人ひとりの所得水準は低い場合もあるか
らです。あるいは，モノの価格が安い国では，たとえ所得水準が低めでも，生
活の質（消費量など）は維持できますので，貧しいとも言い切れません。各国
の経済状況を比較する場合，**一人当たり GDP** や**購買力平価**（PPP; Purchasing
Power Parity）という指標を用いることが多いので，ここで学習します。

　なお，その他にも，日本は少子高齢化が急速に進んでいるので，人口一人当
たりではなく，**生産年齢人口（15〜64 歳）**一人当たりや**一人当たり労働生産
性**（就業者一人当たり）などを確認する場合もあります。

　2019 年を例に，主要国の一人当たり名目 GDP を比較してみます（「2019 年
度（令和元年度）国民経済計算年次推計（2015 年（平成 27 年）基準改定値）
（フロー編）ポイント（令和 2 年 12 月 24 日）」）。2019 年（暦年）の日本の一
人当たり名目 GDP は 4 万 791 ドルで，OECD 加盟国中第 19 位でした。米国
は 6 万 5,143 ドルで 6 位です。韓国は 3 万 1,842 ドルで 22 位，中国は 1 万 262
ドル（加盟国ではないので OECD 順位はなし）でした。

　順位は為替レートにも依存します。円高だった 2012 年（為替レートは 109
円／ドル）の OECD 順位は 10 位でしたが，2019 年よりも日本経済が高水準
とは言い切れません。

　次に，購買力平価（PPP）をみます。購買力平価は，同じ財であればどの国
でも同じ価格になる**一物一価の法則**に基づきます。たとえば，日本で 100 円の
財が米国で 1 ドルだとすると，購買力平価の為替レートは 100 円／ドルになり
ます。購買力平価は物価指数を用いて，以下のように求めます。

$$購買力平価 = \frac{自国（日本）の物価指数}{外国の物価指数}$$

このように財を基準に計るというのはすでにみた**実質為替レート**と同じで，

「購買力平価／名目為替レート」（比率）により実質為替レートを求めることができます。そのため，実質為替レートが1（指数では100）より小さいとは，購買力平価（一物一価）と比べて為替レートが円安だということを意味しています[4]。仮に，日本の物価が米国よりも低い場合には，購買力平価による一人当たり GDP は，為替レートによるドル換算値よりも高めになります。

　一物一価の法則は，現実には，すべての財・サービスで成立するわけではないので，為替レートと購買力平価が一致するとは限りません。また，経済全体の価格動向を表す物価は指数であり，円などの通貨単位ではありません。水準が一致という状況はまれなので，物価比の変化をみる**相対的購買力平価**を用いることも一般的です。ある基準時点の為替レートをベースにします。

$$相対的購買力平価＝基準時点の為替レート \times \frac{自国（日本）の物価指数}{外国の物価指数}$$

　統計で実例をみてみましょう。図3.7 は国際比較可能な長期統計である Penn World Table を用いて，いくつかの国の一人当たり実質 GDP（購買力平価）の推移をみています。残念ながら，日本の日本成長は購買力平価でみても

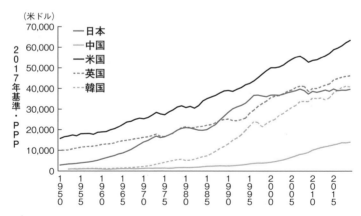

図3.7　一人当たり実質 GDP（購買力平価，2017 年基準，米国ドル）
（出所）Penn World Table version 10.0 より作成
（注）Expenditure-side real GDP at chained PPPs（in 2017US$）

---

[4] たとえば，上の例で，名目為替レートが120円／ドルの場合は，比率は（100／1）／（120／1）＝約 0.83（指数では 83）となり，これが実質為替レートである。

成長が弱めなのがわかります。2010年代では，米国との差は広がって，韓国の水準を下回っています。

レクチャー **3.2**　**経済成長の理論**

● 新古典派経済成長モデル（ソロー・モデル）

　ここでは，経済の長期的動向である**経済成長**（economic growth）を，主に生産面からとらえ，その構造を理解します。長期動向を説明するのには，何らかの考え方（理論）が必要となります。成長理論の基礎といえる**新古典派経済成長モデル**（ソロー・モデル[5]）を学び，それを日本経済にあてはめて考えてみます。

　長期成長は経済の基礎的な動向で，**潜在成長**として考えることもできます。短期の景気変動は，主に需要の変化によることが多いのですが（悪天候や自然災害などの供給変化で変動する場合もある），長期の経済成長は供給面，すなわち生産能力によって決まります。

　生産（Y）は主に資本ストック（K）と労働（L）から行われ，技術水準（A）にも依存します。生産要素の組合せと生産の関係を表したものを**生産関数**とよび，たとえば以下のように表すことができます。

$$Y = AF(K, L)$$
$$= AK^{\alpha}L^{1-\alpha}$$

ここでは，$AK^{\alpha}L^{1-\alpha}$という式で表される**コブ=ダグラス型生産関数**により資本と生産の関係を考えていきます。α（ギリシャ文字のアルファ，$0 \leqq \alpha \leqq 1$）は**資本分配率**，$1-\alpha$は**労働分配率**です。コブ=ダグラス型生産関数は規模に関して収穫一定の性質をもちます。規模に関して収穫一定とは，生産要素を増加させたときに，生産量もちょうど生産要素と同倍だけ増加することをいいます[6]。

---

[5] 経済学者の Robert M. Solow の名前からそうよばれている。ソロー=スワン・モデル（Solow-Swan model）ともいう。参照：Solow, R. M. (1956). A Contribution to the theory of economic growth. *The Quarterly Journal of Economics, 70* (1), 65-94.

[6] 例として $\alpha = 1/3$ として，KとLをそれぞれ2倍にしたときを計算してみる。$A(2K)^{1/3}(2L)^{2/3} = 2^{1/3} \times 2^{2/3} \times AK^{1/3}L^{2/3} = 2 \times AK^{1/3}L^{2/3}$ となるから元の $Y = AK^{1/3}L^{2/3}$ と比較してYも2

　この生産関数から技術やその他の要因が，実際にどの程度，経済全体の成長に寄与しているかの分析を，**成長会計分析**といいます。成長会計分析では，日本経済全体（マクロ経済）での成長を技術水準と生産要素（資本と労働）の寄与度から説明します。Yの成長率を求めるため，生産関数を全微分してYで割ると，以下のように全体の成長率を技術，資本，労働の要因に分解できます[7]。

成長会計分析：$\dfrac{dY}{Y} = \dfrac{dA}{A} + \alpha\,\dfrac{dK}{K} + (1-\alpha)\dfrac{dL}{L}$

経済成長率＝全要素生産性（TFP）＋資本寄与度＋労働寄与度

　dY/YはYの変化率で，経済成長です。同様にdA/A，dK/K，dL/Lはそれぞれ技術，資本，労働の変化率です。このモデルでの技術Aは**全要素生産性**（TFP; Total Factor Productivity）といいます。ただし，資本や労働の統計は存在するのに対して，技術水準の統計はありません。TFPは資本と労働で説明されない残りの要因を表しており，**ソロー残差**とよばれます[8]。

　経済成長はこれら3つの要素から説明できますが，成長会計分析はどのような成長率になるのかの理論的枠組みではありません。一方で，新古典派経済成長モデルではISバランスとよばれる財市場の均衡や生産関数から分析しています。

　経済の豊かさの指標としては，国全体の総額よりも一人当たりの値が適切です。一人当たりでみる場合は，資本も$K/L=k$により計算した値を用います。

$$y = Y/L = Ak^{\alpha}$$

　ただし，本書ではわかりやすくするため，労働Lは1で一定（$L=1$）とし，マクロ経済と一人当たりで違いがない状況の説明をします。本書では説明を省

倍となる。

[7] dは全微分の記号で，ごく小さい変化（無限小変分）を表し，連続的な変化の場合に用いる。実際には，GDPは四半期（3カ月）や年単位の統計なので数値と時間にある程度の幅がある。そのため，tを今期，$t-1$を前期とするとき，変化率を$\Delta Y/Y = (Y_{t-1} - Y_t)/Y_{t-1}$とすることも多い。

[8] 全要素生産性（TFP）は経済成長率から労働と資本の寄与度を差し引いて求める。ここで，たとえば教育投資は，**人的資本**とよばれる労働者の生産性を向上させる。労働を労働者数や労働時間とすると，労働の寄与度に教育効果が含まれない。人的資本による労働生産性向上は全要素生産性に含まれる。

略しますが，新古典派経済成長モデルでは通常は一人当たり資本で分析します。

このモデルで経済成長の要因は，**技術の変化（技術進歩）** や**資本の限界生産力**（MP$_K$; marginal product of capital）です。資本の限界生産力とは，資本 K が1単位増えたときの生産量の増加量で，生産性のことです。資本の限界生産力は，生産関数を資本 K で微分（今回は他の変数を一定とする偏微分 $\partial Y/\partial K$ または $\partial y/\partial k$）することで，以下のように求められます。

> コブ=ダグラス型生産関数の場合の資本の限界生産力：
>
> $$MP_K = \alpha A k^{\alpha-1}\left(= \alpha\,\frac{Y}{K}\right)$$

生産は**図3.8**に示されるような**限界生産力逓減**の性質があると考えます。これは，資本が少ないときの限界生産力（生産量の増加幅）は大きいが，資本が多くなるにつれて限界生産力は小さくなることを意味します。

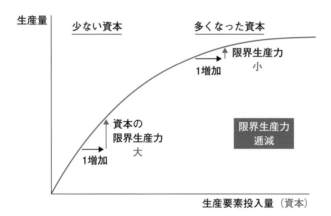

図 3.8　生産と限界生産力逓減

次に**定常状態**（stationary state または steady state）という，成長の飽和状態（それ以上経済が成長せずに安定すること）について学びます。一国経済で，どの程度の投資が行われ，どのような水準で落ち着くのでしょうか。K は資本ストックで，ストックを形成するのは毎期のフローである**投資**の積み重ねです。投資を I とし，期間は今期 t から $t+1$, $t+2$,... と進んでいくとします。このとき資本ストックと投資の関係を**資本蓄積方程式**といい，以下のように表します。

$$K_t = K_{t-1} + I_t - \delta K_{t-1}$$

t はある期（たとえば今期）を表し，$t-1$ は１つ前の期（前期）です。ここからは実際の統計に合わせて，１年間など，時間には幅があるとします。その期の最初を**期首**，最後を**期末**といいます。通常，ストックは期末値でとらえます。期末（前期の終わり）の資本ストック K_{t-1} に今期の投資 I_t が追加されて，資本ストックは毎期 δ（ギリシャ文字小文字のデルタ，$0 \leqq \delta \leqq 1$）の割合（減耗率）で**減耗**していくと考えます[9]。

　前期 $t-1$ から今期 t の資本増加分をギリシャ文字の大文字デルタ Δ を用いて，$\Delta K_t (= K_t - K_{t-1})$ と定義すると，この式は以下のように書き直せます。

$$\Delta K_t = I_t - \delta K_{t-1}$$

ΔK_t の値は，投資 I_t と減耗分 δK_{t-1} のどちらが大きいかにより決まります。

資本蓄積方程式のポイント

　$\Delta K_t > 0$ のとき，資本ストックは増加している　　　　$(K_t > K_{t-1})$

　$\Delta K_t = 0$ のとき，資本ストックは一定　　　　　　　　$(K_t = K_{t-1})$

　$\Delta K_t < 0$ のとき，資本ストックは減少している　　　　$(K_t < K_{t-1})$

　理解しやすくするため，企業の投資と家計の貯蓄を，経済全体なのか個別なのかを区別せずに考えていきます。マクロ経済学でミクロ的基礎の分析をする場合，**代表的個人**（representative agent）を想定することがあります。本来はさまざまな性質をもつ個人がいるのですが，マクロモデル上では皆が同一の行動をとることを前提としています。

　企業は，投資を行う費用よりも，そこから得られる利益のほうが大きければ，その投資を行います。企業が投資を行う場合，投資の資金調達費用は，資金借入れにかかる**金利**です[10]。したがって，金利が投資の**利潤率**（rate of profit）と

---

[9] たとえば，工場で生産のための機械を 10 台導入したとする。もし，10 期後までにすべて買い換えが必要になる耐久性なら $\delta = 0.1$ である。生産では資本の減耗と減耗率というが，会計での減価償却と償却率と同様である。減価償却は，価値が徐々に低下する資産に対する会計処理で，耐用年数から求める。

[10] 借入れをしないで自己資金で投資する場合でも，機会費用（opportunity cost）として金利が費用になる。内部資金で投資をせずに，たとえば，債券購入していれば利子収入がある。

同じか下回るときに投資が行われます。資本の 1 単位増加当たりの利潤を**資本の限界効率**（marginal efficiency of investment）といいます。

　家計は金利に応じて，所得のうちどれくらい貯蓄するのかを決めます。金融市場において，家計の貯蓄と企業の投資が均衡する点で市場金利が定まります。投資と貯蓄が等しい状況を**貯蓄投資バランス**，あるいは，投資 Investment の頭文字 I と貯蓄 Saving の頭文字 S をとって **IS バランス**といいます。

　IS バランスに関する経済の動きを図 3.9 で確認します。まず，家計の所得は，大まかには，消費されるか，貯蓄されるかのどちらかです。このうち貯蓄は，金融機関を通じて，あるいは直接的に投資の資金となります。金融市場での金利 r で資金は取引され，IS バランスが成立します。実際には，国内資金は，余っていたり足りなかったりしますが，海外流出や流入も含めることで IS バランスが成立することになります。

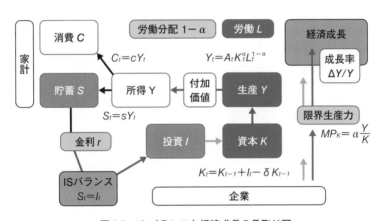

図 3.9　IS バランスと経済成長の見取り図
（注）$C_t=cY_t$ は消費関数で，c は限界消費性向（消費と所得の関係）。
　　　$S_t=sY_t$ は貯蓄関数で，s は貯蓄率。

● ソロー・モデルの図解（Solow Diagram）

　投資は資本ストックの蓄積につながり（資本蓄積方程式），さらに生産力も増加します。このモデルでは，投資の増加が生産の増加につながる過程が**経済成長**となります。ただし，限界生産力は逓減するため，成長率 g は資本の増加とともに徐々に低下することになります。

新古典派経済成長モデル（ソロー・モデル）のまとめ

仮定：A（生産技術），L（労働），s（貯蓄率），δ（減耗率）は所与，

$\qquad \alpha = 1/3$

・生産関数（コブ=ダグラス型）：$Y_t = AK_t^{1/3}L_t^{2/3}$

・財市場均衡（IS バランス）：$Y_t = C_t + I_t \rightarrow I_t = S_t(= Y_t - C_t)$

$\qquad \rightarrow \quad I_t = sY_t \rightarrow I_t = s(AK_t^{1/3}L^{2/3})$ ･････････････････････(1)

・定常状態 K^*：$\Delta K_t = I_t - \delta K_{t-1} = 0$（資本増加がゼロ）

$\qquad \rightarrow \quad I_t = \delta K^*$ ･･････････････････････････････････････(2)

(1) 式と (2) 式から

$$\frac{K^{*1/3}L^{2/3}}{K^*} \left(= K^{*-2/3}L^{2/3} \right) = \frac{\delta}{As}$$

$$\rightarrow \quad K^* = \left(\frac{As}{\delta} \right)^{3/2} L \quad\cdots\cdots\cdots\cdots\cdots\cdots\cdots\cdots\cdots(3)$$

(3) 式を生産関数に代入して定常状態の生産 Y^* を求める。

$$Y^* = A\left(\left(\frac{As}{\delta} \right)^{3/2} L \right)^{1/3} L^{2/3}$$

$$= \left(\frac{s}{\delta} \right)^{1/2} A^{3/2} L \quad\cdots\cdots\cdots\cdots\cdots\cdots\cdots\cdots(4)$$

※ $x^{-1} = \dfrac{1}{x}$ と $x^{a/b} = \left(\dfrac{1}{x} \right)^{b/a}$ より計算している。

　経済成長率 g は，資本が少ないときは高く，資本が多くなるに従って小さくなり，やがてゼロ成長（定常状態）となります。**図 3.10** は生産量と資本の関係から経済成長がわかる図（**The Solow Diagram**）です。資本の限界生産力逓減により，生産 Y の増え方は徐々に小さくなります。支出は消費 C と投資 I からなりますが，そのうち I は IS バランスが成立しているので，$I = sY$ になります。図にあるように，$\delta K = I$ のときに $\Delta K_t = 0$ なので，資本ストックは一定でそれ以上，生産も増えません。

　図 3.11 は経済成長の仕組みがわかるように書き直したものです。資本の限界生産力逓減から，最初 K_0 という資本ストックの状態から資本が１単位増えたとき Y の増え方は大きく，このときの成長率は大きくなっています。一方で，K が大きくなったときの成長率は小さくなっています。資本ストックが

K^*まで増えると$\delta K = I$となり，成長率がゼロとなります。もし資本ストックがK^*よりも大きい場合，投資よりも減耗が大きいため，資本ストックは減少します。結局，K^*で定常状態となるのです。

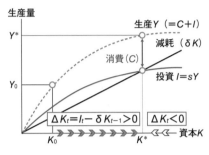

図3.10　ソロー・モデルの図解

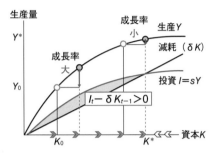

図3.11　経済成長の仕組み

レクチャー **3.3**　**経済成長の実際**

● 戦後の日本経済

　日本経済は，第2次世界大戦の敗戦後に混乱し，インフレ率が非常に高い状態になるハイパーインフレも経験しました。しかしながら，1950年代に入ると**経済復興**が進み，さらに1955年頃からは**高度成長**となりました。1960年に就任した池田勇人首相は1961年度からの10年で所得を倍増する「所得倍増計画」の政策を掲げ，実現しました。1964年に開催された東京オリンピック後のような一時的な景気後退もあったものの，平均的には10％弱程度の成長率が続きました。

　1970年代に入ると，石油ショックが発生するとともに，高度成長から**低成長**へと変化していきます。1990年代以降では，さらに経済成長率は低迷します。さまざまな経済政策が実施されましたが，成長率回復にはつながりませんでした。

　図3.12は，1955年以降のGDPの名目値，実質値，実質変化率の3つの指標でみた日本経済の動きです。

　図3.12をみるとわかるように，第1次石油ショックが生じた1974年頃までの実質GDP成長率は10％を超えることもある高成長でした。ところが，1980年代は4％前後となり，さらに1990年代以降は1％台の低位で推移しています。

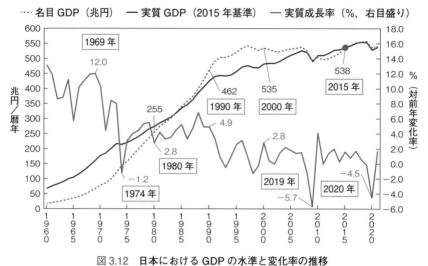

図 3.12　**日本における GDP の水準と変化率の推移**
（出所）内閣府「令和 4 年度　年次経済財政報告（令和 4 年 7 月）」付表の長期統計表から作成
（注）年は暦年。

　第 2 次世界大戦において日本は，空襲などで生産設備に被害を受けるととも
に，人的資本も多く失われました。終戦後は，資本ストックが少ない状況のた
め，資本の限界生産力が大きく，投資による生産量増加は大きくなりました。
新古典派経済成長モデルで考えると，その時期の経済成長率は高くなります。
一方で，1980 年代頃には資本ストックが多くなりました。低成長期へと移行
した時期に資本の限界生産力は小さくなったと考えられます。

　GDP について，一貫性のあるまとまった長期統計を入手するのは難しいか
もしれません。ここでは内閣府の統計資料を利用しています[11]。もし戦前の統
計やその他の経済統計を長期で確認したい場合は，総務省統計局『日本長期統
計総覧』などの統計集を利用するのが便利です[12]。

　なお，長期で統計をみる場合には，一貫性（同じ基準で作成されていて比較
が可能）があるかどうかが問題になります。たとえば，基準改定についての注
意が必要です。GDP は国連が定める SNA 基準（System of National Accounts）
に基づいて作成されます。2008SNA とよばれる基準の前は，1993SNA や

---

[11]『年次経済財政報告（経済財政白書）』と『日本経済』に長期経済統計が掲載されており，
ここでは『令和 4 年度　年次経済財政報告』（2022 年）のものを用いた。
[12] 矢野恒太記念会編集『数字でみる日本の 100 年』も便利である。2020 年時点で改訂第 7 版。

1968SNA でした。また，日本国内でも GDP の基準改定が行われます。内閣府
の長期 GDP 統計が期間ごとになっているのはそのためです。

日本の経済成長率と主な出来事

高度成長期（1950 年代半ば〜1970 年代前半）：　　10％前後

　東京オリンピック（1964 年）　　　　　　　　　　11.2％（1964 年）

　いざなぎ景気（1965〜70 年）

　石油ショック（1973 年，1979 年）　　　　　　　−1.2％（1974 年）

低成長期（1970 年代半ば〜1980 年代）：　　　　　4％前後

　プラザ合意と円高（1985 年）　　　　　　　　　　3.3％（1986 年）

　バブル経済（1980 年代後半）　　　　　　　　　　6.8％（1988 年）

バブル崩壊後（1990 年代〜2000 年代半ば）：　　　1％前後

　円高（1995 年，最高値 1 ドル＝79 円 75 銭）

　金融危機（1997，98 年）　　　　　　　　　　　−1.3％（1998 年）

2000 年代：経済のグローバル化　　　　　　　　　1％前後

　就職氷河期（2000 年前後，新卒就職難）

　世界金融危機（リーマンショック，2008 年）　　−5.7％（2009 年）

2010 年代：　　　　　　　　　　　　　　　　　　1％前後

　東日本大震災（2011 年）　　　　　　　　　　　0％（2011 年）

　少子高齢化の進展（団塊世代が 65 歳以上に）

　欧州債務危機（2010〜2012 年頃）

2020 年代：

　2020 年　新型コロナウイルス感染症　　　　　　−4.5％（2020 年）

　東京オリンピック（2021 年）

　世界的な物価高（2022 年）

（出所）成長率は実質 GDP 変化率（暦年）で，内閣府「日本経済 2021-2022」長期統計表
のもの

● 技術と経済成長

　成長理論で考えると，資本が少ない国は限界生産力が高く，成長率も高くな
ります。戦後日本経済ではこの理論がある程度あてはまりますが，世界の国々
についてみると，資本が少ない国が必ずしも高い成長率を実現したわけではあ

りません。図 3.13 の散布図は，世界各国の 1990 年時点一人当たり実質 GDP
（2010 年 US$ 基準，World Bank（世界銀行）統計）を横軸にとり，縦軸には
それぞれの国の 2015 年までの平均成長率をとったものです。点が集中してい
てわかりにくいので，右図に一人当たり実質 GDP が 5,000 ドルまでの範囲の
み拡大したものも示しています。平均成長率が 2%以上とそれ未満とで色分け
しています。

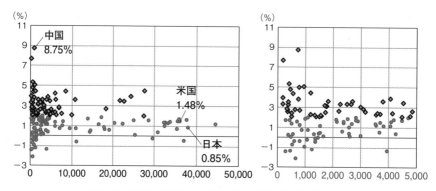

図 3.13　1990 年水準とその後 30 年間の平均成長率（%）

（出所）World Bank, World Development Indicators
（注）2015 年一人当たり実質 GDP（GDP per capita (constant 2010 US$)）と 1990 年から平均成
長率を求めた。165 カ国のデータだが，5,000 ドル（2010 年基準実質）を超える国のデータは省略
した。右図は 5,000 ドルまでの範囲を拡大したもの。

　図をみると，1990 年時点で一人当たり実質 GDP が 3 万ドルを超えているよ
うな豊かな国は，その後，高成長とはなっていません。そのため，ここで学ん
だ成長理論はあてはまっています。ただし，豊かな国の間にも 1%程度の差は
みられます。たとえば，この期間の米国の平均成長率は 1.48%ですが，日本は
0.85%にとどまっています。

　一方で，経済水準が低かった国々では，ばらつきがあります。中国のように
高成長となった国もありますが，マイナス成長の国もあります。このように，
資本が少ない国でも限界生産力が必ずしも大きくない場合があります。

　実際の経済成長率は，資本を中心としつつも社会制度や政治的安定性など，
その他のさまざまな要因からもとらえていく必要があります。特に**技術進歩**が
重要だと考えられています。たとえば，企業は資本や労働者を増やすだけでは
なく，**研究開発**（R&D; Research and Development）で生産技術を向上させた

り，人材育成で生産性を増加させたりすることができます。経済学者のシュンペーター（Joseph Alois Schumpeter, 1883-1950）は技術革新などのイノベーション（innovation；新結合）の重要性を説明しました。これは生産技術の向上だけではなく，生産方法や市場の開拓も含まれる概念です。マクロ経済でも技術水準が高まると生産は増加し，技術進歩が継続的であれば経済成長も持続します。

　内生的経済成長理論（endogenous growth theory）では，生産労働者の限界生産力が収穫逓減なのに対して，研究開発者のそれは逓減しないとし，継続的に技術が高まり得ることを分析しています。また，技術や知識が蓄積されたり，人々の間で共有されたりすると，さらなる技術進歩を生み出すこともあります。

　図3.14は内閣府による**潜在成長率**に対する全要素生産性（TFP；技術寄与度），資本，労働のそれぞれの寄与度から作成した成長会計分析の図です。寄与度は第4章で学びますが，ここでは，まずはそれぞれの要素が全体の成長にどれだけ貢献しているのかがわかる指標と考えてください。

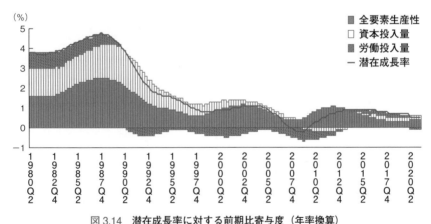

図3.14　潜在成長率に対する前期比寄与度（年率換算）
（出所）内閣府「GDPギャップ，潜在成長率」（2021年4-6月期四半期別GDP速報（1次速報値））より作成

　この図から，1990年代の低成長では，技術，資本，労働のいずれも低下してきたことがわかります。この時期の低成長の要因としては，新古典派経済成長モデルで説明できるような資本に加えて，技術進歩の低迷も重要です。

レクチャー **3.4** 日本経済の構造と課題

● 少子高齢化

　1990年代半ば以降，実質GDPの成長率は低成長の状況が続いており1%前後の低水準で推移してきました（図3.12参照）。成長の要因として資本，技術を取り上げましたが，1990年代以降の成長率の低迷にはその他にも労働の問題があります（図3.14参照）。

　人口あるいは労働力の減少は総額のGDPを減少させる要因になります。図3.15では人口と年齢構成の推移が確認できます。人口は2010年の1億2,600万人をピークに減少しており，今後も減少し続ける見通しです（国立社会保障・人口問題研究所による推計）。

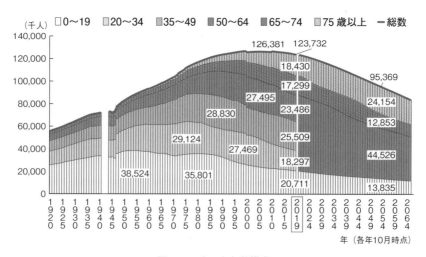

図3.15　人口と年齢構成

（出所）総務省「人口推計　長期時系列データ」より作成
（注）1999年までは総人口，2000年以降は日本人口を用いた。2020年以降は国立社会保障・人口問題研究所「日本の将来推計人口（平成29年推計）」の「出生中位（死亡中位）推計（2016～2065年）」を用いた。2020年以降の年齢構成では，20歳～64歳を1つの区分としている。

　年齢別での人口のピークは，0～19歳は1954年の38,524（千人），20～34歳は1975年の29,124（千人），35～49歳は1989年の28,830（千人）です。このような推移は第2次世界大戦の終戦直後に誕生した団塊世代が含まれる世代人口が多いためです。65～74歳の人口は2016年にもっとも多くなり，75歳以上

も含めた65歳以上人口は，その後2042年頃まで増加し続けると推計されています。

　少子化も続きます。1970年代前半の第2次ベビーブームにより，0〜19歳人口は1980年頃の35,801（千人）まで増えていますが，その後は減少し続けています。日本は少子高齢化が急速に進んでおり，単なる人口減少ではありません。2010年頃から本格的な少子高齢化社会となり，それが30年ほど続くことになります。高齢者が相対的に増加すると，医療，介護の費用が増大するとともに，それを支える働く世代の割合が低下してしまいます。

　人口減少よりも働く世代の相対的減少が大きいため，人手不足が深刻です。以下は2017年の記事で，この頃に運輸や外食の他，24時間営業の維持が難しくなるなどの問題が注目されるようになりました。

> 「人手不足の業種間格差が一段と広がっている。労働力不足がもっとも深刻なのは外食や運送会社，建設などで逼迫度合いはバブル期なみの厳しさだ。製造業は機械化で業務の置き換えが進んでいることなどからそこまで厳しくなく，銀行もなお余裕がある。人手不足業種は合理化やパート賃上げなど対応を迫られているが，業種をまたぐ人の移動などを後押しする環境整備も欠かせない。
>
> 　日銀が18日，企業短期経済観測調査（短観）の業種別集計を公表。従業員が「過剰」と答えた企業の割合から「不足」と回答した割合を引いた雇用人員判断指数（DI）で業種ごとのバラツキが鮮明になっている。」
>
> （2017年12月18日23:36日本経済新聞電子版「人手不足，業種格差
> 　　　くっきり　銀行にはリストラ余地」より抜粋。一部改変。）

● **自然利子率，貯蓄率**

　長期経済成長の指標である潜在成長について考えてみます。新古典派経済成長モデルで財市場均衡（ISバランス，$I = S$）のとき，金利rと資本の限界生産力は等しくなります。成長率は資本の限界生産力のことでしたので，これを応用すると，均衡ではISバランスの金利と潜在成長率は等しくなり，このときの利子率を**自然利子率**といいます。実際の金利が自然利子率と等しいとき，経

済が潜在水準で安定するため，その金利水準では，景気やインフレ率も安定的
です。

> **新古典派経済成長モデルの応用：**
> 自然利子率（r^*）と潜在成長率（g^*）について，$r^*=g^*$ が成立する。

図 3.16 は国債金利（1 年，10 年，20 年国債の名目金利）の長期動向を描い
ています。1990 年代に金利が低下し，2000 年代以降は低水準で推移してきま
した。低金利は金融政策（金融緩和策）の影響が大きいのですが，本章で学ん
だ成長理論から考えると，潜在成長率が低下したことも要因として考えられま
す。

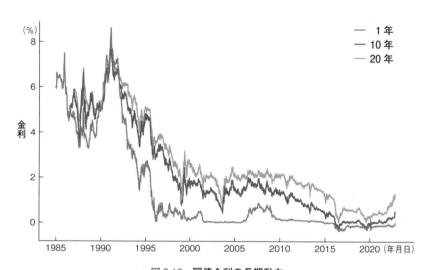

図 3.16　国債金利の長期動向

（出所）財務省「国債金利統計」より作成
（注）日次データ。期間は 1 年国債金利が 1985 年 1 月 4 日，10 年は 1986 年 7 月 5 日，20 年は
1986 年 12 月 1 日から 2022 年 12 月 20 日まで。

ただし，利子率と成長率の関係については，議論があります。フランスの経
済学者トマ・ピケティ（Thomas Piketty）はその著書『21 世紀の資本（*Le
capital au XXIe siècle*）』（2013 年）で，資本収益率（ここでの資本の限界生産
力）が経済成長率よりも大きい（$r > g$）ことを示し，それが経済格差につな
がると主張しました。

日本での金利と成長率の関係はどのようなものでしょうか。図 3.17 は実質

金利と実質 GDP 成長率の関係を示しています。いずれも年平均から計算した年率で，実質金利は名目金利から消費者物価指数（総合）を差し引いた値です。上段図は 2 年国債と 10 年国債の 2 種類の実質金利を縦軸，実質 GDP 成長率を横軸にした散布図です。ややばらつきはありますが，おおむね右上がりの関係（正の関係）であるとともに金利と成長率が近い値になっています。

　下段図は同じ統計を時系列でみたもので，縦軸は $r-g$ としました。2010 年代に経済成長率が金利を下回る時期が続いているものの，全体としてはゼロかプラスの時期が多くなっています。こうみると，日本では比較的 $r^{*}=g^{*}$ の関係が成立していそうですが，どちらも低いという問題があります。

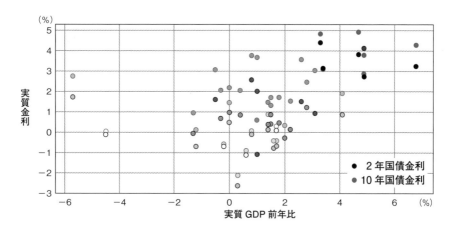

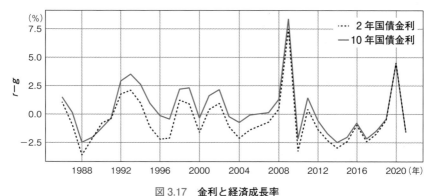

図 3.17　金利と経済成長率

（出所）財務省「国債金利統計」，内閣府「令和 4 年度年次経済財政報告」長期統計より作成
（注）1986 年から 2021 年（暦年，平均値）。金利（2 年国債，10 年国債）は金利の年平均を求め，消費者物価指数（年平均）前年比を差し引いて実質化した。上段図では時間とともに点の塗りつぶしの色が薄くなっている。

● IS バランスと財政

　財市場均衡では投資と貯蓄が等しくなります（IS バランス）。図 3.18 は
1995 年から 2020 年までについて，5 年ごとの IS バランスの状況を図にしたも
のです。データは国民経済計算を用いており，家計，企業（非金融法人），金
融機関，一般政府についてそれぞれ，貯蓄と借入れの差（プラスのときは純貸
出，マイナスのときは純借入）を棒グラフにしています。

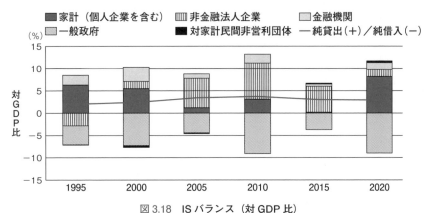

図 3.18　IS バランス（対 GDP 比）

（出所）棒グラフは内閣府「2020 年度国民経済計算（2015 年基準・2008SNA）」から作成
（注）棒グラフは暦年，対名目 GDP 比（％）の値。制度部門別での積上棒グラフであり，その合計が
線グラフで表された全体での IS バランス（純貸出（＋）／純借入（−））にあたる。

　一般的には家計が貯蓄をして，企業が借入れを行うと説明してきましたが，
日本では企業（非金融法人）もプラスで純貸出となっています。一方で，政府
はマイナスです。また，日本全体ではプラスのため，その分は海外へ資金が貸
し出されていることを意味します。日本では資金需要が小さいために低金利が
続いてきたこと，日本国内の投資収益率（資本の限界生産力）が低いことが
IS バランスから推測されます。

　加えて，貯蓄率低下の傾向もみられます。図 3.19 は国民経済計算における
家計貯蓄率の推移です。なお，図の貯蓄率はマクロ経済におけるもので，総務
省「家計調査」などでみる世帯貯蓄率とは動きが異なります。この貯蓄率では
人口動態の影響を含めた動きがわかります。

　貯蓄率は 1980 年代にも低下傾向がみられるものの，特に 1990 年代からの低

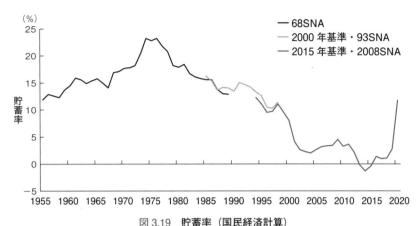

図 3.19　貯蓄率（国民経済計算）

(出所) 内閣府「国民経済計算確報」より作成

(注) SNA における貯蓄率は, 「貯蓄 (純)／(可処分所得 (純)＋年金基金年金準備金の変動 (受取))」(%)」である。長期動向をみるため, 3 つの基準 (68SNA, 93SNA, 2008SNA) の値をつなげて図示した。

下や 2010 年代の下落が顕著です。2020 年は政府のコロナ対策（給付金）の影響で, 一時的な動きと考えられます。通常, 人々は退職時期（60〜65 歳頃）まで老後の生活に備えて貯蓄し, その後は貯蓄を取り崩します。そのため, 少子高齢化で高齢者の割合が増加すると貯蓄率は低下します。

　ただし, ストックでみる貯蓄額は退職時期まで増加し続けるので, 貯蓄率が低下していても資金供給は豊富です。そのため, 金利の低下が続いていると考えられます。

　家計貯蓄が多く, 企業投資が少ないため, 民間部門の IS バランスでは S（貯蓄）は過剰（黒字）になります。その一方で, 日本では政府の IS バランス（財政収支）が赤字となっています。

　図 3.20 は国（中央政府）の一般会計について, 財政状況の一部をみたもので, 財政収支赤字の要因は主に社会保障関係費と国債費の増加とわかります。社会保障関係費の対 GDP 比（%）は 2010 年代に上昇しています。この社会保障関係費は中央政府の一般会計のみの額で, 国全体の社会保障総額はさらに大きく, その財源として社会保険料などがあります。中央政府一般会計からの支出は**国庫負担**とよばれ, 国庫負担率は社会保障費全体の 2 分の 1 とされています。国庫負担率は 2009 年度に引き上げられたため, 一般会計の社会保障関係費は 2009 年度に大きく増加しました。

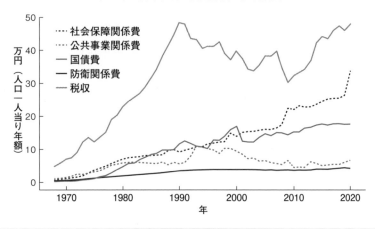

図 3.20　一般政府財政

	一般会計歳出・社会保障関係費			一般会計・税収		国債残高	
年度 (決算)	一人当たり (万円)	対 GDP 費 (%)	65 歳以上 人口 一人当たり (万円)	一人当たり (万円)	対 GDP 費 (%)	一人当たり (万円)	対 GDP 費 (%)
1970	1.1	1.4	15.7	7.0	9.1	2.7	3.5
1980	7.0	3.1	76.7	23.0	10.3	60.2	27.0
1990	9.3	2.4	76.9	48.6	12.7	134.6	35.3
1995	11.6	2.8	79.6	41.4	9.9	179.3	42.9
2000	13.9	3.3	80.0	40.0	9.4	289.6	68.4
2005	16.1	3.9	80.0	38.4	9.2	412.4	98.7
2010	22.1	5.6	95.8	32.4	8.2	496.9	126.0
2015	24.7	5.8	92.7	44.3	10.4	633.7	148.9
2019	26.5	6.0	93.7	46.2	10.5	700.6	159.1
2020	34.1	8.0	119.3	48.2	11.4	750.4	176.8

(出所) 財務省「財政統計」(決算)，総務省「人口推計」(年齢 (5 歳階級及び 3 区分)，男女別人口
(各年 10 月 1 日現在))，内閣府「令和 4 年度年次経済財政報告」長期統計より作成
(注) 財政については，予算ではなく決算の値を用いている。決算の長期統計は財務省ウェブサイト
「財政統計 (予算決算等データ) 統計表一覧」にある「第 20 表　昭和 42 年度以降主要経費別分類に
よる一般会計歳出予算現額及び決算額」を用いた。

　図 3.20 の数値をみると社会保障関係費の人口一人当たり額は増え続けてお
り，1990 年度に 9.3 万円だったものが 2019 年度には 3 倍程度の 26.5 万円です。
なお，2020 年度は新型コロナウイルス感染症対策のため，特別に増加してお
り，おそらく一時的です。一方で，65 歳以上人口一人当たりでみると一人当

たりほどは増えておらず，国庫負担率上昇の影響程度にとどまります。社会保障関係費の増加は社会保障のサービス充実ではなく，高齢化の影響と考えられます。

コラム 3.2　実質 GDP データの取得（Google スプレッドシート）

　第 1 章でインターネットを通じたデータ取得についていくつか紹介しました。そのうち，日本経済のデータ取得で，すぐできそうなものとして，Google スプレッドシート（https://docs.google.com/spreadsheets/）を用いた総務省統計局のダッシュボード（https://dashboard.e-stat.go.jp/）の利用がありました。ここでは，例として実質 GDP のデータ取得で利用してみましょう（なお，ネットの情報は変化しやすいので，ここで紹介した方法ではできなくなっているかもしれません。うまくいかない場合は，検索等で方法を再確認してみましょう）。

　基本は，「＝IMPORTDATA("ファイル名 .csv")」と書くデータ取得のための Google スプレッドシート関数です。ファイル名の記述ではダブルクォーテーション (") でくくっています。この CSV ファイル名に https:// から始まる URL を記述すると，その CSV ファイルを表示させることが可能です（インターネットに接続している必要があります。また，本書執筆時点では，UTF-8 以外の文字コード（Shift-JIS など）の日本語が文字化けする問題があります）。

　統計ファイル取得のための URL は，統計ごとに異なるコードを総務省統計局ダッシュボードの提供データ一覧（https://dashboard.e-stat.go.jp/providedDataList）から探して作成します。あるいは，キーワードで検索して探す方法もあります。ただし，適切なキーワードが必要（実質 GDP では探せず国内総生産としなければいけないことや，検索結果が多くて結局そこから再度探さなければいけないなど）なことから，筆者には探し出すのが難しく感じられます。

```
（検索例）https://dashboard.e-stat.go.jp/api/1.0/Csv/getInd
icatorInfo?Lang=JP&SearchIndicatorWord= 国内総生産
```

　総務省統計局ダッシュボードの提供データ一覧のサイトで，「企業・家計・経済」という項目を選ぶと，GDP に関連する統計のコードを確認できます。画面上でも確認できますが，やや見つけにくいので，ファイルをダウンロードしてから探したほうがよいでしょう。

　たとえば，「国内総生産（支出側）（実質）2015 年基準」の行を見ると，図のような情報が得られます。系列 ID と系列要素 ID の 2 つありますが，前半部分

は同じです。系列要素 ID の後半部分（030201）はデータの種類（時系列，地域，季節性）を示しています。

提供データ一覧

分野（大分類）　[企業・家計・経済　　　　　　　　 v]

No	グラフタイトル	系列名
2121	-	（前期比）国民総所得（実質）2011年基準
2122	国内総生産（円表示）	国内総生産（支出側）（実質）2015年基準
2123	国内総生産（円表示）	国内総生産（支出側）（実質）2015年基準
2124	国内総生産（円表示）	国内総生産（支出側）（実質）2015年基準
2125	国内総生産（円表示）	国内総生産（支出側）（実質）2015年基準
2126	国内総生産（円表示）	財貨・サービスの純輸出（実質）2015年基準
2127	国内総生産（円表示）	財貨・サービスの純輸出（実質）2015年基準

国内総生産（支出側）(実質）2015 年基準，年（全国），開始時点暦年 1994 年

系列 ID　　　0705020401000010000

系列要素 ID　0705020401000010000030201

https://dashboard.e-stat.go.jp/api/1.0/Csv/getData?
&IndicatorCode=0705020401000010000
&Cycle=3&RegionalRank=2&IsSeasonalAdjustment=1
&TimeFrom=1994CY00

（注）系列要素 ID 後半部分は，&Cycle= からの箇所に記入するが，03 は 3 として 0 をつけない。TimeFrom は取得開始年月で，歴年データの場合は「西暦年 CY」に 00 を加えた値になる。月次データの場合は 19940100 のように月の数値が入る。

　IMPORTDATA 関数で読み込むのは CSV ファイルとよばれるテキスト形式のものです。CSV ファイル形式は https://dashboard.e-stat.go.jp/api/1.0/Csv/getData? から始まる URL で取得できます。これに続く部分に，上記で得た情報を書き足すと，データのアドレスとなります。

　はじめにこの IMPORTDATA 関数のみを用いて，Google スプレッドシートの

どこかのセルに以下のように入力してみます。改行はせずにそのまま続けて入力します。

```
=IMPORTDATA("https://dashboard.e-stat.go.jp/api/1.0/Csv/
getData?&IndicatorCode=0705020401000010000&Cycle=3&Regio
nalRank=2&IsSeasonalAdjustment=1&TimeFrom=1994CY00")
```

データが取得されますが，データの説明など必要ない情報も表示されてしまいます。見てみると，timeCd とある5列目が年で，value とある10列目が値となっています。そこで，QUERY 関数を利用して，5列目と10列目だけ表示させます。=QUERY(IMPORTDATA("https://—.csv"),"SELECT Col5,Col10") という形式です。ここでは系列の名前も LABEL というオプションを利用してつけてみます。

```
=QUERY(IMPORTDATA("https://dashboard.e-stat.go.jp/
api/1.0/Csv/getData?&IndicatorCode=0705020401000010000&C
ycle=3&RegionalRank=2&IsSeasonalAdjustment=1&TimeFrom=19
94CY00"),"SELECT Col5,Col10 LABEL Col5 '暦年', Col10 '実質
GDP'")
```

ただ，今度は数値のみの取得になるので，統計の名前や数値の単位などの情報を後で確認しやすいように，以下のアドレス（getData? を getIndicatorInfo? に変更）をどこかのセルにメモ書きしておくとよいでしょう。

```
https://dashboard.e-stat.go.jp/api/1.0/Csv/getIndicato
rInfo?Lang=JP&IndicatorCode=0705020401000010000&Cycle=3&
RegionalRank=2&IsSeasonalAdjustment=1
```

この段階では，単純に GDP の統計を内閣府のウェブサイトからダウンロードするほうがよいように感じるかもしれません。けれどもこの方法を覚えておくと，2つの点で便利です。

1つめはその他の統計についても同様にできることです。たとえば，実質 GNI（国民総所得（実質）2015年基準）の系列 ID は 0705020403000010010 ですので，IndicatorCode をこの ID に書き換えると，その値が取得できます。年は同じなので，SELECT の後は Col10 のみにします。すなわち，最後の部分を "SELECT Col10 LABEL Col10' 実質 GNI'" とします。

```
=QUERY(IMPORTDATA("https://dashboard.e-stat.go.jp/
api/1.0/Csv/getData?&IndicatorCode=0705020403000010010&C
ycle=3&RegionalRank=2&IsSeasonalAdjustment=1&TimeFrom=19
94CY00"),"SELECT Col5,Col10 LABEL Col5 '暦年', Col10 '実質
GNI'")
```

　図 3.21 はデータを取得したときの画面です。上記の関数は B3 セルと D3 セル
に記載しています。図も作成してみました。その他にもやや調整して整えていま
す。年の表記が 1994CY00 のようになっているので，1994 というように年の部
分のみを取り出した列を作成しています。手入力でもよいですが，ここでは，A
列に「=SPLIT(B4,"CY00",FALSE)」と関数を用いることで，B 列から作成してい
ます。

	A	B	C	D
1			国民総所得（実質）2015年基準	国内総生産（支出側）（実質）2015年基準
2			10億円	
3		暦年	実質GNI	実質GDP
4	1994	1994CY00	469136.7	446522.3
5	1995	1995CY00	482564.5	458270.3
6	1996	1996CY00	498141.9	472631.9
7	1997	1997CY00	502204.4	477269.5
8	1998	1998CY00	496781.1	471206.6
9	1999	1999CY00	495510.4	469633.1
10	2000	2000CY00	508754.8	482616.8
11	2001	2001CY00	510779.6	484480.2
12	2002	2002CY00	510952.6	484683.5
13	2003	2003CY00	518540.4	492124
14	2004	2004CY00	530219.7	502882.4
15	2005	2005CY00	537232.6	511953.9
16	2006	2006CY00	541976.5	518979.7
17	2007	2007CY00	549063.1	526681.2
18	2008	2008CY00	532124.1	520233.1
19	2009	2009CY00	509166.5	490615
20	2010	2010CY00	526972.7	510720

図 3.21　総務省統計局ダッシュボードからのデータ取得

　総務省統計局のダッシュボードにはその他にも数多くの統計があり，系列要素
ID によってデータ取得が可能です。たとえば，「人口・世帯」では人口統計を入
手できます。5 歳区分について 1920 年からの統計があるので，系列 ID がわかれ
ば，上と同じ関数を利用することでデータ取得ができます。図の作成も同様です。
なお，年齢階級別の人口推計データは，1920〜1975 年までは 5 年おきで，その
後は 1 年ごとのデータになっています。

〈例〉人口ピラミッド，国勢調査／社会・人口統計体系，全国，1920 年〜
最新

0〜4 歳人口	020101002000010010030201
20〜24 歳人口	020101002000010050030201
60〜64 歳人口	020101002000010130030201

〈0〜4 歳人口の場合の入力例〉

```
=QUERY(IMPORTDATA("https://dashboard.e-stat.go.jp/
api/1.0/Csv/getData?&IndicatorCode=0201010020000010010&C
ycle=3&RegionalRank=2&IsSeasonalAdjustment=1&TimeFrom=19
20CY00"),"SELECT Col5,Col10 LABEL Col5 '年', Col10 '0〜4
歳人口'")
```

　2 つめとして，このようにウェブから直接データをダウンロードすることで，
自動更新されるというメリットがあります。年次データだと更新は頻繁ではあり
ませんが，四半期や月次データであれば便利さを実感できるでしょう。統計の比
較にも便利です。工夫すれば，総務省統計局のダッシュボードだけでなくさまざ
まなデータを自動取得して確認できるようになります。

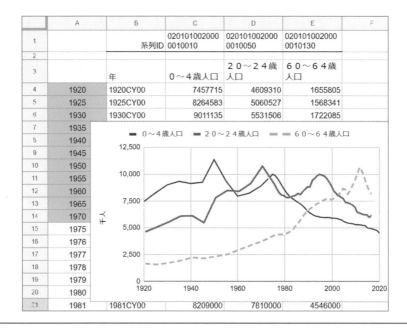

復習

(1) GDP はある一定期間において一国全体で生産され，市場取引された財・サービスの　　　　　（added value）を合計して求められます。

(2) GDP 統計は生産面，支出面，分配面の３つの側面からとらえた数値が等しくなり，それを　　　　　の原則といいます。

(3) 日本の GDP 統計には，　　　　　（1〜3 月，4〜6 月，7〜9 月，10〜12 月）ごとに発表される「　　　　　別 GDP 速報」や１年ごとの「国民経済計算確報」があります。

(4) 　　　　　経済成長モデル（ソロー・モデル）で経済成長の要因は，全体的な技術の変化（技術進歩）や資本ストックの蓄積による生産力の増加です。資本ストックの増加が止まる定常状態では成長率はゼロになります。

(5) 技術，資本，労働などが，どの程度，経済全体の成長に寄与しているかの分析を，　　　　　分析といいます。

(6) 金融市場において家計の貯蓄と企業の投資が均衡し，金利が定まります。投資と貯蓄が等しい状況を貯蓄投資バランス，あるいは，投資 Investment の頭文字 I と貯蓄 Saving の頭文字 S をとって　　　　　といいます。

(7) 持続的に経済成長には，技術進歩が重要だと考えられています。たとえば，企業は資本や労働者を増やすだけではなく，　　　　　（R&D）で生産技術を向上させたり，人材育成で生産性を増加させたりすることができます。

(8) 技術は経済全体（労働と資本）での水準なので，　　　　　（TFP; Total Factor Productivity）といいます。TFP は資本と労働で説明されない残りの要因を表しており，ソロー残差ともよばれます。

練習問題

問題 1 内閣府・国民経済計算（GDP 統計）のウェブサイトで，最新の四半期別 GDP 速報を確認して，以下の数値を確認してください。

(1)「〜年／〜月期／〜次速報」のような形式公表統計の時期

(2) 国内総生産の実質成長率（実質・季節調整済）の前期比およびその年率換算（%）

問題 2 本文にある表 3.1 と同じ表を最新年についての数値を追加して作成してください。なお，基準年が変更になっていれば表の 2020 年以前の値と直接は比較できません。

（ヒント：内閣府 GDP のウェブサイトで，最新の年次推計を確認します。「統計表（国民経済計算年次推計）」から，例として「2021 年度（令和 3 年度） 国民経済計算年次推計（2015 年基準・2008SNA）」のような統計を選びます。その中で，「主要系列表→国内総生産（支出側）→実質→暦年」とたどります。）

問題 3 マクロの生産関数が $Y = AK^{0.5}L^{0.5}$ のコブ=ダグラス型であるとします。記号の定義は本文と同じです。このとき本文「新古典派経済成長モデル（ソロー・モデル）のまとめ」と同様の計算をして，定常状態の K と Y を求めてください。

問題 4 問題 3 において，$A = 1$，$L = 1$，貯蓄率 $s = 0.4$，減耗率 $\delta = 0.02$ であるときの定常状態の K と Y を求めてください。またこのときの消費も求めてください。

問題 5 IS バランスとは何かを説明してください。

問題 6 IS バランスの金利と潜在成長率は等しくなるとき，それを自然利子率といいます。自然利子率が現在どの程度かを知るためには潜在成長率を推計します。そこで，最近の内閣府による潜在成長率推計値を探して，現在どの程度の値かを確認してください。

問題 7 コラム 3.2 を参考にして，総務省統計局のダッシュボードから実質 GDP のデータを取得してください。

問題 8 コラム 3.2 を参考にして，総務省統計局のダッシュボードから実質 GDP 以外のデータを取得してください。

練習問題解答

問題 1　例として，2022（令和 4）年 12 月 8 日公表のものでは，(1) 2022 年 7-9 月期・2 次速報，(2) −0.2％，−0.8％です。

問題 2　例として，「2021 年度（令和 3 年度）　国民経済計算年次推計（2015 年基準・2008SNA）」では，以下の通りです（単位は兆円，年度ではなく暦年であることに注意）。民間最終消費支出：287.9，民間住宅：18.8，民間企業設備：87.2，民間在庫品増加：0.043，政府最終消費支出：117.0，公的固定資本形成：28.5，公的在庫品増加：−0.084，純輸出：1.12，輸出：102.6，輸入：101.5。表の 2020 年はコロナ禍の時期なので，比較してみてください。

問題 3　本文の例との違いはコブ=ダグラス型でのパラメータのみです。本文では 1/3 と 2/3 なのでそれを 0.5 としてください。

$$K^* = \left(\frac{As}{\delta}\right)^2 L, \quad Y = \frac{s}{\delta} A^2 L$$

問題 4　問題 3 の式に数値を代入して求められます。K は 400，Y は 20 となります。このとき貯蓄（および投資）が 0.4×20＝8 なので，消費は 16 となります。

問題 5　本文では図での解説とともに，以下のようにしています。「家計は金利に応じて，所得のうちどれくらい貯蓄するのかを決めます。金融市場において家計の貯蓄と企業の投資が均衡し，金利が定まります。投資と貯蓄が等しい状況を貯蓄投資バランス，あるいは，投資 Investment の頭文字 I と貯蓄 Saving の頭文字 S をとって IS バランスといいます。」

問題 6　本文では内閣府「GDP ギャップ，潜在成長率」（2021 年 4−6 月期四半期別 GDP 速報（1 次速報値））を紹介しました（図 3.14）。この推計の最新版を見つけてください。2022 年時点では内閣府の「月例経済報告」のサイトに「GDP ギャップ，潜在成長率」として掲載されています。令和 4 年 12 月 28 日更新での潜在成長率は 2021 年から 2022 年にかけて 0.5％（前期比年率）となっています。

問題 7　コラム 3.2 により説明されています。

問題 8　コラム 3.2 により説明されています。年齢階級別の人口推計データを例にしています。

第 4 章

日本経済の短期分析

：経済構造と景気循環

予習

　経済は常に景気循環とよばれる変動をしており，家計や企業はその景気変動からさまざまな影響を受けます。本章では，景気循環とは何かを GDP ギャップからとらえ，現状を把握するための指標を学びます。また，予期しない経済ショックとは何かを学び，日本経済における主な景気変動要因を学びます。

マクロ経済の構造：
一国経済の構造と動向を，財・サービス市場，労働市場，金融市場，海外市場の間のつながりからとらえる。

短期景気変動と経済指標：
景気過熱とその後の反動により景気循環が生じる。景気に関する指標として，GDP ギャップや金利について学ぶ。

景気分析：
どのような要因で景気が変動しているのかを，GDP の寄与度分析や在庫循環などからとらえる。

日本における景気循環の論点：
日本経済は貿易などを通じて海外経済の影響を受ける。交易利得・損失（為替レート，輸出入物価，交易条件）について学ぶ。

学びのポイント

レクチャー**4.1**　日本経済の構造をとらえる

● マクロ経済構造と景気

　経済には，景気循環（business cycle）とよばれる波のような動きがみられます。本章では，一国経済全体を分析するマクロ経済学により経済構造を把握することで，景気循環がどのようなときに，何が原因で生じるのかを学びます。

　国の経済活動は大まかには，**財・サービス市場，労働市場，金融市場**の 3 つの市場および**海外市場**からとらえることができます。図 4.1 は市場間のつながりをまとめたもので，マクロ経済の構造を示しています。ただし，この図は単純化したものであることに留意しておいてください。たとえば財・サービス市場の**需要**である消費（**消費支出**）は，図では家計が行っていますが，実際には企業や政府にも消費支出があります。同じく需要である投資（**投資支出**）についても，企業の設備投資，家計の住宅投資，政府の公共投資があります。

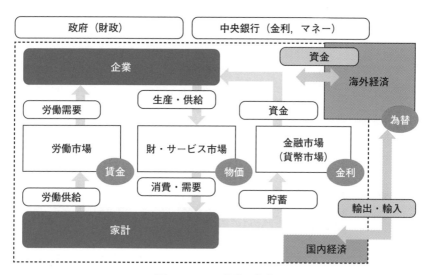

図 4.1　マクロ経済の構造

　はじめに，財・サービス市場と労働市場のつながりから，物価と賃金の関係を把握しましょう。財・サービス市場では，経済全体の平均的な価格である**物価**が取引の指標となります。労働市場では，家計が**労働供給**し，企業が労働需要するのが一般的です。企業がモノやサービスを供給（生産）するときに必要

な労働には**賃金**という費用がかかります。

　もし賃金が上昇すると，生産費用も増加するので，企業は賃金上昇の費用を財へ**価格転嫁**することになります。そうしないと赤字となり，生産することができなくなるからです。そのため，賃金上昇は財・サービス市場の物価上昇につながります。

　逆に物価が上昇した場合はどうなるでしょうか。経済活動が活発化して需要が供給を上回って物価が上昇している場合は，生産増加のための労働力が必要になります。労働市場で労働需要が増加するので，やはり物価と連動して賃金が上昇します。

　しかしながら，原油など海外からの輸入品の価格が上昇した場合は，人手が必要なわけではないので，物価上昇が賃金上昇につながりません。このように物価上昇（**インフレーション**，**インフレ**）は景気状況に依存する**ディマンド・プル型**と，資源高などによって生じる**コスト・プッシュ型**の2つの経路があります。賃金上昇につながりやすいのはディマンド・プル型です。

　次に**金融市場**をみます。マクロ経済学でマネーを主にみるときには，**貨幣市場**として分析されることもあります。家計による**貯蓄**は金融市場における資金供給になります。家計はお金を銀行などの金融機関に預け，その資金は金融機関から企業などへ貸し出されます。このような資金取引は，金融市場で行われるととらえられ，その取引価格が**金利**（または利子率）となります。

　金融市場もその他の市場とつながっており，たとえば，物価が上昇すると金利も上がりやすいという関係があります。また，海外の国々でも同じように経済活動があり，財・サービスは貿易（輸出と輸入）を通じて日本経済とつながり，資金はグローバルに取引されます。これらの取引では，異なる通貨間の交換も必要となります。たとえば，日本円を保有している人が，米国で資金を運用するときには，円を米ドルに交換してからそれを運用資金とします。その交換レートが**為替レート**です。

---

　(1) 財・サービス市場：生産（供給）と消費・投資（需要）　　→**物価**

　(2) 労働市場：労働供給と労働需要　　→**賃金**

　(3) 金融市場・貨幣市場：貯蓄と借入れ（貸出），債権　　→**金利**

　経済の動きを経済構造から考えてみましょう。たとえば，好景気では，マク

ロの総需要が総供給を上回り，供給不足や人手不足状態になっています。労働市場で賃金が上昇しやすく，それとともに物価も上昇してインフレが発生します。資金需要も膨らむので，金利も上昇するでしょう。

図 4.1 で経済政策の効果も考えてみましょう。景気が後退したとき，政府は財・サービス市場を通じて経済対策を行います。たとえば，公共投資などの支出（需要）を行うと，直接的な需要の下支えとなります。ただし，景気が良い状態では政府支出の増加が民間の資金需要を圧迫してしまい，**クラウディング・アウト**とよばれる民間投資の低下が生じます。政府支出の増加が金融市場における資金需要を増加させ，金利を上昇させるためです。

金融政策は，物価安定を目的に金融市場を通じて景気を支えます。景気後退の場合は，金利を引き下げて，民間投資を下支えします。中央銀行（日本では日本銀行）は国債買入れなどの金融市場での取引を通じて金利に影響を与えます。

---

(1) **物価・賃金・金利の動き**
　　好景気のとき：上昇しやすい
　　不景気のとき：上昇しにくい，または低下する
(2) **景気後退期の経済対策**
　　財政政策（経済対策）：政府支出を増やすなどして需要を下支え
　　金融政策（金融緩和策）：金利を引き下げて需要を下支え

● 景気変動と GDP ギャップ

上では景気が良い悪いということがどういう状態かを曖昧に書いていましたので，次に具体的に状況を把握できるようにします。景気をとらえる上で重要な概念は，**潜在 GDP**（potential GDP）と **GDP ギャップ**（または**需給ギャップ**）です。潜在 GDP とは，第 3 章の長期分析（新古典派経済成長モデル）から得られる定常状態での経済水準です。経済指標（統計）としての潜在 GDP はそれまでのトレンド（時間でみた平均）から推計したものです。

あるいは，潜在 GDP を資本，労働，技術などの生産要素を最大限に投入した場合の水準とする場合（**完全雇用水準**）もあります。ただし，完全雇用水準など，最大限の生産要素投入量をとらえるのは難しいことがあります。たとえ

ば，人口は変わらないのに**労働力人口**は増減することがあります。それまで働いていなかった人が何らかの理由で働き始めると，**労働参加率**（生産年齢人口（15〜64 歳）に占める労働力人口の割合）が増加するからです。

　図 4.2 は潜在 GDP と実際の GDP の関係を示しています。この図で潜在GDP は長期的な動きなので変動が少なく，この図でも右上がりの直線（一定の成長率）となっています。

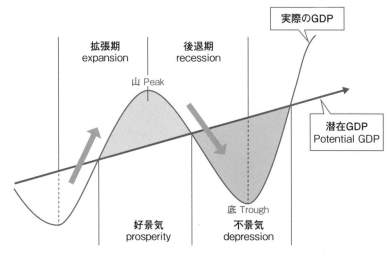

図 4.2　潜在 GDP と景気循環

　実際の GDP は景気の過熱とその後の下落のため循環しています。潜在 GDPより上の位置に現実 GDP があるとき，経済は**好景気**（prosperity）にあり，下のときには**不景気**（depression）です。なお，政府の景気判断で用いられる表現はこの好景気と不景気とは異なります。実際の GDP が底から山までに上昇している期間を**拡張期**（expansion）といい，逆に下落している期間を**後退期**（recession）といいます。

　なぜ経済は潜在 GDP から離れて変動するのでしょうか。景気が過熱する主な要因は，経済全体で家計や企業が将来予測を実際よりも過大に評価することです。企業は今後も販売が好調だと予測し，設備投資を行っても実際にはその通りにならないことがあります。そのときに，企業が行き過ぎた設備投資に対する調整を行うと，景気の反動が生じ，後退期へと変化していきます。景気後

退の要因は**生産調整**の他に**在庫調整**や**消費調整**もあります。バブル経済の崩壊はこのような調整が極端な形で発生したものです。

　加えて，経済には予期しない経済ショックも起こります。予期していないショックが生じると，結果的に過剰な投資や消費を行っていることになり，その調整が景気後退へとつながります。経済ショックには災害などで供給制約が生じる**供給ショック**の他に，国内需要が冷え込む場合や海外経済が減退して輸出が減少する**需要ショック**があります。

---

①**需要ショック**：需要低下，生産調整や投資抑制
・内需（国内経済）　　　　　例：日本のバブル経済崩壊
・外需（海外経済）　　　　　例：リーマンショック
・総合（国内および海外）　　例：新型コロナ
②**供給ショック（サプライショック）**：供給低下，供給制約
・生産性の低下　　　　　　　例：失われた 15 年
・供給網（サプライチェーン寸断など）例：東日本大震災
・その他　　　　　　　　　　例：石油ショック，コロナショック

GDP ギャップは，実際の実質 GDP と実質の潜在 GDP との乖離率を以下の式（パーセンテージ（％）で表す）で求めたものです。

$$\text{GDP ギャップ} = \frac{\text{実際の GDP} - \text{潜在 GDP}}{\text{潜在 GDP}}$$

　図 4.3 は，内閣府による GDP ギャップ推計値（2022 年 1—3 月期四半期別 GDP 速報（2 次速報値）時点）と実際の GDP（推計値を基に 2015 年を 100 として作成した実質指数）の 2 つを描いています。ちょうど**図 4.2** と同じような潜在 GDP と実際の GDP の関係となっています。

　2000 年代後半までの日本経済はおおむね潜在 GDP より下の状態であり，長期不況に陥っていたことがわかります。2008 年のリーマンショック（世界金融危機）や 2020 年からの新型コロナウイルス感染症の拡大が大きな経済ショックをもたらしています。GDP ギャップ（％）から考えると，この図の期間では，1997 年，2007 年，2013 年，2017 年頃が好景気でした。

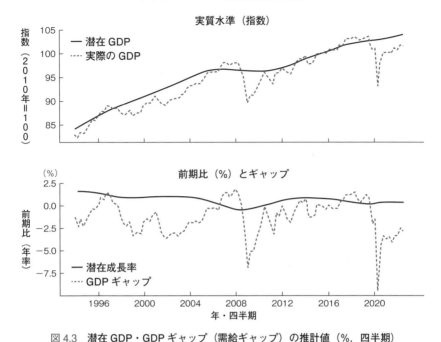

図 4.3　**潜在 GDP・GDP ギャップ（需給ギャップ）の推計値（%，四半期）**
（出所）内閣府「GDP ギャップ，潜在成長率」（2022 年 7—9 月期四半期別 GDP 速報（1 次速報値））より作成（2022 年 12 月 7 日更新）
（注）潜在成長率および実際の GDP 成長率は前期比（%，四半期・前期比）。内閣府の潜在 GDP は生産関数アプローチによるもので，技術，潜在資本投入量，潜在労働投入量から推計している。

レクチャー **4.2　景気の指標，金利**

● 景気動向指数と日銀短観

　景気動向をみるためによく用いられる経済指標として**景気動向指数**があります。景気動向指数は表 4.1 にあるような経済指標を合成して作成します。採用指標は，幅広い分野（生産，投資，消費，雇用，金融など）から構成されており，これらは景気を判断するための重要な経済指標の一覧ともいえます。

　景気動向指数は，採用指標を合成して作成されています。作成方法として，コンポジット・インデックス（CI）とディフュージョン・インデックス（DI）がありますが，現在は主にコンポジット・インデックス（CI）が参照されます。コンポジット・インデックス（CI）は，それぞれの経済指標の変化を合成しています。ディフュージョン・インデックス（DI）は採用系列のうち，3カ月と比較してプラスかマイナスかの動きの方向のみを合成した割合（%）で

表 4.1　**景気動向指数の採用指標**

先行指数

1	最終需要財在庫率指数（逆サイクル）	7	日経商品指数（42 種総合）
2	鉱工業用生産財在庫率指数（逆サイクル）	8	マネーストック（M2）（前年同月比）
3	新規求人数（除学卒）	9	東証株価指数
4	実質機械受注（製造業）	10	投資環境指数（製造業）
5	新設住宅着工床面積	11	中小企業売上げ見通し DI
6	消費者態度指数		

一致指数

1	生産指数（鉱工業）	6	商業販売額（小売業，前年同月比）
2	鉱工業用生産財出荷指数	7	商業販売額（卸売業，前年同月比）
3	耐久消費財出荷指数	8	営業利益（全産業）
4	労働投入量指数（調査産業計）	9	有効求人倍率（除学卒）
5	投資財出荷指数（除輸送機械）	10	輸出数量指数

遅行指数

1	第 3 次産業活動指数（対事業所サービス業）	6	完全失業率（逆サイクル）
2	常用雇用指数（調査産業計，前年同月比）	7	きまって支給する給与（製造業，名目）
3	実質法人企業設備投資（全産業）	8	消費者物価指数（生鮮食品を除く総合，前年同月比）
4	家計消費支出（勤労者世帯，名目，前年同月比）	9	最終需要財在庫指数
5	法人税収入		

（注）第 13 次改定（2021 年 3 月）によるもの。

す。さらにそれぞれ指標の選び方により，先行き，現状，過去を示す**先行指数**，**一致指数**，遅行指数の 3 つが作成・公表されています。

　内閣府が設置している景気動向指数研究会では，景気動向指数などを基に**景気基準日付**の設定を行っています。景気の拡張期と後退期の政府による判断時期が図 4.4 でみられる景気の山と谷の年月で設定されています。

　日本銀行の**短観**（全国企業短期経済観測調査）は日本銀行による四半期（3 カ月ごと）調査で，景気や企業活動全般の状況を判断するのに役立ちます。これは 1 万社ほどと大規模で，大企業，中堅企業，中小企業（ただし資本金 2,000 万円以上）の状況がわかります。企業の現在と先行きについての業況判断とともに，販売価格，仕入価格，生産設備，雇用人員，資金繰り，貸出態度などについて質問しています。このような特性から，業況について大企業と中小企業の違い，産業による違い，各指標からみた企業動向が確認できます。

　業況判断では企業に自社の業況が「良い」か「悪い」かの回答をしてもらっ

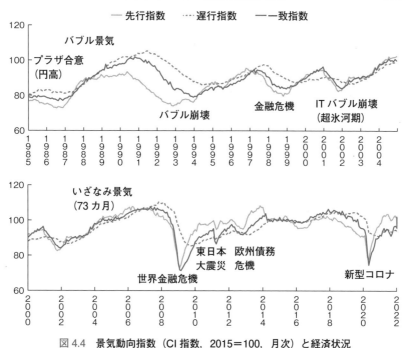

図 4.4　景気動向指数（CI 指数，2015＝100，月次）と経済状況
（出所）内閣府「景気動向指数（速報，改訂値）（月次）」系列（2022 年 7 月 27 日）より作成

ており，業況判断 DI は良いと答えた企業と悪いと答えた企業が同じ数であれば 0％，「良い」の比率が高いほどプラスで大きな値となり，「悪い」の比率が高いほどマイナスで大きな値となります。

　図 4.5 は上図と中図で**製造業**と**非製造業**の業況判断，さらに，**大企業**と**中小企業**の違いをみています。ほとんどの時期において，大企業よりも中小企業のほうが「悪い」と答える企業の割合が多いものの，動きは両者で似ています。一方で，製造業と非製造業とでは動きがずいぶんと異なります。たとえば，2008 年のリーマンショックでは，直後は製造業でも非製造業でも大幅な低下がみられますが，その後 2018 年頃までは製造業の波のほうが大きめです。

　さらに図下段に販売価格と仕入価格の図を描いてみました。価格については「上昇」か「下落」かの回答です。2021 年，2022 年は新型コロナウイルス感染症からの景気回復や供給制約，さらにロシアのウクライナへの侵攻により資源や食糧品を中心にインフレが発生しました。このとき，日本でも円安の影響も加わり，2022 年春夏頃からインフレ率が上昇しましたが海外ほどではなく，

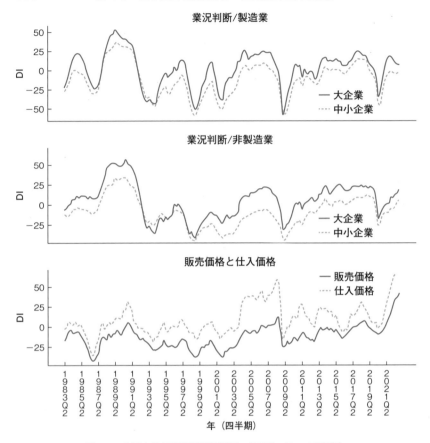

図 4.5　全国企業短期経済観測調査（短観）（DI, 四半期）

（出所）日本銀行ウェブサイト「時系列統計データ 検索サイト」―「主要時系列統計データ表」より統計を入手し作成。2022 年 12 月調査時点

企業が価格転嫁しにくいことが話題となりました。図では販売価格と仕入価格の差から，企業のこのような状況がみてとれます。

● 景気動向と金利

　経済構造からわかるように，景気が動くと，賃金，物価，金利など，各市場における指標にその影響が現れます。ここでは，景気動向と金利（あるいは利子率という）の関係について学んでいきます。

　金利は，金融市場における貸し手と借り手の間で資金取引につく価格です。皆さんが預金すると，その預金は金融市場での資金供給となります。預貯金の

場合は，銀行などの金融機関が仲介して企業などへ貸出を行います。このように金融機関が貸出を仲介し，かつ，倒産などにより返済されなくなるリスクを負う仕組みを**間接金融**とよんでいます。家計が企業の社債を購入するなどして，直接資金を渡す場合は，**直接金融**といいます。

　企業は銀行から借り入れたり，社債を発行したりするなどして資金を得て，生産活動のための投資を行います。政府も税収だけでは支出を賄えない場合，**公債**（国の場合は**国債**，地方は**地方債**）という**債券**を発行して，財源とします。また，家計も住宅ローン，教育ローンなど，資金を借り入れています。

　さまざまな金融取引にさまざまな金利がつくため，金利には指標も多くあります。それらについては，**コラム 4.1** で確認してください。代表的な資金需要は企業の設備投資で，その場合の金利は投資のための資金調達費用になります。投資の利潤率が金利を上回れば投資需要が増加し，企業の資金需要も増加します。そのため，金利が高まると投資は減少します。

　経済を長期で考えると，資金需要と供給は一致（IS バランス）し，そのとき，金利と資本の限界生産力も一致するはずです。また，労働が一定（人口が一定）の場合は，資本の限界生産力が潜在成長率となります。定常状態の実質金利を**自然利子率**（natural rate of interest）といい，ここでは r^* とします[1]。

$$自然利子率 = 資本の限界生産力$$
$$r^* = MP_K$$

　しかしながら，実際には金利は変動します。また，フィッシャー方程式でみた物価との関係（実質金利＝名目金利－物価変化率）から，実際の実質金利はインフレの影響も受けます。

　図 4.6 では投資と金利の関係を左図に，さらに，投資の動きを踏まえた IS 曲線を右図に描きました。IS 曲線とは投資（I）と貯蓄（S）がバランス（均衡）する線（このことを IS バランスといいます）です。IS 曲線は金利が低下すると投資が増え，そのときに景気が良くなる（GDP ギャップがプラス）という関係を示しています。

---

[1]　日本では金利と利子率の言葉の違いがあるが，英語ではどちらも interest rates であり，経済学では両者に違いはない。ここでは経済学での慣習に従って表現しているが，同じ意味になる。

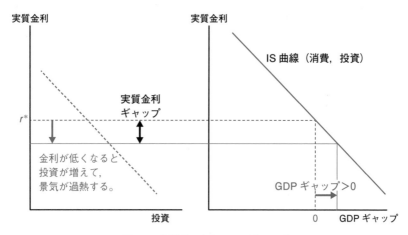

図 4.6　**実質利子率と GDP ギャップ**

　何らかの理由で金利が低い状態にあるとき，投資が増えます。GDP 支出面の構成要素は消費や投資でした（その他に政府支出，純輸出）。金利が自然利子率よりも低いと投資が増え，GDP ギャップがプラスとなり，景気は過熱，すなわち，景気が良い状態になります。

　ところで，GDP ギャップでみた景気が過熱すると，需要増によるインフレ率上昇（ディマンド・プル型インフレ）が発生します。インフレ率と失業率の関係を図にしたものをフィリップス曲線（Phillips curve）といいますが，インフレ率と GDP ギャップの関係についても同じくフィリップス曲線（あるいは物価版フィリップス曲線）を描くことができます。

　図 4.7 は平成 25（2013）年度版の『経済財政白書』から抜粋したもので，日本と米国のフィリップス曲線を推計したものです。どちらの国においても GDP ギャップが大きいほどインフレ率が高い傾向にあります。ただし，フィリップス曲線は右へシフトしてきており，GDP ギャップゼロのときのインフレ率は低下してきています[2]。

---

[2] 同経済財政白書ではこのようなシフトを以下のように説明している。「……背景としては，消費者物価上昇率の低下に伴って価格改定頻度が低下していることや，企業が世間相場を重視して自社商品の価格設定を行うようになったことなどが指摘されている。……そのため，長引くデフレから脱却するには，大胆な金融緩和を進めることなどによって経済主体の期待形成に直接働きかけることが重要だといえる。（予想物価上昇率が高まると，実質金利の低下，消費や投資などの需要拡大，賃金の引上げ，コスト上昇分の販売価格への転嫁などにつながると考えられる。）」

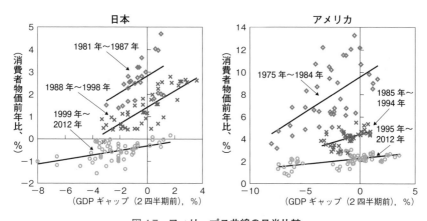

図 4.7　フィリップス曲線の日米比較
（出所）内閣府（2013）『平成 25 年度経済財政白書』，1-2-11 図（73 ページ）より抜粋

　金利低下が投資需要の増加をもたらし，その結果，好景気になると，インフレ率が上昇しやすくなります。逆に金利が高まると景気悪化となり，インフレ率が低下しやすくなります。中央銀行による金融政策は，このような経済構造に対して，物価の安定を図るために景気の波を小さくするものです。

コラム 4.1　金利の指標

　金利（利子率）は重要な経済指標ですが，さまざまな種類があるため，どれを分析に利用するか迷うかもしれません。日本銀行のウェブサイトをみると，**基準割引率および基準貸付利率**（かつて公定歩合とよばれていたもの），**無担保コールＯ／Ｎ物レート**，**預金種類別店頭表示金利**（普通預金や定期預金），**長期・短期プライムレート**，**貸出約定平均金利**などの統計があります。

　無担保コールＯ／Ｎ物レートとは，コール市場とよばれる金融機関が短期で貸し借りする市場での金利です。Ｏ／Ｎ は Over Night の略で，日本語では翌日物ともいい，翌営業日を返済期日とすることを意味します。通常の日本銀行の金融政策は，この無担保コールＯ／Ｎ物レートを政策金利として適切な水準を定め，誘導します。

　プライムレートとは，銀行が貸出を行う際の金利のうち，優良企業向けの水準です。短期は 1 年未満の期間の貸出，長期は 1 年以上の長期の貸出になります。貸出金利なので，貸出先によって異なります。日本銀行の短期プライムレートの統計では，主要銀行について，最頻値，最高値，最低値が掲載されます。長期プ

ライムレートについては，歴史的な経緯（長期の統計として連続性があること）により，みずほ銀行の金利が掲載されています。貸出約定平均金利は国内銀行の他に信用銀行の金利も対象とし，また，貸出の種類も企業向けの他に住宅ローンを含む個人向け，政府向けなども対象とする平均金利です。

　マクロ経済分析で用いられることが多いのが**国債金利**で，中央政府が発行する公債につく金利です。国債には**償還年限**に種類があります。たとえば，1 年債と 10 年債の新規発行時の金利は，償還までの時間が長い 10 年債のほうがリスクプレミアムがつくために高くなります。ただし，その 10 年債を 5 年後に市場で売買する場合は，償還されるまでの残りの期間から 5 年債として扱う必要があります。

　国債には，新規発行のときに金利（**表面利率**）がつきますが，それは多くの場合償還まで固定（固定利付債）です。けれども，国債は発行後に市場（**流通市場**）で取引されます。この取引での価格である金利は，**流通利回り**とよばれるものです。流通利回りは満期までの償還年等から推計が必要で，財務省が日次データを公表しています。

レクチャー**4.3**　景気分析

● GDP の寄与度分析

　ここまでで，大まかなマクロ経済の構造をとらえるとともに，景気循環をみる指標について学びました。次に，景気分析に進みます。はじめに，財・サービス市場がどのような要因で変動しているのかを把握するための GDP の寄与度分析を紹介します。

　表 4.2 は数値例で，2015 年から 2019 年の実質国内総生産水準，変化率，寄与度を比較しています。項目を 3 つにまとめて，民間の消費や投資を**民間需要**，政府支出と公的固定資本形成を**公的需要**，海外への輸出を**海外需要**としています。GDP の成長率は各項目の寄与度を合計した値と等しくなります。

$$GDP 変化率 = 民間需要寄与度 + 公的需要寄与度 + 海外需要寄与度$$

　カッコ内の数値は対前年比の変化率（％）です。たとえば，2015 年をみると変化率，すなわち実質 GDP 成長率は 1.56％でした。民間需要は 1.22％，公的需要は 0.58％，輸出は 3.21％です。これだけをみると，輸出の変化率 3.21％

表 4.2　**実質国内総生産（実質 GDP）水準，変化率，寄与度（数値例）**
（出所）内閣府「2019 年度国民経済計算（2015 年基準・2008SNA）」より作成

	暦年	2015	2016	2017	2018	2019
実質国内総生産 (実質 GDP)	兆円	538.1	542.1	551.2	554.3	555.8
	変化率（%）	(1.56)	(0.75)	(1.68)	(0.56)	(0.27)
国内需要		541.1	542.5	548.6	551.6	554.1
		(1.06)	(0.26)	(1.13)	(0.54)	(0.46)
民間需要		408.8	408.0	413.8	415.6	415.7
		(1.22)	(−0.20)	(1.43)	(0.42)	(0.04)
公的需要		132.2	134.4	134.7	136.0	138.3
		(0.58)	(1.67)	(0.22)	(0.92)	(1.73)
海外需要 財貨・サービスの輸出		93.8	95.3	101.6	105.5	104.0
		(3.21)	(1.62)	(6.62)	(3.76)	(−1.43)
寄与度	合計値	1.56	0.75	1.68	0.56	0.27
民間需要		0.93	−0.15	1.07	0.32	0.03
公的需要		0.14	0.41	0.05	0.23	0.43
財貨・サービスの輸出		0.56	0.28	1.22	0.72	−0.27
財貨・サービスの輸入		−0.07	0.20	−0.67	−0.70	0.08

（注）2015 暦年連鎖価格の実質値に基づく。水準の単位は兆円，変化率および寄与度の単位はパーセンテージ（%）。

が大きいのですが，輸出額は 93.8 兆円と民間需要の 408.8 兆円と比べて規模が小さく，全体への影響は民間需要ほどにはならないはずです。

　各項目（民間需要，公的需要，海外需要）の規模によって，全体への影響度が異なり，規模が大きい項目が変化すると全体の変化も大きくなります。そこで，全体への影響をみるために用いるのが寄与度です。

　　当該項目の寄与度（%）＝当該項目の変化率（%）×前期の構成比

民間需要を例にとると，その計算は以下のようになります。

$$民間需要の寄与度＝民間需要の変化率×前期の\frac{民間需要}{GDP}$$

注意点として，寄与度はパーセント（%）表記で，変化率として%の値を用いる場合，構成比は%にせずにそのまま（たとえば，民間需要の GDP に占める

割合が8割なら0.8で計算）となります。

　寄与度をみると，表4.2の下にあるように民間需要は0.93％，公的需要は0.14％，輸出は0.56％です。寄与度では民間需要が輸出の寄与度を上回っており，全体への影響がより大きかったことがわかります。

　第3章で学んだようにGDPの支出面は以下のように書き表せます。

$$Y = C + I + G + EX - IM$$

ここで，Yは国内総生産（支出面），Cは民間最終消費支出，Iは民間住宅，民間企業設備，Gは政府最終消費支出，公的固定資本形成，EXは財貨・サービスの輸出，IMは財貨・サービスの輸入です。GDP統計ではその他に，民間在庫変動と公的在庫変動があります。

GDP（支出面）寄与度の求め方

① t 期における GDP（$Y_t = C_t + I_t + G_t + EX_t - IM_t$）から，前期（$t-1$）の式（$Y_{t-1} = C_{t-1} + I_{t-1} + G_{t-1} + EX_{t-1} - IM_{t-1}$）を両辺差し引く。

② 両辺を Y_{t-1} で割る。ここで記号 Δ は差分（例：$\Delta Y_t = Y_t - Y_{t-1}$）を表す。

$$\frac{\Delta Y_t}{Y_{t-1}} = \frac{\Delta C_t}{Y_{t-1}} + \frac{\Delta I_t}{Y_{t-1}} + \frac{\Delta G_t}{Y_{t-1}} + \frac{\Delta EX_t}{Y_{t-1}} - \frac{\Delta IM_t}{Y_{t-1}}$$

ここで，$\frac{\Delta Y_t}{Y_{t-1}}(= (Y_t - Y_{t-1}/Y_{t-1}))$ は GDP 変化率。

③ 右辺のそれぞれの項目で，分母・分子たすき掛け（例：$\frac{\Delta C_t}{C_{t-1}} \frac{C_{t-1}}{Y_{t-1}}$）すると，それぞれの項目が寄与度（変化率×構成比）となる。

$$\frac{\Delta Y_t}{Y_{t-1}} = \frac{\Delta C_t}{C_{t-1}} \frac{C_{t-1}}{Y_{t-1}} + \frac{\Delta I_t}{I_{t-1}} \frac{I_{t-1}}{Y_{t-1}} + \frac{\Delta G_t}{G_{t-1}} \frac{G_{t-1}}{Y_{t-1}} + \frac{\Delta EX_t}{EX_{t-1}} \frac{EX_{t-1}}{Y_{t-1}} - \frac{\Delta IM_t}{IM_{t-1}} \frac{IM_{t-1}}{Y_{t-1}}$$

　図4.8では，寄与度の積み上げ棒グラフを描いてみました。2008年のリーマンショック（国際金融危機）の影響を例にみてみましょう。民間需要をさらに民間消費，民間企業設備（民間投資），その他に分類しています。

　2009年にGDP成長率はマイナス（−5.7％）となりました。内訳を寄与度でみると，その要因として輸出（−4.0％）や民間企業設備（−2.1％）が大きかったことがわかります。輸出寄与度は，前々年の2007年では＋1.4％でした。世界的な景気後退で輸出財の需要が急減し日本経済に影響を与えたのです。

　一方で，民間消費支出の寄与度は−0.5％にすぎません。民間投資は，輸出

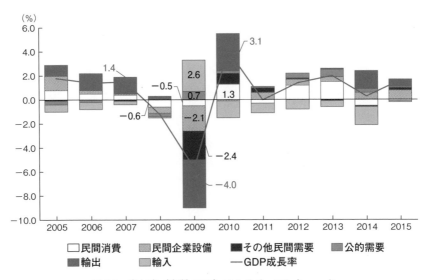

図 4.8　寄与度（実質 GDP）でみるリーマンショック
（出所）内閣府「2019 年度国民経済計算（2015 年基準・2008SNA）」より作成
（注）2015 暦年連鎖価格の実質値に基づく。GDP 成長率以外は，寄与度の値。単位はパーセンテージ（％）。

財生産のための分もあるので影響を受けます。ただ，国内需要は比較的安定していたことがわかります。このように，寄与度により景気変動要因が具体的な数値で把握できます。

● 在庫循環による分析

景気循環の基本的なメカニズムは「予期しない経済ショック（需要と供給）」や「景気の過熱と反動」でした。予期しない経済ショックが発生して景気後退期に入ると，企業は生産計画を見直し，需要に合わせて減産する必要があります。しかしながら，迅速に対応するのは難しく，時間がかかることがほとんどです。そのため，はじめのうちは在庫が積み上がり，やがて，企業は在庫調整をしていくことになります。

景気後退期から景気回復期へと移れば，企業は需要の増加に合わせて生産も増やします。ただし，景気回復が不確かなため，すぐには大幅な増加は行いにくい状況で，生産が増えても在庫は減少している状況が続きます。しっかりとした景気回復だと確認できる頃になると，在庫は再び積み増されていくことに

なります。まとめると，以下のようなサイクルになります。ここで，生産と在庫は変化あるいは変化率で測り，↑は増加，↓は減少を示します。

> (1) 在庫積み上がり（生産↓マイナス，在庫↑プラス）：
>   予期しない経済ショック，または景気の過熱
> (2) 在庫調整（生産↓マイナス，在庫↓マイナス）：
>   景気後退期に生産が減少するとともに在庫も減少
> (3) 在庫減（生産↑プラス，在庫↓マイナス）
>   景気回復に転じると，需要が増加し在庫が減少する。
> (4) 在庫積み増し（生産↑プラス，在庫↑プラス）
>   景気回復が続き，生産とともに在庫も増加する。

このような動き（調整過程）を図に描いたものを**在庫循環図**（graph of inventory cycle）といいます。図4.9は経済産業省のウェブページから引用した在庫循環図です。この散布図では横軸に生産の対前年比をとり，縦軸に在庫の対前年比をとっており，時間とともに点が反時計回りに動いていきます。図は異なる描き方や利用する指標が異なる場合もあります。たとえば，縦軸と横軸が逆の場合は，時計回りに動きます。

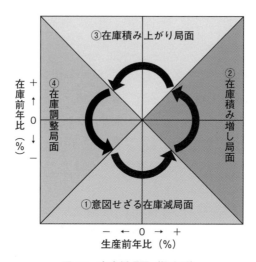

図4.9　**在庫循環図（概念図）**
（出所）経済産業省ウェブページ「経済解析室ひと言解説集」より抜粋

　在庫循環図により，景気循環の視点で現在の経済がどのような状況かを把握しやすくなります。利用する統計は，経済産業省が発表している「**鉱工業指数**（Indices of Industrial Production）」です。鉱工業指数には**生産指数**（付加価値額生産指数），**出荷指数**，**在庫指数**があります。生産指数は生産額から原材料費などを差し引いた付加価値額を基に作成されています。

　指数は，消費者物価指数と同じように，品目（2015 年基準における生産と出荷指数では 412 品目）ごとの額（生産額，出荷額，在庫額のそれぞれについて）のウェイトを作成し，**加重平均**を求めた上で，基準年での値を 100 として算出します。月次と四半期データがあり，業種別（鉄鋼・非鉄金属工業，電気・情報通信機械工業，輸送機械工業，食料品・たばこ工業など），財別（資本財，生産財，耐久消費財，非耐久消費財など），品目別の区分もあります。

コラム 4.2　在庫循環図の作成（Python）

　在庫循環図で最近の景気動向をみるには，利用データの更新と図の作成がその都度必要になります。しかしながら，そのたびにデータをダウンロードして，Excel などの表計算ソフトで整理し，図を作成するのは手間がかかります。そこで，Python などプログラムにより，自動更新できる方法で作成してみます。

　統計は，経済産業省「鉱工業指数」を用います。注意点として，鉱工業指数は 5 年ごとに基準改定が行われ，採用品目やウェイトが見直されます。そのため，時系列データとして過去からの動きをみるときには，基準の違いを考慮に入れる必要があります[3]。

　経済産業省の「鉱工業指数 統計表一覧」をみると，2015 年基準についてはデータ期間が 2013 年 1 月からとなっています。それ以前については，ある時点（2015 年基準の場合は，2013 年 1 月–3 月平均値の「2015 年基準指数／2010 年基準」の比率による）の接続指数とよばれる推計値も公表されています。2015 年基準の場合は，1978 年 1 月～2017 年 12 月の期間です。

　データをダウンロードしてみると，以下のような形式になっています。生産指数の他，出荷指数，在庫指数も同様の形式です。このうち「鉱工業」が総合の指数になっています。

---

[3] 2015 年基準と 2010 年基準を比較すると，生産指数についての品目は 66 廃止されて，34 が新規に追加，統合再編が 43 品目である。品目数は 487 から 412 に変化している。

B4		× ✓ fx	鉱工業						
	A	B	C	D	E	F	G	H	I
1	項目：総合季節調整済指数【月次】付加価値額生産　(2015＝100.0)								
2			時系列コード	2013000101	2013000202	2013000303	2013000404	2013000505	2013000606
3	品目番号	品目名称	付加生産ウエイ	201301	201302	201303	201304	201305	201306
4	1000000000	鉱工業	10000	94.8	96.5	97.7	97.7	99.3	98.2
5	1100000000	製造工業	9983	94.8	96.4	97.7	97.7	99.2	98.2
6	1101000000	鉄鋼・非鉄金属	624.8	99.2	100.1	101.8	102.9	103.1	102.6
7	1101100000	鉄鋼業	423.2	101.2	101.7	103.9	106	105.5	105
8	1101101000	鉄鋼粗製品	110	101.2	100.5	102.9	105.6	106.3	105
9	1101102000	熱間圧延鋼材	127.4	100.8	99.9	103.6	105.1	103.7	104.5
10	1101103000	冷間仕上鋼材	51.7	101.8	104.5	103.7	106.6	106.4	104.9
11	1101104000	鋼管	13.3	126	120.6	133.6	124.6	120.3	119.8
12	1101105000	めっき鋼材	34.1	108.5	107.9	106.6	108.7	108.7	105.9
13	1101106000	鋳鍛造品	86.7	96.9	98.7	100.1	102	104.6	102.4
14	1101200000	非鉄金属工業	201.6	94.6	96.9	96.9	98	98.5	98

　表計算ソフトを用いて，この指数から変化率（対前年同期比）を計算して，図を作成することもできます。しかしながら，更新したり，あるいは，さまざまな期間について図を確認したりするのにはプログラムを用いたほうが便利です。

　第２章でも利用した Google Colaboratory で Python のプログラミングを行います。Google Colaboratory で「ノートブックを新規作成」し，以下のプログラムを書き込み，実行（▲マークをクリック）してみてください。#から始まる行はコメントなので，入力の必要はありません。エラーになる場合は，記号や空白が半角文字か（全角で入力されてしまっていないか）などを確認してみてください。総務省統計局ダッシュボードからのデータ取得方法が変更になっている場合もあります。

　1978 年１月からの指数を取得し，変化率の計算をします。プログラムがうまく実行されると，生産指数と在庫指数のデータが df という変数に，変化率は dfr という変数に入ります。最後の行でデータの一部を表示させています。

```
#データを扱うための pandas パッケージ導入
・import pandas as pd
#総務省統計局ダッシュボードの csv ファイル用 API アドレス
・url='https://dashboard.e-stat.go.jp/api/1.0/Csv/
  getData?'
#1978 年１月（19780100）から最新までの月次データを取得
・timefrom='&TimeFrom=19780100'
#コード共通部分
・code0='&Cycle=1&RegionalRank=2&IsSeasonalAdjustment=1'
```

```
# 鉱工業 生産指数コードと在庫指数コード
codey='IndicatorCode=05020702010000090010'
codei='IndicatorCode=05020702030000090010'
#データ取得，30行目から数値データ（開始行の30は統計により異なる）
dfy=pd.read_csv(url+codey+code0+timefrom, header=30)
dfi=pd.read_csv(url+codei+code0+timefrom, header=30)
#データ統合
df=pd.concat([dfy[['timeCd','value']],dfi['value']],a
xis=1)
#日付設定
df['timeCd']=pd.to_datetime(df['timeCd']/100,
format='%Y%m')
df=df.set_index('timeCd', drop=True)
#変数名を設定
df.columns=['生産','在庫']
#対前年同月比の計算（%）pct_change( )関数を利用，対12ヶ月前
dfr=100*df.pct_change(12)
#データ表示
display(dfr)
```

　次に，Python の Matplotlib パッケージを利用して図を作成します。オプションできれいな図にすることも可能ですが，まずは単純な散布図を作成してみます。在庫循環図は縦軸に在庫指数の変化率，横軸に生産指数の変化率をとります。

　確認したい時期は自分で設定することもできます。例では，1985 年 11 月から 1989 年 12 月で，それぞれ start='1985-11-01' あるいは end='1989-12-01' のように設定しています。この部分を変更することで，他の期間について確認できます。月次データですが '1985-11-01' のように日にち部分は 01 と入力してください。日付はすべて半角文字です。

　この例はバブル期の様子です。景気循環日付では，1986 年 11 月が景気の谷で，1991 年 2 月が山でしたが，1989 年 12 月以降の動きが速くて複雑な図になるため，1989 年 12 月までとしました。また，散布図では点の時期やその変化がわからないので，cmap というオプションを利用して，薄い青色から濃い青色へと時間とともに徐々に色が変化するようにしてみました。この期間のデータを数値で確認

したい場合は，display(dfr[start:end]) を最後に追加すると表示されます。

　なお，プログラムでの作図が難しければ，データを Excel ファイル形式で保存してから，Excel で図を作成することもできます。データの保存は，dfr.to_excel("dfr.xlsx", index=True) を実行し，できたファイルをダウンロードします。

```
#図の作成 (start から end まで)，データ表示
・import matplotlib.pyplot as plt
・start='1985-11-01' #月次データだが，日にち -01 もつける
・end='1989-12-01'
#横軸：生産変化率，縦軸：在庫変化率
・plt.scatter(dfr['生産'][start:end], dfr['在庫'][start:end],
  c=dfr[start:end].index, cmap='Blues')
```

　作成した図を見てみると，1985 年 11 月からジグザグしながらも反時計回りに点が移動していることがわかります（図 4.10）。1985 年 9 月 22 日に当時の G5（Group of Five）とよばれた米国，英国，フランス，旧西ドイツ，日本が米国ニューヨークのプラザホテルでドル安となるような外国為替市場の協調介入の合意をしました。そのため，日本円は急激な円高（ドル安）となり，**円高不況**とよばれる状況に陥りました。図で点が左下に位置しているのはその頃です。しかしながら，円高不況対策としての金融緩和や内需拡大が景気回復を促すとともに，**バブル経済**にもつながりました。1989 年 12 月の点は右上にあり，景気循環でもっ

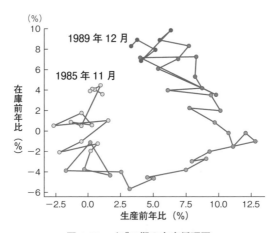

図 4.10　バブル期の在庫循環図

（出所）総務省統計局ダッシュボードを利用して，経済産業省「鉱工業指数」より作成
（注）紹介したプログラムにさらに図のオプションを追加して，見た目を整えている。

とも過熱状態にある位置です。

　一度，プログラムを作成しておけば，統計が発表されるたびに様子を確認できます。図もさまざまな期間について確認できます。最近の様子をみる場合には，start を定めた後，end= で最新の年月を指定します。

レクチャー 4.4　日本における景気循環の論点

● 海外経済，貿易

　図4.8の寄与度（実質 GDP）でみたように，リーマンショックは日本経済にとって海外需要の減少という需要ショックとなりました。近年，このような海外経済の動向が日本経済の景気に影響を与えることが多くなっています。その経路は主に貿易です。そこで，ここでは国際収支表の読み方を学ぶとともに，日本の貿易を把握できるようにします。

　国際収支表（BOP; Balance of Payments）は海外との取引をまとめたもので，その統計は財務省より毎月発表されています。表4.3では国際収支表の項目を，いくつかの年における金額とともに示しています。財の輸出と輸入の差を**貿易収支**（trade balance，ただし統計では goods と記載されている）といい，貿易収支，**サービス収支**，**第一次所得収支**，第二次所得収支を合わせて**経常収支**（current account）といいます。いずれも「日本から海外へ」と「海外から日本へ」の額の差で，プラスの値の場合を黒字といい，マイナスの場合は赤字といいます（貿易黒字，貿易赤字など）。

> 経常収支＝貿易・サービス収支＋第一次所得収支＋第二次所得収支

　貿易収支が財（モノ）の国際取引の動きを表すのに対して，サービス収支は旅行による支出や運賃などのサービスの取引を表します。訪日外国人観光客が増加した場合は，このサービス収支の黒字要因となります。貿易収支と合わせたものを**貿易・サービス収支**といいます。

　近年の日本の経常収支では，**第一次所得収支**が大きな割合を占めるようになりました。表4.3で1996年に貿易収支が約9兆円なのに対して，第一次所得収支は約6.2兆円でした。2021年に貿易収支が約1.7兆円なのに対して，第一次所得収支は約20.5兆円にもなっています。

表 4.3　国際収支表（億円，暦年）

（出所）財務省「国際収支総括表【暦年・半期】」より作成

国際収支総括表	1996 年	2004 年	2007 年	2014 年	2019 年	2021 年
経常収支 Current account	74,943	196,941	249,490	39,215	192,513	154,877
貿易・サービス収支 Goods & services	23,174	101,961	98,253	−134,988	−9,318	−25,615
貿易収支 Goods	90,346	144,235	141,873	−104,653	1,503	16,701
輸出 Exports	430,153	577,036	800,236	740,747	757,753	822,837
輸入 Imports	339,807	432,801	658,364	845,400	756,250	806,136
サービス収支 Services	−67,172	−42,274	−43,620	−30,335	−10,821	−42,316
第一次所得収支 Primary income	61,544	103,488	164,818	194,148	215,531	204,781
第二次所得収支 Secondary income	−9,775	−8,509	−13,581	−19,945	−13,700	−24,289
資本移転等収支 Capital account	−3,537	−5,134	−4,731	−2,089	−4,131	−4,197
金融収支 Financial account	72,723	160,928	263,775	62,782	248,624	107,527
直接投資 Direct investment	28,648	35,789	60,203	125,877	238,591	134,043
証券投資 Portfolio investment	37,082	−23,403	−82,515	−48,330	93,666	−220,234
金融派生商品 Financial derivatives	8,011	−2,590	−3,249	37,644	3,700	24,141
その他投資 Other investment	−40,442	−21,542	246,362	−61,306	−115,372	100,677
外貨準備 Reserve assets	39,424	172,675	42,974	8,898	28,039	68,899
誤差脱漏 Net errors & omissions	1,317	−30,879	19,016	25,656	60,242	−43,153

　第一次所得収支は日本居住者が海外の金融資産から得た収益（利子や配当など），賃金等の受取りと支払いの差額です。第二次所得収支は寄付や政府または民間の無償資金協力で，日本は提供することが多いのでマイナスの値です。

　表にはその他にも**資本移転等収支**（capital account）や**金融収支**（financial account）があり，以下のような関係があります。国際収支表は英語で Balance of Payments といいます。そうよぶのは毎期の取引（フロー）とそのストックがバランスする表となっているためです。

経常収支＋資本移転等収支－金融収支＋誤差脱漏＝0

　ここで，GDP の定義からバランスの意味を考えます。GDP の支出面は以下のように消費，投資，政府支出，純輸出から構成されます。

$$Y = C + I + G_C + G_I + EX - IM$$

Y は国内総生産（GDP），C は民間最終消費支出，I は民間住宅と民間企業設備，G_C は政府最終消費支出，G_I は公的固定資本形成，EX は財貨・サービスの輸出，IM は財貨・サービスの輸入としています。

　ここで，$EX - IM$ は貿易・サービス収支で，経常収支は貿易・サービス収支と所得収支（第一次所得収支＋第二次所得収支）の合計です。この関係から，

$$Y + 所得収支 = C + I + G_C + G_I + 経常収支$$

と書き直すことができます。詳しくは，次に学びますが，先取りすると，国民総所得 GNI（Gross National Income）という概念があり，それは以下のようになります。所得収支はここでの純要素所得にあたります。

$$国民総所得 GNI = 国内総生産 GDP + 海外からの純要素所得$$

　国内の余剰資金は海外へ向かい，その額が経常収支となります。所得から消費を差し引いた残りは民間と政府部門の合計の貯蓄 $S + G_S$（$= Y + 所得収支 - C - G_C$）なので，以下のように貯蓄投資バランス（IS バランス）は経常収支と等しくなります。

$$S + G_S = I + G_I + 経常収支$$
$$\rightarrow (S - I) + (G_S - G_I) = 経常収支$$

　金融収支は資金の動きをとらえたもので，主に**直接投資**や**証券投資**からなります。直接投資は海外で工場などを建設する場合のほか，海外企業を子会社化するような株式取得（10%以上の株式または議決権の保有）のことです。証券投資は，株式や債券の取引のうち直接投資にあたらないものです。国内居住者による海外株式や債券の取得や処分を**対外証券投資**といい，非居住者による分を**対内証券投資**といいます。財務省が「対外及び対内証券売買契約等の状況」を週次ベースで，投資家部門別は月次ベースで公表しており，国内外の資金の動きを把握できます。**外貨準備**は通貨当局による資本の動きで，たとえば，政府が為替介入を行ってドル金融資産を購入した場合は，ここに計上されます。

　さて，経常収支（含む貿易収支）や金融収支はいずれも日本の景気動向を分析するのに重要な指標です。貿易動向を図 4.11（輸出，輸入及び貿易収支の月次データ（季節調整済））でみてみます。輸出は海外需要，輸入は国内需要動向からの影響を受けます。図の値は日本円の名目値なので，国内外のインフレ率のほか，為替レートによっても変化します。

　輸出額と輸入額は変動が大きくなっています。たとえば 2008 年のリーマン

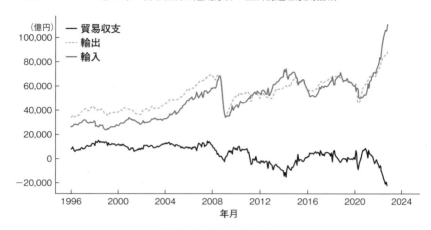

図 4.11　**貿易収支・輸出・輸入（円ベース）**
（出所）財務省「国際収支総括表」（季節調整済国際収支推移（月次））より作成
（注）2022 年 10 月までの値，ただし，2022 年 7 月から 10 月は速報値。

ショックでは国内需要はあまり低下しなかったものの，図のように輸出が大幅に下落して景気が後退しました。日本の景気は海外経済の動向から影響を受けてきましたが，特に 2000 年代に入ってからその度合いが強まっています。

● 交 易 条 件

　海外へ財を輸出した場合，米ドルなどの外国通貨（外貨）での支払いを受け，輸出の場合は逆に外貨で支払います。もし，外貨と自国通貨の交換レートである**外国為替レート**が変化すると，輸出入やあるいは資金取引を通じて国内経済へ影響を与えます。為替レートについては第 7 章で学びますが，ここでは，為替レートの変化が国内経済へ与える影響を**交易利得・損失**や**交易条件**（terms of trade）からとらえられるようにします。

　かつて，国全体の経済指標として GNP（Gross National Product；国民総生産）という統計が参照されていました。1990 年代以降は GDP をみるようになり，また統計でも 2000 年以降，GNP は GNI（Gross National Income；国民総所得）に置き換わっています。

　GDP は「国内」総生産であるのに対して，GNI は「国民」総所得です。国内総生産（GDP）の分配面には，外国人が日本国内で得た所得を含みます。一方で，「国民」すなわち日本人は，国内ではなく海外で所得を得ている場合

があります。また，日本人という視点で考えると，日本国内の外国人の所得を
差し引いてみる必要もあります。そこで，日本人の所得をとらえるために
GDP に**海外からの所得（純受取）**を加えた国民総所得（GNI）を定義します。

　海外からの所得（純受取）は，海外からの純要素所得ともよばれるもので，
「海外からの所得－海外に対する所得」で計算されます。海外からの所得は日
本人が海外で得た所得のことで，海外に対する所得は外国人が日本で得た所得
のことです。差し引いた値が純受取となります。

　実質 GDP に**交易利得**（マイナスの場合は**交易損失**という）を加えたものが
実質 GDI（Gross Domestic Income，**実質国内総所得**）となります。また，実
質 GDI に実質の海外からの所得（純受取）を加えることで，実質 GNI が得ら
れます。交易利得とは「（名目輸出－名目輸入）／P」と「実質輸出－実質輸
入」との差です[4]。

$$交易利得・損失 = \frac{名目輸出－名目輸入}{P} － (実質輸出－実質輸入)$$

ここで P は貿易総額（輸出と輸入の合計）から求めた[5]物価水準のようなもの
でニューメレール・デフレーターとよばれます。

---

(1) 国民と国内の違い：

　国民総所得 GNI＝国内総生産 GDP＋海外からの純要素所得

(2) 実質の場合：

　実質 GNI＝実質国内総所得 GDI＋（実質）海外からの純要素所得

　実質 GDI＝実質 GDP＋（実質）交易利得

　表 4.4 で国内総生産（GDP）とともに国民総所得（GNI）の値を比較できま
す。実質と名目での違いもわかるようにしました[6]。表では交易利得と海外から
の所得（純受取）の数値もあるので，定義と数値の関係がわかります。この表

---

[4] 交易利得は基準年でゼロとなる指標で，その値がマイナスかプラスかはそれほど意味がな
いため，相対的な変化をみる。

[5] 次のように計算される。「P＝名目貿易総額／実質貿易総額」。GDP デフレーターと同じく，
名目値の実質値に対する比になっている。なお，実質輸出は「名目輸出／輸出物価指数」，
実質輸入は「名目輸入／輸入物価指数」と計算される。

[6] 名目 GDP は，経済変数を GDP 比でみる場合に用いられる（例：政府債務の GDP 比（％）
は政府債務の名目 GDP に対する比率）。そのため，その時々の名目 GDP の額を把握してお
くのがよい。

をみると，交易利得にも動きがあり，2010，2015，2020年ではそれ以前よりも小さな額になっています。一方で，海外からの所得（純受取）はそれ以前よりも大きな額です。

表4.4　**GDP, GNI, GDI の違い**

（出所）2020年度国民経済計算（2015年基準・2008SNA）の2020年（暦年）より作成

（兆円，実質は2015暦年連鎖価格）

暦年	1995	2000	2005	2010	2015	2020
名目国内総生産　GDP	521.6	535.4	532.5	505.5	538.0	538.2
＋海外からの所得（純受取）	4.4	7.7	11.8	13.5	21.2	19.5
名目国民総所得　GNI	526.0	543.2	544.3	519.0	559.2	557.7
実質国内総生産　GDP	458.3	482.6	512.0	510.7	538.1	528.2
＋交易利得	20.2	18.8	13.6	2.6	0.0	3.0
実質国内総所得　GDI	478.4	501.5	525.5	513.3	538.1	531.2
＋海外からの所得（純受取）	4.1	7.3	11.7	13.7	21.2	19.3
実質国民総所得　GNI	482.6	508.8	537.2	527.0	559.3	550.5

　交易利得・損失の動きには為替レートが関わっています。為替レートが変化したときに，名目GDPと実質GDPのそれぞれにどのような影響を与えるのかの理解が重要です。名目GDPの純輸出（輸出－輸入）は円建てなので，為替レート変化からの影響を直接受けます。たとえば円ドル為替レートが100円／ドルの場合，1ドル輸入品の円建て金額は100円です。もし為替レートが120円／ドルへと円安になれば，1ドルの輸入額は120円へと上昇します。

　一方で，実質GDPは量の指標なので，輸出入量が変化しない限り，為替レートや海外の物価変動の影響が出ません。上記の円安例で，1単位1ドルの輸入品は，名目の円建て額は120円に上昇するものの，実質（輸入量）は1単位で変化なしです。ただし，輸出や輸入財の価格が変化することで，時間とともにその量が変化する（Jカーブ効果とよばれる）ことはあります。

　為替レート変化の日本経済への実質的影響は交易利得でとらえることができます。たとえば，原油や天然ガスのドル価格が上昇しても，景気悪化の影響分を除けば，輸入量は大きくは減少しません。実際に図4.12で原油及び粗油の輸入数量（下段図）をみると，季節性はあるものの価格に依存せずに一定の動き（2000年代以降では減少傾向）となっています。

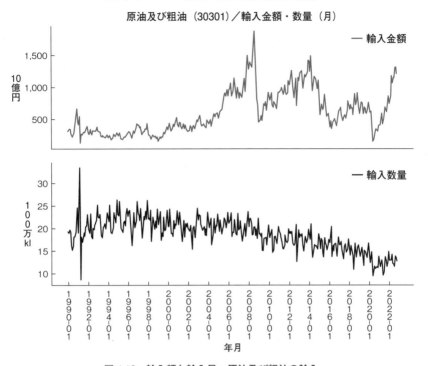

図 4.12　輸入額と輸入量：原油及び粗油の輸入

（出所）財務省「普通貿易統計」より作成
（注）概況品別国別表のデータベースから集計して作成。期間は 2000 年 1 月から 2022 年 10 月までの月次データ。タイトルカッコ内の数値は概況品コード。

　日本の一次エネルギー自給率は 12.1％（2019 年，資源エネルギー庁「総合エネルギー統計」）と低く，石油や天然ガスなどの化石燃料を輸入に頼っています。エネルギーは生活だけでなく生産においても必需品のため，為替レートが円安になり原油価格が上昇したからといって，急に消費量を減らすことはできません。円建てで高くなっても一定量を輸入し続けます。その結果，図4.12 にあるように，上段図でみる円建ての輸入金額は原油価格や為替レートの変化に応じてその時々に大きく変動するのです。

　一方で，図 4.13 の自動車の輸出金額と数量は原油の輸入と異なっています。輸出金額と数量は比較的同じ動きをしているものの，2010 年代では数量はほぼ一定なのに対して，円安などの影響で金額はやや増加傾向にありました。他方，2020 年からの新型コロナウイルス感染症拡大では，数量が減少傾向になったものの，金額の変化は大きくありません。自動車会社は，海外現地での販

売価格，為替レート，販売数量，現地生産を組み合わせて調整しているように
みえます。ただし，図最後の期間の 2022 年は大幅な円安となったため，特殊
な動きになっています。

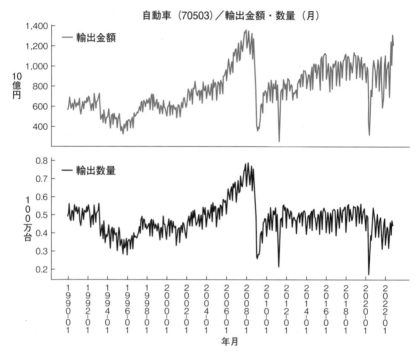

図 4.13　輸入額と輸入量：自動車
（注）出所と注は図 4.12 と同じ。

　為替レートの変化の日本経済への影響は実質 GDP よりも実質 GDI や GNI
に反映されやすいといえます。為替レートが変化したとき，名目 GDP にはそ
の影響が現れますが，実質 GDP にはすぐには現れません。しかしながら，交
易利得が減少（または交易損失が拡大）してしまうので，実質 GNI は減少し
ます。家計で考えると，交易利得の減少はコスト高（たとえばガソリン価格の
上昇など）が発生していることを意味しており，実質所得が減少してしまうの
です[7]。経済のグローバル化により，景気分析では，交易利得・損失をみること

---

[7] 経済政策の議論で，円安・円高が話題になることがある。円安は，輸出している企業の収
益を高める（同じ 1 ドルでも円では大きくなる）か，価格競争力を高める（海外でドル価格

が重要になっています。

　円ベース輸入物価と円ベース輸出物価の相対価格を**交易条件**（terms of trade）といいます。輸入物価が輸出物価に対して相対的に低下することを交易条件の悪化といい，逆に上昇することを改善といいます。

交易条件＝輸出物価指数／輸入物価指数

　日本が貿易を行っているとき，モノを現地通貨ベース（たとえば米ドル）で仕入れて輸入し，為替レートで交換後の円ベースにより日本国内で販売します。逆に，輸出の場合は円ベースで海外に運び，現地通貨ベースで販売します。日本で生産する財の価格（輸出物価）が相対的に上昇すると，日本にとって貿易取引は有利になるので，改善となります。経済グローバル化の中で，重要な指標の一つです。

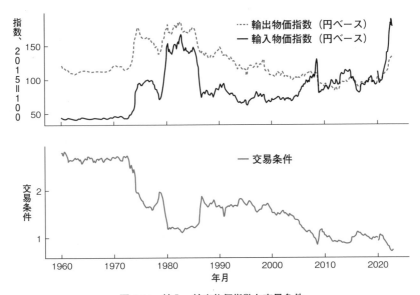

図 4.14　**輸入・輸出物価指数と交易条件**

（出所）日本銀行「企業物価指数」より作成

（注）1960 年 1 月から 2019 年 12 月までは 2015 年基準の値，2020 年 1 月以降（2022 年 10 月まで）は 2020 年基準の値。

───────────────

を引き下げても円での収益が維持できる）と考えられることがある。しかしながら，円安は原油や天然ガスの国内価格を引き上げてしまう。円安がよいのか円高がよいのかは，単純には結論づけられない。

　図4.14は1960年以降の交易条件の推移を，輸入・輸出物価指数（円ベース）とともに描いています。輸入物価指数の動きはすでにみた原油及び粗油の輸入額の動きと似ています。一方で，輸出物価指数は徐々に低下するような動きになっています。2000年代以降，交易条件は低下してその後は低く推移しており，また為替レートや資源価格に連動するような特徴的な動きとなっています。

● 金融政策と景気

　現代の経済では，景気動向と金融政策には密接な関わりがあります。第2章でみたように，中央銀行の重要な役割は**物価の安定**で，マネーや金利の調整を通じて景気への働きかけを行います（第2章「マネーと景気」（p.34）を参照）。

　たとえば，景気が過熱して需要が供給を上回ることでインフレ率が上昇している場合，中央銀行は**金融引締め**（monetary contraction または monetary tightening）の金融政策を採用して，景気を抑えます。景気を抑えることで，インフレ率の上昇が抑えられます。

　金融引締めによる利上げでは，民間投資が抑制されて，景気が抑制されます。一方で，利下げする金融緩和では民間投資が刺激され，景気が上向きます。投資に影響を与える金利は名目金利ではなく**実質金利**で，短期では物価変動が小さいので，名目金利と実質金利が連動します。

　図4.15はこのような金融政策の動きを図にまとめたものです。通常，日本銀行は政策金利である**短期市場金利**（コールレートという金融機関が短期で資金を取引するコール市場での無担保翌日物の金利）に目標金利水準を設定します。米国の場合はフェデラルファンド（FF）レートが用いられます。日本では，日本銀行政策委員会の**金融政策決定会合**が金融政策運営の基本方針を定めています。この金利は短期の名目金利です。短期と長期の金利の間には**イールドカーブ**（金利の期間構造）の関係があり，短期金利が変化すると，長期金利も変化します（第2章図2.5「国債金利のイールドカーブ」を参照）。

　名目金利への働きかけは，**公開市場操作**（オペレーション）などの方法により行われます。金融機関に対して資金の供給や吸収を行うことで，短期金融市場の需要と供給が変化します。なお，2016年9月に導入された**長短金利操作付き量的・質的金融緩和**は，イールドカーブ・コントロール（YCC; Yield

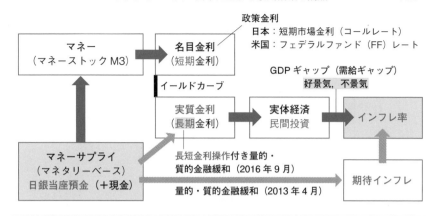

図 4.15　金融政策と景気，インフレ率

Curve Control）ともよばれるもので，長期国債等の購入により長期金利へ直接働きかける政策です。

　このYCCの影響は，日本銀行の金融政策決定会合が長期金利（10年物国債利回り）の上限を変更したときの状況をみるとわかりやすいです。図4.16は，2022年12月20日に日本銀行がYCCの上限を0.25％程度から0.5％程度に引き上げたときのイールドカーブの変化です[8]。12月19日時点では10年国債金利が0.25％付近で抑えられており，15年や20年金利とのゆがみが生じていました。20日の決定後，直ちに変化し，27日のイールドカーブではその前後の年限の金利とのゆがみが上限引上げの分だけ解消されています。

　ところで，インフレ率には**粘着性**（sticky inflation）がみられます。日本でもデフレが定着して，なかなかインフレ率や賃金が上昇しない時期が続きました。そこで，**期待インフレ**（expected inflation）という，人々あるいは企業の予想するインフレ率を引き上げる試みが行われたこともあります。2013年4月からの量的・質的金融緩和は，大胆な金融緩和策により期待インフレの引上

---

[8]　より正確には，10年物国債利回りを0％程度に誘導する長短金利操作（YCC（イールドカーブ・コントロール））において，変動許容幅を±0.25％から±0.5％へと変更するというもの。

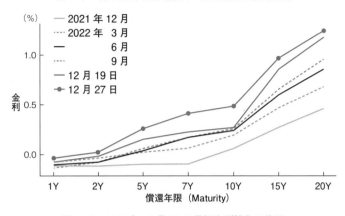

図 4.16　**2022 年 12 月 20 日長短金利操作の修正**

（出所）財務省ウェブサイトの「金利情報」より作成
（注）図はイールドカーブ（第 2 章図 2.5 を参照）。2022 年 9 月までは日次データから月次平均を求めた値で，2022 年 12 月 19 日および 27 日は日次データ。1Y は 1 年国債，2Y は 2 年国債，その他も同様に償還年限を表す。

げを促し，それを実際のインフレ率上昇へつなげようとする政策でした。

コラム 4.3　国債金利のデータを取得（Python）

　国債金利はよく参照される経済統計であるにもかかわらず，その整理や取扱いは案外と難しいかもしれません。たとえば，財務省公表の国債金利は日次データですが，GDP は四半期（3 カ月）データのため，金利と GDP の関係をみたいときは四半期ごとの平均値を計算するか，期末値を選び出すなどの作業が必要になります。

　このような集計作業は Excel でも可能で，「データの取得」→「web から」でデータを取得した後，「ピボットテーブル」で集計します。しかしながら，いくつもの手順やデータ形式の整形が必要になるので，プログラム処理をするのが便利です。すでに紹介した Google Colaboratory（https://colab.research.google.com/）を利用し，プログラミングによる国債金利のデータ取得，整形，グラフ作成の実習をしてみます。

　Google Colaboratory で「ノートブックを新規作成」して，以下のプログラムを書き込み，実行（▲マークをクリック）してみてください。これまでと同じく，#から始まる行はコメントでプログラム実行とは関係ないので，省略してかまいません。改行の位置がわかりやすいように・を記載していますが，この・は入力しません。

　このプログラムは財務省のウェブページからCSVファイルのデータをダウンロードして，日付を設定し，**df**という名前の変数にデータを納めています。ウェブアドレスを入力するのは大変で，ミスもしやすいので，財務省の金利統計のページからリンクのアドレスをコピーして，プログラムに貼りつけるのがよいでしょう。Windowsの場合は，データへのリンク（例：「Historical Data(1974~)」の文字）を右クリックし，「リンクのアドレスをコピー」するとコピーできます。

　注意点として，英語版のデータを取得しています。日本語版のデータだと和暦になっていますので，和暦を西暦に変換するプログラムを追加する必要があります。英語版だと西暦になっています。財務省ウェブページ国債金利情報のページ（2022年時点の例）にEnglishというバナーがあるので，そこからたどれます。なお，Excelでは，ピボットテーブルの機能を利用してデータ変換すると，自動的に和暦を西暦に変換することができます。

　プログラム概要は以下の通りです。pd.read_csv( )はデータ読み込みの関数で，ネット上のファイルを直接読み込むことも可能です。pdはpandasパッケージに含まれる関数を利用していることを意味しています。pd.concat( )というのは，表を結合するための関数です。lambda関数は自分でシンプルな関数を作成したり，データフレーム全体に関数を適用したりする場合に使用します。

```
#データを扱うためのpandasパッケージ導入
・import pandas as pd
#過去の金利情報（1974年～）のファイル（英語版），アドレスに変更があ
った場合は修正が必要
・data00="https://www.mof.go.jp/english/policy/jgbs/ref
  erence/interest_rate/historical/jgbcme_all.csv"
#最新月分のファイル（アドレス,英語版）
・data01="https://www.mof.go.jp/english/policy/jgbs/ref
  erence/interest_rate/jgbcme.csv"
#データをダウンロードして統合。header=1は2行目（0から数えるため）
をヘッダーに指定
・df00=pd.read_csv(data00, header=1)
・df01=pd.read_csv(data01, header=1)
・df=pd.concat([df00, df01],ignore_index=True)
・df=df.dropna(thresh=2,axis=0)
```

```
#日付インデックスを設定，月平均などの計算が容易になる。
・df['Date']=pd.to_datetime(df['Date'], format='%Y/%m/%d')
・df=df.set_index('Date', drop=True)
#データを数値化して，表示
・df=df.apply(lambda x:pd.to_numeric(x, errors='coerce'))
・display(df)
```

　次に，得られたデータから月中平均と年平均を求めます。resample( ).mean( )
というメソッドを利用しています。resample( ) は期間での集計するもので，月
で日付を月初めとするときは 'MS'，年で日付を年初めとするときは 'YS' と指定
します。その他に，四半期の場合は 'QS' とします。それに続く mean( ) は平均
値を求める関数です。

　なお，このような時系列での集計は，あらかじめインデックスを datetime 型
とよばれる日付にすることで可能になっています。プログラムでは pd.to_
datetime で日付作成し，set_index でその日付をインデックスに設定しています。

　これで，日次データ，月次データ，年次データが作成できました。これを
Excel 形式で書き出して保存しておきます。それぞれの期間データをシート別に
保存するためのプログラムを記載しています。ファイル名は interest_JGB.xlsx
としました。ここで，with～as writer: の次の 3 つの行には最初にインデント
（字下げの空白）があります。Tab キーで空白を入れてから df 以下を入力してく
ださい。Python では構文の中はインデントしてそろえることになっています。

　作成したファイルは Google Drive に保存されるので，パソコンにダウンロー
ドします。図のように，画面左にあるフォルダマークをみると作成されたファイ
ルがありますので，そこを右クリックするとダウンロードできます。

```
#月次データの作成 月中平均
・df_m=df.resample('MS').mean()
#年次データの作成 年平均
・df_y=df.resample('YS').mean()
#データを Excel 形式で保存。日次，月平均，年平均をシートで分けて保存
する。
#インデント（空白）があることに注意
・with pd.ExcelWriter('interest_JGB.xlsx') as writer:
```

- ⬛︎df.to_excel(writer, sheet_name='daily')
- ⬛︎df_m.to_excel(writer, sheet_name='monthly')
- ⬛︎df_y.to_excel(writer, sheet_name='annual')

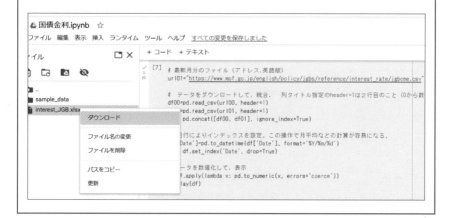

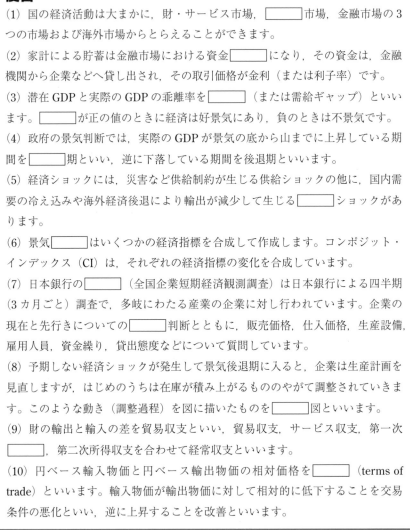

復習

(1) 国の経済活動は大まかに，財・サービス市場，[　　　]市場，金融市場の3つの市場および海外市場からとらえることができます。

(2) 家計による貯蓄は金融市場における資金[　　　]になり，その資金は，金融機関から企業などへ貸し出され，その取引価格が金利（または利子率）です。

(3) 潜在GDPと実際のGDPの乖離率を[　　　]（または需給ギャップ）といいます。[　　　]が正の値のときに経済は好景気にあり，負のときは不景気です。

(4) 政府の景気判断では，実際のGDPが景気の底から山までに上昇している期間を[　　　]期といい，逆に下落している期間を後退期といいます。

(5) 経済ショックには，災害など供給制約が生じる供給ショックの他に，国内需要の冷え込みや海外経済後退により輸出が減少して生じる[　　　]ショックがあります。

(6) 景気[　　　]はいくつかの経済指標を合成して作成します。コンポジット・インデックス（**CI**）は，それぞれの経済指標の変化を合成しています。

(7) 日本銀行の[　　　]（全国企業短期経済観測調査）は日本銀行による四半期（3カ月ごと）調査で，多岐にわたる産業の企業に対し行われています。企業の現在と先行きについての[　　　]判断とともに，販売価格，仕入価格，生産設備，雇用人員，資金繰り，貸出態度などについて質問しています。

(8) 予期しない経済ショックが発生して景気後退期に入ると，企業は生産計画を見直しますが，はじめのうちは在庫が積み上がるもののやがて調整されていきます。このような動き（調整過程）を図に描いたものを[　　　]図といいます。

(9) 財の輸出と輸入の差を貿易収支といい，貿易収支，サービス収支，第一次[　　　]，第二次所得収支を合わせて経常収支といいます。

(10) 円ベース輸入物価と円ベース輸出物価の相対価格を[　　　]（**terms of trade**）といいます。輸入物価が輸出物価に対して相対的に低下することを交易条件の悪化といい，逆に上昇することを改善といいます。

練習問題

問題1　景気変動

以下の文章（本文）空欄を，「好景気」「不景気」「拡張期」「後退期」のいずれかの言葉を選んで埋めてください。

「潜在 GDP より上の位置に現実 GDP があるとき，経済は[　　　　]（prosperity）にあり，下の位置にあるときは[　　　　]（depression）です。政府の景気判断で用いられる表現は異なります。実際の GDP が底から山まで上昇している期間を[　　　　]（expansion）といい，逆に下落している期間を[　　　　]（recession）といいます。」

問題2　経済ショック

本文に「経済ショックには災害などで供給制約が生じる供給ショックの他に，国内需要が冷え込む場合や海外経済が減退して輸出が減少する需要ショックがあります。」とあります。なぜ輸出の減少が需要ショックなのか説明してください。

問題3　景気動向指数は内閣府のウェブサイトで公表されています。最新の景気動向指数（「結果の概要」がわかりやすい）のうち，一致指数を確認して，現在の景気状況について説明してください。

問題4　GDP 支出面・寄与度

内閣府・国民経済計算のウェブサイトで，最新の四半期別 GDP 速報を確認して，「国内総生産の実質成長率（実質・季節調整済）の前期比（％）」での民間最終消費支出と民間企業設備の寄与度（％）の数値を確認してください。

問題5　コラム 4.2「在庫循環図の作成（Python）」と同様に，コロナ禍の期間（たとえば 2020 年 3 月から 2022 年 3 月まで）の在庫循環図を描いて，その動きを確認してください。（ヒント：start='2020-03-01'，end='2022-03-01' とします。その他のプログラムは同じ。）

問題6　経常収支（表 4.3「国際収支表（億円，暦年）」参照）は貿易・サービス収支，第一次所得収支，第二次所得収支からなるが，近年は第一次所得収支の黒字額が大きい。第一次所得収支の定義について調べ，以下の空欄を埋めてください。

第一次所得収支：[　　　　]金融債権・債務から生じる利子・配当金等の収支状況を示す。

（第一次所得収支の主な項目）

[　　　　]投資収益：親会社と子会社との間の配当金・利子等の受取・支払

証券投資収益：株式[　　　　]金及び債券[　　　　]の受取・支払

その他投資収益：貸付・借入，預金等に係る利子の受取・支払

問題7　イールドカーブ

コラム 4.3「国債金利のデータを取得（Python）」を実行した後，続けて，以下の
プログラムを実行して国債金利のイールドカーブを表示してみよう。

```
#グラフ，日本語を表示するための準備
!pip install japanize-matplotlib
import japanize_matplotlib
import matplotlib.pyplot as plt
#グラフを作成する年限（金利）を選択
df_mf=df_m[['1Y','2Y','5Y','7Y','10Y','15Y','20Y']]
#グラフ作成
fig, ax = plt.subplots(figsize=(5, 3), dpi=150)
ax.plot(df_mf.T['1999/02/01'],label='1999/02　ゼロ金利政策',c=
'Blue')
ax.plot(df_mf.T['2001/03/01'],label='2001/03　量的緩和政策',
linestyle='--')
ax.plot(df_mf.T['2010/10/01'],label='2010/10 包括的金融緩和')
ax.plot(df_mf.T['2013/04/01'],label='2013/04 量的質的金融緩和')
ax.plot(df_mf.T['2022/11/01'],label='2022/11', c='black')
ax.set_xlabel('償還年限(Maturity)',fontsize=8)
ax.set_ylabel('金利(%)',fontsize=8)
ax.set_title('イールドカーブ(Yeild Curve)',fontsize=10)
ax.legend(fontsize=8)
```

練習問題解答

問題1　「潜在GDPより上の位置に現実GDPがあるとき，経済は 好景気 （prosperity）にあり，下の位置にあるときは 不景気 （depression）です。政府の景気判断で用いられる表現は異なります。実際のGDPが底から山まで上昇している期間を 拡張期 （expansion）といい，逆に下落している期間を 後退期 （recession）といいます。」

問題2　輸出が減少することは，日本で生産され輸出されている財への需要が減少することを意味します。投資も需要の要素であるが，輸出財を生産するために必要な投資も減少します。需要ショックとは，日本国内での消費が減少するだけでなく，海外での日本の輸出財への需要が低下することでも生じます。

問題3　例として，景気動向指数（令和4（2022）年10月分速報）結果の概要では，「一致指数は，前月と比較して0.9ポイント下降し，2カ月連続の下降となった。3カ月後方移動平均は0.04ポイント上昇し，5カ月連続の上昇となった。7カ月後方移動平均は0.43ポイント上昇し，12カ月連続の上昇となった。」とあり，それを踏まえて政府判断は「景気動向指数（CI一致指数）は，改善を示している。」となっています。

問題4　例として，2022年7-9月期・2次速報（2022（令和4）年12月8日公表）では，民間最終消費支出の寄与度は0.1％で，民間企業設備では0.2％です。なお，実質GDP成長率の前期比は−0.2％（年率換算−0.8％）とマイナスなのは，輸入の寄与度が−1.0％であったためです。

問題5　プログラムを問題に合わせた期間とすると，下のような図になります。2020年3月以降，景気は後退しますが，1年程度後に回復傾向がみられます。2021年に生産の伸び率がプラスとなり，回復傾向もみられますが，2022年には在庫が増える一方で生産前年比はゼロ近辺です。

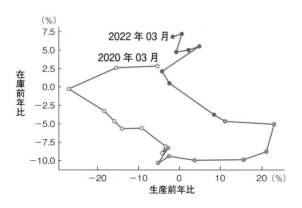

問題6　穴埋め箇所の適切な語句は以下の通りです。

　　第一次所得収支：　対外　金融債権・債務から生じる利子・配当金等の収
　　　　　　　　　　　　支状況を示す。

　（第一次所得収支の主な項目）

　　　直接　投資収益：親会社と子会社との間の配当金・利子等の受取・支払

　　証券投資収益：株式　配当　金及び債券　利子　の受取・支払

　　その他投資収益：貸付・借入，預金等に係る利子の受取・支払

問題7　プログラムを問題に合わせた期間とすると，下のような図になります。

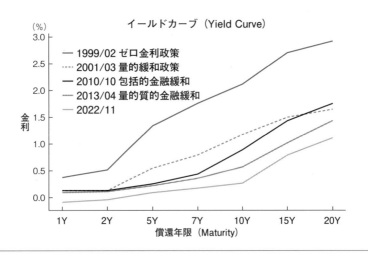

第 5 章

価格と日本経済

予習

　本章では，価格と需要・供給の関係を学びます。価格の変化の影響は，需要曲線と供給曲線の傾きにより把握できます。日本経済分析では，第2章で学んだ物価（日本経済全体での平均価格）の動きからだけでなく，個別の価格からもとらえる必要があります。これは，家計，企業といった個別の経済主体の経済活動や，経済政策の効果を分析するための準備にもなります。

> ### 価格のとらえ方：
> 価格の変化は，短期的な需給関係だけでなく，長期的な経済構造の動きを反映する。

> ### 需要：
> 効用最大化問題により，家計は相対価格と限界効用の比が等しくなるように消費を行う。

> ### 供給：
> 企業の利潤最大化問題より，限界費用曲線が供給曲線となる。固定費用，平均費用，限界費用の違いを理解する。

> ### 日本経済のミクロ分析：
> 価格変化，価格設定，価格差別化，ダイナミックプライシング，価格転嫁などの事例を学ぶ。

学びのポイント

レクチャー **5.1** 価格の変化

● 価格のとらえ方

　価格は市場の需給関係を表す重要な経済指標の一つです。価格がどのように決まるのかという市場の価格調整メカニズムはミクロ経済学で学びますが，日本経済や経済政策を分析するときにも市場メカニズムへの理解が欠かせません。

　第 2 章では経済の体温計ともよばれる物価を学びました。物価は経済全体の動きをみることができます。それに対して，価格はそれぞれの財・サービスの相対的な価値を測ることができます。異なるモノの価値を直接比較するのは難しいのですが，100 円，200 円というような価格がついていれば，私たちはそれらの価値を推測できます。

　2 種類の財（財 A と財 B）について考えてみます。財 A の価格を p_A とし，別の財 B の価格を p_B とします。たとえば，$p_A = 100$ 円のときに $p_B = 200$ 円の場合は，財 A と財 B の **相対価格**（relative price）は $p_A/p_B = 1/2$ となります。この相対価格が本章の学びのポイントです。

　財 B の価格 p_B が上昇して 500 円になったら，財 A の価格 p_A はいくらになるでしょうか。条件によっては，変化しないかもしれません。財 B の供給が減少したり需要が高まったりした場合，財 B の価格 p_B のみが高くなることも考えられます。ただ，もし，日本全体で物価が上昇している（インフレ）なら，相対価格が以前と同じままになるような 250 円になっていそうです。財の価値が変わらないのなら，相対価格はそのままと考えられるからです。

> **モノの価格**：財・サービスの間の相対価格を考える
>
> 　　　財 A の財 B に対する相対価格 $= p_A / p_B$

　日本では価格を円という通貨で表示しますが，それぞれの国にはそれぞれの異なる通貨があります。通貨はニューメレール（numéraire）とよばれる価値尺度の役割を果たしていて，さまざまな財・サービスの相対価値を通貨によって表しています。

　また，為替レートは通貨間の交換比率で，通貨間の相対価値を表しています。たとえば，米ドルの対日本円均衡為替レートが 1 ドル＝100 円のときは，100 円で 1 ドルを購入（交換）できることを意味します。この為替レートであれば，

上記の財A（100円）と財B（200円）は，米国ではそれぞれ1ドル（＝100円）と2ドル（＝200円）になっていそうです。現実には為替レートは日々変化しており，米国で1ドルのモノを為替レートで円に換算すると100円のときもあるし，120円のときもあります。

　財の価値は人によってとらえ方が異なるでしょう。とても喉が渇いているときには，パンよりも水の価値が高くなり，水を購入するために最大限支払ってもよい額（willingness to pay）は高くなるはずです。また，企業にとってはコストを上回る売上（価格×販売量）にならないと赤字になるので，価格があまりに安いと生産しません。そのため，**市場価格**（market price）は，消費者の**需要**と，企業の生産コストを反映する**供給**がちょうど一致する（**均衡**（equilibrium））点で定まります。

　価格がどのように決まるのか，についてのポイントは，需要では価格弾力性，供給では生産コストです。**需要の価格弾力性**（price elasticity of demand）とは，価格が1％変化したときに，需要量が何％変化するのかを示すものです。財によって量の単位が異なるため，もし1円で何個というような指標だと財ごとの違いを比較できません。変化率（％）で表すことで，同一単位となり，比較可能になります。

> **需要の価格弾力性**：価格が1％変化したときの需要の％変化
>
> 　　需要の価格弾力性＝需要の変化率／価格の変化率

● 相対価格の動き

　相対価格の変化は，短期的な需給関係だけでなく，長期的な**経済構造**の動きを反映している場合もあります。**図5.1**では，総務省統計局の「消費者物価指数」（品目別価格指数）の統計からいくつかの財・サービスの価格の推移を示しました。これは2020年での価格を100とした指数です。1992年1月から2022年10月までの推移をみると，価格が上がったものもあれば，下がったものもあります。

　米類は1993年の大不作，2004年の改正食糧法による流通の自由化の影響が出ています。固定電話の通信料は20年間で24％ほど（0.76倍）下落しています。電気代や米類は1992年と2022年で大きな違いはありませんが，途中，上

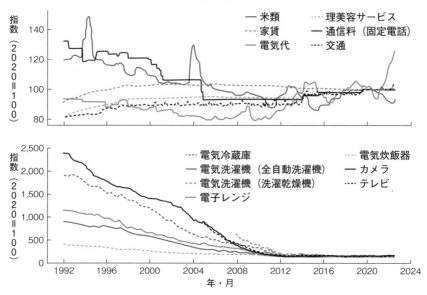

図 5.1　財ごとの価格変化の例

（出所）総務省統計局「消費者物価指数」より作成
（注）2015 年を 100 とする指数を，2020 年を 100 と計算し直してグラフ化した。期間は 1992 年
1 月から 2022 年 10 月。

がったり下がったりしています。

　一般的に生鮮食品は天候によって生産量が変化するので，悪天候の年は価格
が上昇します。一方で，電気代は輸入に頼っている天然ガスなどのエネルギー
資源の国際価格や為替レートから影響を受けます。

　輸出入される財を**貿易財**（tradable goods）といい，一方で，動かせない財
やサービスなど貿易できないようなものを**非貿易財**（non-tradable goods）と
いいます。非貿易財に比べて，貿易財の価格は世界の生産や需要状況に強く依
存します。たとえば，電気製品は**グローバル化**により他国で生産された財が安
く輸入されるようになりました。図 5.1 で電気冷蔵庫をみると，2020 年の価
格 100 に対して，1992 年 1 月で 1952.2 です。この間，大幅に下落したことがわ
かります。電気洗濯機，電子レンジ，カメラなども同様の動きとなっています。

　このように，財の相対価格は，工業化，大量生産，技術進歩，グローバル化
などさまざまな経済状況を反映して動いています。

非貿易財は海外製品との価格競争になりにくく，国内要因が価格に反映します。理美容サービスは 20 年で 1.37 倍程度価格が上昇しています。交通は燃料費などの輸入財コストにも依存しますが，全体としては国内要因で価格が上昇しています。

相対価格の変化例：

（供給）工業化や技術進歩で経済構造（生産コスト）が変化，人件費の変化，人手不足など

（需要）消費者選好や消費パターンの変化など

（需要と供給）グローバル化による価格競争，グローバルサプライチェーンの構築

（短期）天候不順，新型ウイルス感染拡大などにより需給バランスが変化

コラム5.1 品目別の価格動向から日本経済を考える

消費者物価指数はさまざまな財・サービス[1]の価格の加重平均となっています。たとえば自動車と野菜の価格は大きく異なり，また，自動車の購入頻度は低いので，単純な平均価格は意味がありません。そこで，加重平均では，それぞれの財価格に「その財への支出総額／消費支出総額」でウェイトづけをして平均値を求めます。

図 5.2 は変化率（対前年同月比（％））を描いたもので，2006 年 1 月から 2022 年 10 月までの期間としています。まず，(1) 外食・うどんと (2) キャベツを比較するとわかるように，外食のように価格が変化しにくい財と，生鮮野菜のように頻繁に変化する財とがあります。

ただし，変動の大きいキャベツの価格も，取引価格の安定化を目的とした政策（指定野菜価格安定対策事業）がとられていて，価格がある基準以上に下落した場合に生産者へ補給金交付等が行われています。価格変動が大きくても安定的な生産が行われるための支援となっています。

また，小麦は国内需要 8～9 割程度を輸入に頼っており[2]，その輸入価格は国際価格（ドル），為替レート，運送費などの国際的な要因にも大きく依存します。

---

[1] 2020 年基準消費者物価指数において，対象となる財・サービスは 582 品目である。

[2] 農林水産省「令和 2 年度食料需給表」によると，小麦の 2020 年度食料自給率（カロリーベース）は 15％である。

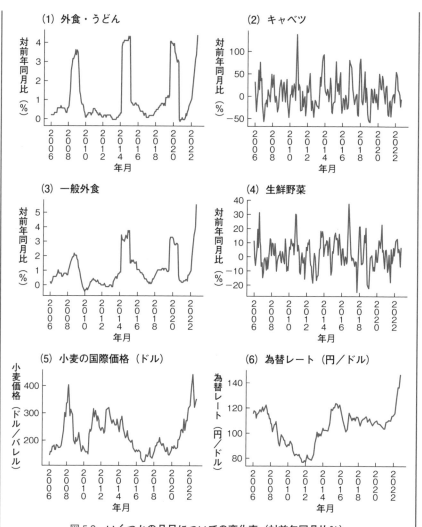

図 5.2　いくつかの品目についての変化率（対前年同月比 %）
（出所）総務省統計局「消費者物価指数」，米国 Federal Reserve Board FRED より作成
（注）期間は 2006 年 1 月〜2022 年 10 月。

輸入小麦は政府が買い付け，**政府売渡価格**で企業に販売される仕組みとなっています。政府売渡価格は 4 月と 10 月に変更されるので，国際価格や為替レートの変化がすぐに国内商品に反映されるわけではありません。

　うどんの場合は，その原材料である小麦価格が生産コストの変化につながり，販売価格に影響します。しかしながら，生産コストが上昇してもすぐにお店での価格に**転嫁**（price pass-through）されるとは限りません。価格を上げてお客の

足が遠のけば，売上や利益がさらに減少してしまう場合もあるからです。

　図から考えると，外食うどんは頻繁には価格転嫁されていないようです。2008年4月に価格が大きくプラスになっています。政府売渡価格は4月に30％程度引き上げられ，10月にも10％程度引き上げられました。小麦価格は43％程度前年比で上昇したのに比べると，価格変化は小さいようです。図の（5）から，小麦の国際価格は2007年9月に80.6％，2008年3月には133％の上昇率なので，政府売渡価格の制度により国内価格の変動は緩和されています。

　2014年4月からの約2年間は，小麦の国際価格が上昇していないのに，外食・うどんの価格が上昇しています。この原因は2つあります。一つは，消費税率の引上げです。2014年4月に消費税率が5％から8％へ引き上げられたので，単純には3％の価格上昇になります。残りの1％は，円安になったことからと思われます。図の（6）をみると円安になっています。これは当時の安倍晋三首相の名前から，アベノミクスとよばれた政策が行われていた時期です。2012年10月と比べると，2014年4月の政府売渡価格は17％程度高くなっています。

　このように，価格の変化は供給面（コスト），家計の需要，為替レートなど，日本経済の構造的な動きを反映しており，その動きを分析するには，需要や供給の理論的枠組みを用いることが必要となります。

レクチャー5.2　需要：消費と相対価格

● 家計の効用最大化問題

　ここでは家計がどの程度の消費支出をするのか，どのような財を購入するのかをミクロ経済学で考えます。ポイントは**需要の価格弾力性**で，そのキーワードは**相対価格**と**代替効果**です。

　はじめに，家計の消費問題から需要をとらえます。家計は所得を得て消費を行いますが，消費から得られる満足度である**効用**（utility）ができるだけ大きくなるようにします。これを**効用最大化**といいます。何をどれだけ消費するかによって，消費から得られる効用は変わってきます。

　2つの財のみを扱う**2財モデル**で考えていきます。1つめの財の消費量をx_1，2つめの財の消費量をx_2とし，それぞれの価格をp_1，p_2とします。消費支出額は「価格×個数」で求められますので，

$$消費支出額 = p_1 x_1 + p_2 x_2$$

となります。家計の所得を m 円とすると，所得は消費支出額より多くなければなりません。これを**予算制約**（budget constrain）といいます。ここでは，所得額 m と支出額がちょうど同じとなる場合を考えて，

$$m = p_1 x_1 + p_2 x_2$$

とします。これを**予算制約式**といいます。

次に，2財の組合せをどのようにすれば，もっとも効用を高められるでしょうか。まず，ある特定の効用水準となる消費の組合せを考えてみます[3]。図5.3のように2つの財の消費から得られる効用を一定に保ちつつ，x_1 の消費を1個増やして x_2 の消費を減らすことを考えます。このとき x_2 を何個減らすことになるでしょうか？　第2財を1単位増やしたときに，効用水準が一定のままとなるような第2財の減少数を**限界代替率**（*MRS*; Marginal Rate of Substitution）といいます。

> 限界代替率の考え方
> ・x_1 の消費を1増やす。
> ・x_2 の消費を *MRS*（限界代替率）減らす。
> →効用水準は元のまま。

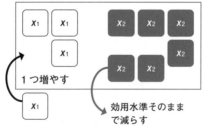

ある効用水準の消費組合せ

1つ増やす

効用水準そのまま
で減らす

x_1 の消費を1つ増やすとき，効用をそのままにするには，
x_2 をいくつ減らすか？＝限界代替率

図5.3　**限界代替率とは**

---

[3] 数値例で考えると，100という効用を得るためには，x_1 を1個と x_2 を10個という組合せもあるが，x_1 を10個で x_2 を1個というのでも同じとなることがあり得る。

ある財の消費を1個増やしたときに得られる効用の増加量を**限界効用**（*MU*; Marginal Utility）といいます。たとえば，x_1 の消費を1個増やしたときに，効用が10増えたら限界効用は10となります。

ここでは，x_1 の限界効用を MU_1，x_2 の限界効用を MU_2 とします。x_1 の消費を1増やしたときに，効用水準も元のままとなる x_2 の減少数が限界代替率でした。増えた効用分だけ減るような x_2 の消費量の変化は，MU_1/MU_2 で計算できます[4]。

限界代替率　$MRS = MU_1/MU_2$

- x_1 の消費を1増やすと，効用は MU_1 だけ増える。
- x_2 の消費を MRS（$= MU_1/MU_2$）減らすと，効用は MU_1 と同じだけ減り，全体の効用は元の水準のまま。

次に，所得額と支出額が同じ（$m = p_1 x_1 + p_2 x_2$）という予算制約を満たしつつ，効用も一定のままとなる条件を考えます。それぞれの支出額の変化（価格×個数）がゼロであればよいので，

$$p_1 \times 1\,\text{個} + p_2 \times (-MRS) = 0$$

となります。ここで価格は所与で一定とします。右辺のゼロは所得がゼロという意味ではなく，支出額（および所得額）の変化がゼロという意味です。$MRS = \dfrac{MU_1}{MU_2}$ から，この式を書き直すと，

$$\frac{MU_1}{MU_2} = \frac{p_1}{p_2}$$

となり，これが消費についての**効用最大化条件**です。2つの財の**相対価格**が限界効用の比と等しくなっています。

直感的にとらえると，財からの相対的満足度（MU_1/MU_2）が相対価格（p_1/p_2）とちょうど釣り合うような条件です。これは普段の私たちの生活では当然に感じます。たとえばブドウを買おうとしたときに，高いものと安いものの

---

[4] 簡単な数値例で確認してみる。x_1 の消費を1増やしたときに効用が10増える（$MU_1 = 10$）とする。一方で，x_2 の消費を1減らしたときには効用が5減る（$MU_2 = 5$）とする。限界代替率は $MU_1/MU_2 = 2$ となる。このように，x_1 を1増加させても x_2 を2減らすことで効用水準は元のままになる。

2 つがあったとします。私たちはどちらを選ぶでしょうか。それは，自分にとっての高いブドウを食べることが，安いブドウとの価格差に見合うだけの満足度の増加につながるかどうかによるでしょう。

● 価格の変化と需要曲線

　次に需要曲線（demand curve）を求めていきましょう。財の消費を 1 単位増やしたときの効用の増加分が限界効用ですが，この限界効用は消費量の大きさによって異なります。たとえば，ある財を 1 個しか持っていないときと，100 個も持っているときとでは，1 個の追加で消費を増やしたときの効用の増え方が異なるはずです。100 個もあれば，さらに増やしてもそれほど満足度は増えないからです。一般的に財が多いほど限界効用は小さくなり，このことを**限界効用逓減**（law of diminishing marginal utility）といいます。

> 限界効用逓減の法則：限界効用は消費量を 1 単位増加させたときの効用増加分。消費量が少ないときは大きく，多くなると小さくなる。

　限界効用逓減は，財の間の代替関係（限界代替率）に影響を及ぼします。図 5.4 の右図は横軸に x_1，縦軸に x_2 の消費量をとって，同じ効用水準となる x_1 と x_2 の組合せのグラフを描いています。これを**無差別曲線**（indifference curve）といい，その傾きが限界代替率になっています。なお，傾きはマイナスなのですが，限界代替率の大きさは絶対値でとらえます。絶対値で大きな値ほど，限界代替率は大きいことを意味します。

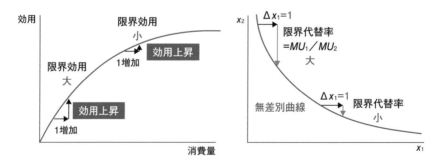

図 5.4　**限界効用と限界代替率**

限界代替率も x_1 の消費量が増えるに従って逓減します（**限界代替率逓減の法則**（law of diminishing marginal rate of substitution））。これは限界効用が逓減するためです。ある財 x_1 の消費量が多いほどその限界効用は小さく，逆に，もう一つの財 x_2 の限界効用は大きくなります。そのため，限界代替率（$= MU_1／MU_2$）は，x_1 の消費量が多いほど小さくなります。

> **限界代替率逓減の法則**：限界代替率は無差別曲線の傾きの絶対値。無差別曲線（同じ効用となる消費量の組合せ）上で x_1（横軸）が少ないとき限界代替率は大きく，x_2（縦軸）を大きく減らせる。x_1 が多くなると限界代替率は小さく，x_2 の減りは小さい。

これで価格が変化したときの需要量がどのように変化するのかを分析するための準備が整いました。予算制約の式を書き直すと，

$$x_2 = -\frac{p_1}{p_2} x_1 + \frac{m}{p_2}$$

となります。切片が $\frac{m}{p_2}$ で，傾きが $-\frac{p_1}{p_2}$ の直線として，同一図に描くことができ，それを**予算制約線**といいます。消費者は予算の範囲でしか支出できないので，効用最大化するためには，ぎりぎり消費できる組合せの中で，無差別曲線ができるだけ右上に位置するものを選びます。図 5.5 では，無差別曲線ができるだけ右上に位置し，効用が最大となる点を示しています。

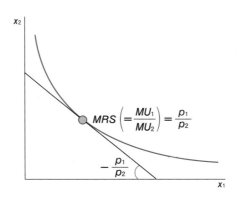

図 5.5 **予算制約線と効用最大化条件**

　効用最大化条件は無差別曲線と予算制約線が接するところで，以下のように
なります。

$$MRS\left(=\frac{MU_1}{MU_2}\right)=\frac{p_1}{p_2}$$

　需要曲線は縦軸を価格，横軸を消費量として，価格と消費量の関係を示すも
のです。x_1 の価格が p_1 から p_1' へ[5] と上昇したとき，相対価格は p_1'/p_2 となりま
す。p_2 の価格はそのままとします。図5.6左にあるように，予算制約線の傾き
が急になり，効用最大化の点は図のA点からB点へと変化します。x_1 消費は
価格上昇前よりも減少しています。

　図5.6右は横軸を x_1，縦軸を価格にしたものです。上は，x_1 の価格が p_1 か
ら p_1' へ上昇（A点からB点への変化）した例ですが，価格が他の水準に変化
した場合も同じ分析になります。さまざまな価格水準についての点をとり，そ
れらの点をつないで描いたのが図5.6右の需要曲線です。

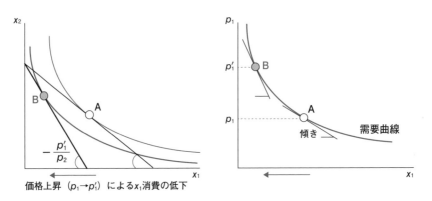

価格上昇 $(p_1 \rightarrow p_1')$ によるx_1消費の低下

図5.6　**価格の変化と需要曲線**：x_1 の価格が p_1 から p_1' へ上昇

　需要曲線の傾きは財の特徴を示します。x_1 変化量を記号 Δ を使って Δx_1 と
し，価格の変化幅を Δp とすると，傾きの大きさは $\Delta p／\Delta x_1$ と表せます。需
要曲線は右下がりなので，傾きはマイナスです。けれども，傾きは絶対値でと

---

[5]　ちなみに p_1' の右肩についている記号（'）は英語ではダッシュよりもプライム（prime）と
言うのが一般的である（ダッシュは−の記号を意味する）。カンマ（,）を上付きにしたよう
なアポストロフィ（'）も似たような記号としてあり，英語で省略記号である（I'm など）。
表計算ソフトやプログラミングでは，シングルクォーテーションという。

らえるため，プラス数値の大小で考えます[6]。需要曲線の傾きが大きいと，価格が少し変化しただけで大幅に需要が減少することを意味します。逆に，需要曲線の傾きが小さければ，価格が上昇しても需要はあまり変わりません。そして，需要の傾きの大きさを変化率で計算したものが，**需要の価格弾力性**です。

　注意点として，私たちが知りたいのは価格が変化したときの需要の変化です。一方で，需要曲線は需要（横軸）が変化したときの価格の変化（縦軸）を意味しています。需要曲線を関数で表すと，$p_1 = f(x_1)$ のようになりますが（$f(\cdot)$ は関数を意味します），これは**逆需要関数**（inverse demand function）とよばれます。本来の関係（価格→需要）とは逆（需要→価格）になっていますが，経済学では慣習でこうなっています。

> 需要曲線の傾きとは，需要（数量）と価格の関係
> $$\Delta p \diagup \Delta x \quad （図）\rightarrow \Delta x \diagup \Delta p \quad （意味）$$
> 需要の価格弾力性とは，需要変化率（％）と価格変化率（％）の関係
> $$x 変化率 \diagup p 変化率$$
> 逆需要関数は，需要 x（横軸）に対する価格 p（縦軸）を表す
> $$p = f(x)$$

● 代替効果と所得効果

　需要曲線の傾きの大きさは**代替効果**（substitution effect）と**所得効果**（income effect）で測ることができます。特に代替効果が重要です。

　所得効果は，価格が変化と「所得／物価」で定義される**実質所得**の変化との関係をみます。上の例では，x_1 の価格が p_1 から p_1' へと上昇しましたが，このときに所得 m を一定とすると，実質所得は価格上昇前よりも小さくなります。

$$\frac{m}{p_1} > \frac{m}{p_1'}$$

　このように，財の価格が上昇すると消費可能な量が減ってしまう（効用水準も低くなる）ことを所得効果といいます。たとえば1,000円の所得があるとき，

---

[6] 需要が減少（マイナスで左方向）のときに価格は上昇（プラスで上方向）なので，傾きはマイナスの値になる。傾きが大きいとは，絶対値でみて大きいことを意味する。たとえば，-2 は -1 より小さい値だが，絶対値でみると $|2|$ は $|1|$ よりも大きいことになる。

x_1 の価格が 100 円であれば 10 個購入することができます。ところが，価格が 200 円に上昇すると，5 個しか購入できなくなります。この例では個数が実質所得であり，購買可能量になっています。

　x_1 の価格が p_1 から p_1' へと上昇したとき，相対価格は変化して p_1'/p_2 となります。代替効果とは，このように相対価格が変化したときに，価格が相対的に高くなった財から，低価格の財へと消費が移る（代替）効果のことをいいます。

　図 5.7 では相対価格の変化により，効用最大化の点（最適点）が A 点から B 点へと変化しています。この図の中に，価格変化前の無差別曲線上に位置する点 C を記しています。点 C で，変化後の予算制約線と同じ傾きの線と元の無差別曲線が接しています。

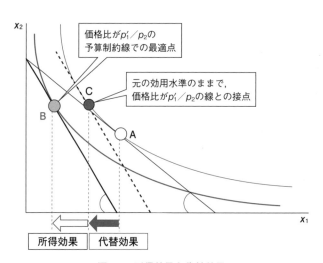

図 5.7　所得効果と代替効果

　C 点と A 点はともに同じ無差別曲線上にあるので，相対価格が違っても効用水準は同じです。そのため，A 点から C 点への需要変化は，相対価格の変化によるものなので，代替効果を表します。一方で，C 点から B 点への x_1 の需要減少は，相対価格が一定のまま実質所得が減少した場合と解釈できます。

x_1 の価格上昇（p_1 から p_1'）の効果（例）

総 効 果：A → B，相対価格の変化で需要量が減少

---

[7] これに対して，所得効果がプラスの場合は**正常財**または**通常財**という。

所得効果：C → B，実質所得に注目，相対価格は一定

代替効果：A → C，相対価格に注目，C 点と A 点は同じ無差別曲線上

代替効果はマイナスで，価格の変化と反対方向に変化します。すなわち，価格が上昇すれば需要量は減少し，逆に価格が下落すると増加します。その大きさは，代替財があるかどうかによります。一方で，所得効果は，通常はプラス（所得が増えると需要が増える）ですが，マイナスとなる場合もあります。マイナスとなる財を**劣等財**（inferior goods）といいます[7]。

高級品と低級品があるコーヒー豆を例に，価格が下落した場合を考えてみます。ある消費者はコーヒーが好きで，本来は高級品を飲みたいとします。ただ，予算制約のため安い低級品も購入しています。この状況でどちらのコーヒー豆も価格が下落したら，その人は，おそらく高級品の消費を増やして，低級品を減らすでしょう。価格が安くなったので，予算制約に余裕が出たためです。相対価格の変化の例ではないのですが，実際，景気が良くなると高級品の売れ行きが伸びることが多いのは，同じ原理が働いているからです。ただし，もし，元の状況で予算の都合でコーヒーの消費を我慢していたら，そうはならないので低級品の消費は減りません。

コラム 5.2　需要曲線がシフトするとき

　需要曲線の位置が変化することを需要曲線のシフトといいます。需要曲線のシフトは所得効果によるものですが，本文でみた価格が変化したときではなく，所得が変化したときに生じます。

　本文でみた 2 財モデルの予算制約式は

$$x_2 = -\frac{p_1}{p_2} x_1 + \frac{m}{p_2}$$

ですが，ここで，所得 m のみが変化した場合の需要変化をみてみましょう。この式で傾きとなっている相対価格（p_1/p_2）には変化はなく，切片の m/p_2 が変化します。たとえば，所得が減少した場合は，図のように，予算制約線が左下にシフトします。

　このとき，x_1 も x_2 もどちらも需要量が減少することになります。ここで x_1 の需要曲線のみを考えると，価格 p_1 はそのままで，かつ，相対価格が変化してい

ませんが，需要量が減少しています。需要曲線の傾きは代替効果が重要でしたが，その関係は変化しておらず，したがって需要曲線の形状はそのままで需要曲線がシフトすることになるのです。

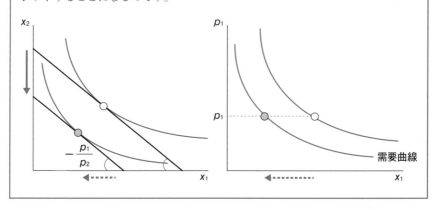

レクチャー 5.3 供給：生産，費用，利潤

● 生産と費用

供給曲線でも応用分析する上でポイントとなるのは，その傾きです。企業が利潤を最大にするとき，価格と**限界費用**（MC; marginal cost）が等しくなります。この条件から，**限界費用曲線が供給曲線**（supply curve）**となるため**，供給曲線の傾きの大きさは費用構造によって決まるといえます。以下では，供給曲線を導出していきます。

はじめに，企業がある財を生産するときに，その費用をできるだけ小さくするための**費用最小化問題**を考えます。ここでは1種類の財 y を生産するために必要な**生産要素**が労働と資本の2つのみとします。労働と資本の投入量をそれぞれ z_1，z_2 とおいて，労働費用は賃金 w_1 とし，資本の費用[8] を w_2 であるとします。生産にかかる**総費用**（total cost）を TC とおくと，総費用は

$$TC = w_1 z_1 + w_2 z_2$$

---

[8] 実際の資本の費用は複雑である。資本はストックの場合，初期費用が大きく生産ごとに費用は生産1単位当たりの平均値になる。あるいは，借入れにより投資をした場合の資本には，利払い費用がかかる。資本レンタルにより，レンタル費用を支払う場合もある。そのため，何が費用かをイメージしにくいかもしれないが，ここでは現実とは離れて，はじめての学習段階として，資本1単位当たりの費用を漠然ととらえておくだけでよい。

となります。ここで，賃金と資本の1単位当たり費用は所与としています。

　労働 z_1 および資本 z_2 により y がどの程度生産されるかを，$f(z_1, z_2)$ という生産関数（production function）で表します。ある生産量 y^* を生産するのに，労働と資本の投入量の組合せはいくつも考えられます。そこで，できるだけ総費用を小さくする労働と資本の投入量の組合せを見つけます。この問題を費用最小化問題といい，以下のように書くことができます。ここで，min（minimize）は最小化のことで，$s.t.$（subject to）は制約条件のことです。

$$min \ TC = w_1 z_1 + w_2 z_2$$
$$s.t. f(z_1, z_2) = y^*$$

　効用最大化問題での限界効用のように，生産関数でも**限界生産力**（MP; Marginal Product）からみていきます。限界生産力とは，労働 z_1 または資本 z_2 の投入量を1単位増加させたときの生産の増加分です。z_1 の投入量を増やしたときの限界生産力を MP_1，x_2 については MP_2 とします。

　投入量の水準が高まるにつれて限界生産力が徐々に小さくなることを**限界生産力逓減の法則**（law of diminishing marginal product）といいます。図 5.8 は投入量と生産量の関係を示しており，生産増大幅が徐々に小さくなっています。

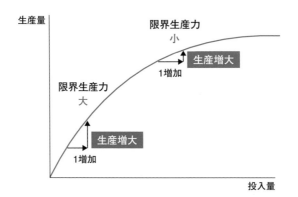

図 5.8　**限界生産力逓減の法則**

　労働 z_1 と資本 z_2 の組合せを分析していますので，この2つの要素間の代替率が重要になります。**技術的限界代替率**（MRTS; Marginal Rate of Technical Substitution）とは，z_1 の投入量を1増やすときに，生産量をそのままにする

ような z_2 の減少量のことをいいます。効用における限界代替率と同じように，限界生産力の比で求められます。

> ### 技術的限界代替率　$MRTS = MP_1 / MP_2$
> - z_1 の投入量を 1 増やすと，生産量は MP_1 だけ増える。
> - z_2 の投入量を $MRTS$（$= MP_1 / MP_2$）減らすと，生産は MP_1 と同じだけ減り，生産量は元の水準のまま。

このように，最大と最小という違いがあるものの，基本的に家計の効用最大化問題と企業の費用最小化問題は同じ手法により最適値を求めることができます。費用最小化条件は，技術的限界代替率と**要素価格比**が等しいというものになります[9]。

$$MRTS\left(= \frac{MP_1}{MP_2} \right) = \frac{w_1}{w_2}$$

● 利潤最大化と供給曲線

　次に，企業の利潤最大化問題から供給曲線を求めます。ある生産量 y と最小費用（費用最小化問題）の関係を**費用関数**（cost function）で表し，ここでは $C(y)$ と書きます。

　生産量を 1 単位増やしたときの総費用の増加分を**限界費用**（MC; marginal cost）といいます。図5.9左は，費用関数から求められる**総費用曲線**を描いたものです。労働と資本はどちらも限界生産力が逓減するので，生産量を増やせば増やすほど，その生産に必要な追加的生産要素量はより多くなります[10]。このことを**限界費用逓増**（increasing marginal cost）といいます。図5.9左でも，限界費用は生産量が増えるとともに大きくなっています。

---

[9]　制約条件付きの最適化問題は，ラグランジュ乗数法により，制約なしのラグランジュ関数を設定して解く。ミクロ経済学の教科書ではこの方法が紹介されることが多い。すなわち，本文の費用最小化問題の場合は，ラグランジュ関数を $L = -(w_1 z_1 + w_2 z_2) - \lambda f(w_1, w_2)$ とおく。L を z_1, z_2, λ で微分して求められる 1 階条件の 3 つの式から，本文と同じ費用最小化条件が導かれる。計算方法を覚えると簡単に求められるが，経済の応用分析では数式ではなく，そこから得られる経済学的な含意が重要。そのため，本書では数式での導出ではなく，あえて，原理からとらえる学習方法にしている。

[10]　たとえば，生産量を 10 から 11 に増やしたいとき，労働を 1 追加的に増やせばよいとする。ところが，限界生産力が逓減するため，生産量の水準が大きくなり 100 から 101 に増やしたいときは，同じ 1 の生産増加でも，労働は 2 追加的に増やす必要がある。

　もしかしたら，限界費用逓増は皆さんの感覚と合わないかもしれません。新しい製品（たとえば電子機器など）が発売されると，当初は価格が高めでも生産量が増えるにしたがって費用が抑えられ，価格が低下することがあります。しかし，それは**図 5.9 左**にある**固定費用**（または**初期費用**）が大きいことが主な要因で，生産量が増えると 1 単位当たりの**平均費用**（*AC*; Average Cost）が低下することによる現象です。たとえば，固定費用が 100 で生産が 5 だと平均費用は 20 です。生産が 50 に増えれば，平均費用は 2 に減少します。このように，生産が増加することで 1 単位当たりの平均費用が低下することを**規模の経済**（economic of scale）が働くといいます。

　図 5.9 右は，横軸を生産量のままとして，縦軸を限界費用とし，**限界費用曲線**を描いたものです。左図の限界費用の大きさである上方向矢印の幅が縦軸になっています。

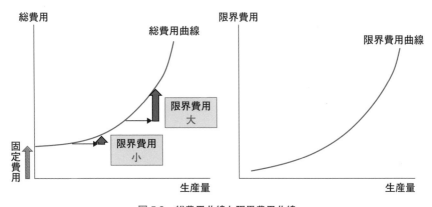

図 5.9　**総費用曲線と限界費用曲線**

　企業の供給は**利潤最大化問題**から求めます。ある企業が生産する財の販売量を y とし，その価格を p とします。この財の市場は**完全競争**（perfect competition）で，企業にとって価格は所与（市場で決まる）で，一定とします。このとき，**売上は py** で求められます。売上から費用を差し引いた残りを**利潤**（profit）といい，ここでは π とおきます。先に求めた費用関数を用いると，利潤は，

$$\pi = py - C(y)$$

となります。

　図5.10左は，縦軸に金額（総費用と売上）をとり，横軸に生産量をとっています。利潤は，売上 py と総費用 $C(y)$ の差なので，図では2つの線の間の幅が利潤 π であることが示されています。この π がもっとも大きくなるのは，総費用曲線の傾きである限界費用と売上の傾きである p が等しくなるときです。すなわち，利潤最大化条件は価格 p が限界費用 MC と等しいというものです。

　供給曲線は企業の利潤最大化条件を満たす曲線です。価格も限界費用も日本であれば同じ円という通貨単位なので，同じ縦軸に値をとれます。図5.10右のように，結局は限界費用曲線が供給曲線になるのです。

供給曲線は限界費用曲線

$$p = MC$$

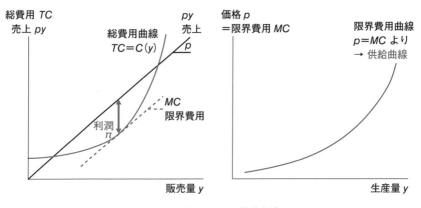

図5.10　利潤最大化と供給曲線

レクチャー **5.4**　**日本経済のミクロ分析**

● 価格動向から日本経済をみる

　需要の価格弾力性の大きさや供給の限界費用をどうとらえるのかを，例題により学びます。財の価格と日本経済の動向や経済政策との関係も考えてみましょう。

　財・サービスの価格にはそれぞれ特徴があります。図5.11は2006年1月〜

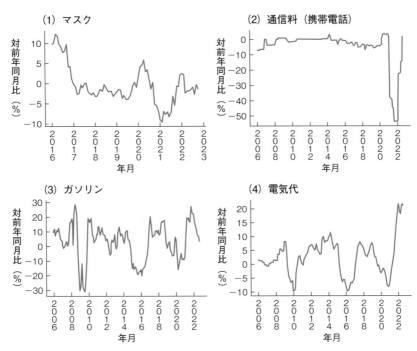

図 5.11　品目別の価格動向（対前年同月比%）：2006 年 1 月〜2022 年 10 月
（出所）総務省統計局「消費者物価指数」より作成

2022 年 10 月の期間（ただしマスクは 2016 年 1 月以降）における品目別の価格動向で，消費者物価指数の変化率（対前年同月比（%））を示しています。

　図 5.11（1）はマスクの価格動向です。新型コロナウイルス感染症拡大との関係で，2020 年に一時的に 5%を超える価格上昇となりました。感染予防のため，マスクへの需要が急増した一方で供給が追いつかなかったためです。マスクは必需品だったので，需要の価格弾力性は小さかったはずで，価格が上昇しても人々は購入せざるを得ませんでした。ところが，2021 年までには価格が落ち着いて，さらに 10%に迫る率で下落しています。生産が需要を超えて増えたためでしょう。実際，生産量や輸入量を合わせた供給量は新型コロナ感染拡大以前の水準の 3 倍以上になりました[11]。マスクの例のように，新たな企業

---

[11] 厚生労働省「マスク等国内生産・輸入実態把握調査」（令和 2 年度）によると，コロナ前（2019 年 4 月〜12 月）とコロナ後（2020 年 1 月〜12 月）とで，一般用（家庭用）不織布マスクの国内生産量は約 4 億 384 万枚から約 14 億 7,385 万枚へと 3.65 倍増加した。また，輸

が生産へ参入できたり輸入できたりする財の場合，日本では，比較的短期で供給が追いつくようです。マスクの場合は半年ほどでした。国内生産，海外での国内向け生産，海外企業からの輸出のいずれもが増加しました。

　一方で，この時期は半導体不足も発生して，コンピューターだけでなく，ゲーム機や家電も品薄状態となりました。マスクとは異なり，半導体生産は初期費用が大きく，高度な技術も必要で，新規参入は容易ではありません。このような財の供給調整は長引いてしまいます。

　図5.11（2）は通信料（携帯電話）です。通信料は需給関係よりも経済政策の影響が大きく出ています。2021年頃に大幅に下落していますが，これは政府の携帯電話料金値下げの方針によるものです。安倍晋三内閣当時に官房長官であった菅義偉氏は，携帯電話料金の引下げを提案していました。菅氏は2020年に首相になるとそれを推し進め，それが通信料の下落につながったのです。以下は日本経済新聞からの引用で，状況を説明しています。

　「（2020年）9月に発足した菅義偉政権は「外国に比べて日本の携帯電話料金は高すぎる」と，携帯値下げを看板政策に掲げている。総務省は東京，ニューヨーク，ロンドン，パリ，デュッセルドルフ，ソウルの6都市で比べた携帯電話料金を6月に公表。実際に20ギガ（ギガは10億）バイトのプランでは東京が最も高く，ロンドンの約3倍だった。

　菅首相は官房長官時代にも「今より4割程度下げる余地がある」と発言。端末と通信の代金をセットで割り引く一方で，2年契約を途中で解約すると高額の違約金を課す「2年縛り」などを総務省が禁じ，乗り換え競争を促そうとしてきた。だが一方で，大容量プランを中心に料金水準は国際的に見て割高が続いている。……菅政権の発足後，値下げ圧力はさらに強まった。まずは20ギガバイトの新料金が焦点となり，……」

（2020年12月1日付日本経済新聞朝刊より抜粋，一部追記）

日本の携帯電話料金は，特に通信容量が大きいプランで国際的に高い水準で

入も合わせた国内出荷量は，27億4,095万枚から88億364枚へと3.21倍増加した。ただし，調査は908事業者へのアンケートで，回収率が約59％のため，実際の枚数はさらに多いと予想される。また，調査期間も異なるのでここで求めた倍率も正確ではない。

した。ところが，2022 年 3 月時点では，世界 6 都市（ロンドン，パリ，東京，ソウル，ニューヨーク，デュッセルドルフ）での価格比較で安くなっています（総務省「電気通信サービスに係る内外価格差調査（令和 4 年 5 月）」[12]）。携帯電話は，外出時の利用という点では代替サービスも限られているので，需要の価格弾力性は小さいはずです。一方で，サービス提供業者は限られており，価格競争も起きにくい状況です。その場合，このような政府の政策がなければなかなか引下げは難しかったでしょう。

　図 5.11 (3) はガソリン，図 5.11 (4) は電気代の価格動向です。どちらもその生産費用は，原油価格や天然ガスなど，日本が輸入に頼る燃料資源の国際価格に依存します。また，為替レートと組み合わせて輸入価格をみる必要があります。

　ガソリン価格の動きは早く，1〜2 週間程度で燃料資源価格の変化が反映されます。ガソリンには，企業による運送に利用されるものや，家計のレジャー（お出かけ）としての使い道もあります。また，自動車に対して，公共交通機関という代替サービスもあります。そのため，家計，企業，地域別でみると価格弾力性が高い場合もありますが，平均的には小さいと考えられます。

　一方で電気代の変化は緩やかな動きです。燃料費調整額という仕組みがあり，急速な燃料資源価格の変化があっても，徐々に反映されるようになっています。電気料金は燃料資源価格に連動して毎月改定されますが，（2022 年時点制度では）過去 3 カ月の平均価格から算出され，それが 2 カ月後に反映されます。

● 需要曲線の違い

　通常は，需要曲線は右下がり（数量を横軸とし，価格を縦軸とする）なので，価格の上昇（値上げ）があるとその財の需要は落ち込んでしまいます。需要曲線の傾きは**代替財**（substitutional goods）があるかどうかで大きさが異なります。たとえば，他に似たような財（代替財）があれば，価格が高まった財を購入するより，その代替財を購入するでしょう。そのため，需要が大きく減少します。けれども代替財がないと，その財を購入し続けるしかないので，代替効

---

[12] 総務省の同調査から引用すると，「スマートフォン（MNO シェア 1 位事業者）について，東京の支払額は，4G では 2GB 及び 5GB で中位の水準，20GB で低い水準となり，5G では 2GB，5GB 及び無制限で中位の水準，20GB では低い水準となっている。」などの結果となっている。

果は小さくなります。

　図 5.12 では，需要曲線の傾きの大きさの違いを説明しています。代替効果が大きい場合は，需要の価格弾力性と需要曲線の傾きが大きく，水平に近い形状になります。代替効果が小さいと，価格弾力性は小さく，垂直に近い需要曲線になります。

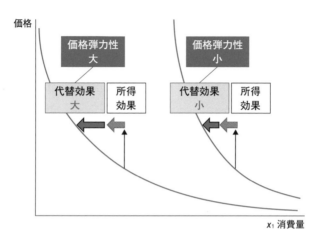

図 5.12　代替効果と需要の価格弾力性

　とはいえ，実際の経済ではそれほど単純ではありません。例をみながら価格と需要や供給との関係について考えてみましょう。

　あるテーマパークの入園料は 2016 年まで 3 年連続で値上げされ，大人 1 日券が 6,200 円から 7,400 円へと上昇しました。ところが，一時的に入場者数の減少がみられたものの，2017 年度の来場者数は前年度比 0.3％増の 3,010 万人となりました。値上げにもかかわらず，需要（来場者数）は低下しなかったのです。

　この場合は値上げで新たな施設への投資が可能となり，魅力度が上がったりイベントを実施できたりで入場者数増加につながったようです。すなわち高くなっても行きたいという人が増えたか，あるいは，新施設ができたことで 1 日では足りなくなって，何度も来るリピーターが増えたのかもしれません。

---

[13] ただし，トレンドとしては年々減少している。財務省「たばこ税等に関する資料」（https://www.mof.go.jp/tax_policy/summary/consumption/d09.htm）参照。

また，魅力的であったりして他に代替されるものがない財は，値上げされても需要はあまり落ち込みません。海外ブランド品が驚くほど高いことがありますが，同じ原理が働いていると考えられます。必需品も同様です。たとえば，たばこは，喫煙者にとってはなかなかやめられないので，増税で価格が上昇してもそれほど販売数量は減っていません[13]。しかし，増税はすべてのたばこの価格を上昇させます。もし，増税された製品と増税されない製品とがあれば，増税された製品のみ販売数量は減るでしょう。

> **価格が上昇しても，需要量があまり変化しない例：**
> - 必需品など，代替できるものがない
> - 消費者の好みにより，他の財・サービスでは代替されない
> - 消費税増税など，代替される財も同じく価格が上昇する

現代経済における財・サービスは多様です。小麦価格とともにパンの価格が上がったとしても，必ずしも米で代替されるわけではなく，パンの中で異なる種類のものが選ばれることもあります。

コラム5.3 税と需要

　需要曲線を所得効果と代替効果に分けて考えると，さまざまな経済現象を理解するのに役立ちます。たとえば，**消費税率引上げ**の影響はどうなるでしょうか？ポイントは消費税はすべての財・サービスに課税されるということです。

　1つの財だけに注目すると，消費税率引上げで価格が上昇して需要が減少するような気がします。けれども，消費税率は基本的にすべての財で同じなので，相対価格が変化しません。たとえば，2財モデルに10%の消費税を導入すると，効用最大化条件は以下のようになります。

$$\frac{MU_1}{MU_2} = \frac{(1+0.1) \times p_1}{(1+0.1) \times p_2} = \frac{p_1}{p_2}$$

ここで消費税課税分は分母と分子のどちらにもあるので相殺され，結局は元の条件と同じになります。すなわち，消費税増税の影響は，垂直に近い需要曲線（代替効果ゼロ）で分析することになり，消費者が税を負担する担税者になることがわかります。ただし，実質所得が低下することによる所得効果は発生しますので，完全に垂直ではありません。

　ところで，2019年10月の消費税率の引上げでは，軽減税率制度が導入されま

した。食品は，持ち帰りだと8％の消費税率でも，店内での飲食だと10％となる場合があります。この場合は，相対価格が変化したので，持ち帰りと店内飲食の間での代替効果が発生します。

$$\frac{MU_1}{MU_2} = \frac{(1+0.08) \times p_1}{(1+0.1) \times p_2}$$

ただし，税込価格を統一して，消費者の払う金額が変わらないケースも，外食チェーン店などで多くみられます。

消費税増税では，増税前と増税後の税込価格が変化します。相対的に増税前の価格が安いため，**駆け込み需要**とよばれる増税前の需要増が生じ，一方で増税後は**反動減**となります。ところが，需要が膨らむと価格が上昇する可能性があります。下の記事は増税後のほうが安く買えたというエピソードです。

「「増税後まで待ってよかった」。6日に都内の家電量販店で，約3万円のオーブンレンジを購入した東京都北区に住む30代の男性会社員は笑みを浮かべる。昨年末から購入を検討していたが，3月下旬よりも約2000円安く買えたという。……家電量販店では，客数はほぼ前年並みを確保しているという。前回の増税時や2011年の家電エコポイント制度が終了した後などに，商品が値崩れしたことから消費者は学んでいるようだ。……60代無職男性は「増税後は値段が下がると思い，駆け込み消費はしなかった」という。……」

(2014年4月7日付日本経済新聞より抜粋)

この例は家電ですが，スーパーなどでは状況は異なり逆だったようです。駆け込み消費をする層は価格に敏感なため，需要の価格弾力性が大きく，それに合わせてスーパーがセールなどの値下げをしたからです。消費税増税の影響は財によって異なったのです。

● 価格の設定

ここでは，いくつかの例から**価格設定**について学んでいきます。はじめに準備として，市場の効率性や政策議論で利用できる**余剰分析**（welfare analysis）を紹介します。余剰分析では，市場取引によって，消費者と生産者がそれぞれどの程度の余剰（利益や満足度など）を得るかを測ります。

生産者余剰（producer surplus）は単純に企業の利潤となっています。図5.13右上にあるように，供給曲線は限界費用曲線なのでその下の面積は総費

用になります。「価格×販売量」は売上（四角形の面積）で，そこから総費用
を差し引いた部分が利潤（供給曲線と価格で囲まれた三角形の面積）となり，
これが生産者余剰です。

　消費者余剰（consumers' surplus）は抽象的な概念です。市場価格より高い
価格でも購入したであろう消費者にとって，支払ってもよい価格と市場価格に
は差があり，その差額が消費者余剰になります。図5.13右下にあるように価
格Aと価格Bは市場価格よりも高い水準ですが，その場合でも需要はありま
す。これらの市場価格との差額を合計したものが消費者余剰（需要曲線と価格
で囲まれた三角形の面積）です。

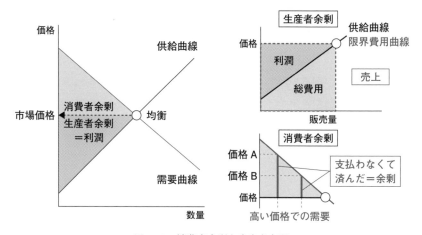

図5.13　消費者余剰と生産者余剰

　社会的余剰（social surplus）は消費者余剰と生産者余剰の合計です。
　価格設定の例をみていきます。1つめは独占（monopoly）[14]です。日本では
独占禁止法（私的独占の禁止及び公正取引の確保に関する法律）により，自由
な競争による市場メカニズムを通じた経済取引の効率化が目指され，その運用
機関として公正取引委員会があります。では，なぜ独占（規制の対象は私的独
占といいます）は望ましくないのでしょうか。
　独占市場では，独占価格とよばれる市場価格よりも高い価格設定が可能です。

---

[14] 供給が1社の場合を独占というが，数社のときは寡占（oligopoly）という。

ただし，あまりに高い値段だと需要と売上が減ってしまうので，利潤を最大化する価格設定をする必要があります。すでにみた逆需要関数に販売量 y を代入すると，$p=f(y)$ となるので，独占企業の利潤は以下のようになります。

$$\pi = f(y)y - C(y)$$

詳しい説明は省略しますが，y が 1 増えたときの売上（$f(y)y$）の増加分を**限界収入**（*MR*; Marginal Revenue）といい，限界収入 *MR* が限界費用 *MC* と等しくなるときに，利潤は最大化されます。

> 独占企業の利潤最大化条件　　$MR = MC$

市場が**完全競争**（perfect competition）のときの利潤最大化条件は $p=MC$ で，市場価格 p は企業にとっては所与でした。独占市場では，$MR=MC$ で最適水準の y^* が定まり，そのときの価格は需要曲線上の $p=f(y^*)$ より求められます。このときの様子が図 5.14 で，図 5.13 と比較して，生産者余剰は大きくなり，一方で消費者余剰が縮小していることがわかります。加えて，社会的損失（青色の三角形部分の面積）が発生しており，社会的余剰が小さくなってしまっています。

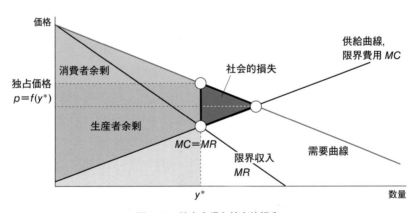

図 5.14　**独占市場と社会的損失**

このように，独占は消費者余剰を小さくするのみならず，社会全体の利益も減少させてしまいます。

2 つめの例として，**価格差別化**（price discrimination）を取り上げます。価

格差別化とは，消費者ごとに異なる需要曲線（需要の価格弾力性）に対して，企業が別の価格設定を行うことです。映画館，遊園地の入場料，通学定期券などの学生割引料金（学割），さまざまな女性割引，航空券や旅行サービスでみられる早期予約購入に対する早割など，特定の人向けの割引料金はその例です。

　なぜ企業は，特定の人に安い割引料金を設定することがあるのでしょうか。それは，より大きな利潤を得ることが見込まれるからです。ただし，価格差別化は消費者の属性を識別（確認）できる必要があります。そのため，たとえば学割は学生証などで学生かどうかを確認できる場合に限られます。

　図5.15は映画館の学割料金の分析です。もし学割がなければ，すべての人が同一料金で，このときの余剰分析は完全競争の場合と同じです。学割料金を導入すると，それは同一価格よりも低いので，学生から得られる利潤は小さめになってしまいますが，需要は大きくなります。

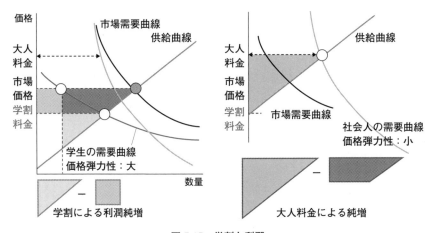

図5.15　学割と利潤

（注）図の市場需要曲線は，企業が社会人の需要曲線と学生の需要曲線の合計。右図（社会人）については，学割ケースの後の数量を出発点としているので，供給曲線は上から始まっており，市場需要曲線よりも社会人の需要曲線が右に位置している。

　もし，社会人の需要曲線の価格弾力性が小さければ（需要曲線の傾きが急），価格を高めに設定しても需要があまり減少しません。そのため，社会人向け大人料金は市場価格よりも高めにでき，需要はやや減少するものの，そこから得られる利潤は大きくなります。

　インターネットやスマートフォンなどの普及により，**ダイナミックプライシ**

ング（dynamic pricing）とよばれる消費者ごとの細かな価格設定も可能となっ
ています。スポーツや演劇などのチケットが，需要量に応じて自動的に価格設
定されることもあります。最近では人工知能（AI）を活用した価格設定もみら
れます。

　また，道路料金を混雑度に応じた価格設定にすることを**ロードプライシング**
といいます。実際に英国のロンドンでは 2003 年に導入され，混雑解消に効果
があったようです。

> 　「国土交通省は時間帯や曜日によって鉄道の運賃を上下させる変動料金
> 制導入の検討を始めた。ダイナミックプライシングと呼ばれるこの手法は，
> IC 乗車券を使って混雑時は高い運賃を課して利用を抑え，逆にすいた時
> 間帯は安い運賃で需要を呼び込む仕組みだ。
>
> 　需要の平準化に効果があり，鉄道会社と乗客の双方にメリットが期待で
> きる。国交省は検討を加速し，早期の実現をめざすべきだ。
>
> 　変動料金のアイデアが浮上したきっかけは昨年来のコロナ禍だ。感染抑
> 止に向けて満員電車の「密」回避が求められただけではない。テレワーク
> の普及などで鉄道需要が構造的に縮むなかで，鉄道各社の経営状況は大幅
> に悪化し，今も出口が見えない。
>
> 　それを乗り越える方策の一つが価格メカニズムを活用した需要シフトだ。
> 朝のラッシュの山を低くできれば，その分は使用する車両や要員の数を減
> らせるので，投資や人員配置の効率化がかなりの程度，進むだろう。……
> 人口減少が進むなかで，鉄道以外の公共交通やエネルギーなどのインフラ
> ビジネスでも需要の先細りが予想される。良質で安全なサービス水準を維
> 持するには，設備や人材などの経営資源を今まで以上に有効活用する必要
> がある。需要の山を低くする変動料金は，そのための一つの道筋である。」
>
> （2021 年 6 月 2 日付日本経済新聞「[社説] 価格メカニズム生かし鉄道利用
> 　　　　　　　　　　　の分散を」より抜粋。一部改変。）

　次の例として，**二部料金制**（two-part tariff）をみます。二部料金制とは，固
定料金（あるいは基本料金）と従量料金に分かれている価格設定のことで，電
力や水道などの他に，携帯電話通信量でも採用されています。

　公共経済学で学ぶ**市場の失敗**（market failure）となる例の一つに**費用逓減**
産業があります。市場の失敗とは，そのままでは市場機能が発揮されず，取引
が行われなかったり，価格が市場価格より高くなったりしてしまう状況です。
費用逓減産業は，電力供給など初期の固定費用が非常に大きく，供給量が大き
くなるほど平均費用が逓減していく産業です。新規参入が難しいため，**自然独**
占とよばれる既存企業による独占状態になることがあります。

　このような産業においては，政府が**価格規制**を行ったり，供給を担ったりし
て市場の失敗を回避します。たとえば，電気料金には燃料費調整額という仕組
みがあります。ただ，政府が価格を限界費用と同じとする規制（これを限界費
用価格規制といいます）にしてしまうと，企業の利益が赤字になってしまいま
す。一方で，赤字にならない価格（これを平均費用価格規制といいます）では，
最適量が供給されません。このような問題を解消するのが二部料金制です。

　仕組みは**図 5.16** の上段図のようなもので，固定費用をカバーする**固定料金**
（基本料金）と消費量に応じて価格を上乗せする**従量料金**の二部料金制とする
ことです。電気，ガス，水道などで実際に採用されています。下段図にあるよ
うに，この制度では最適な価格（価格と限界費用が等しい。図では限界費用が

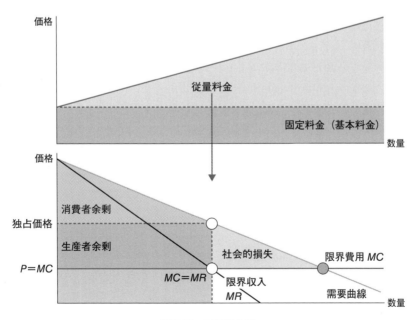

図 5.16　二部料金制

一定としています）と供給量を達成可能で，かつ企業は赤字を回避できます。

　二部料金制の事例は，**サブスクリプション**（サブスク；定額課金；subscrip-tion）の分析に応用できます。サブスクはさまざまなサービスで採用されていますが，特にネット動画配信サービスや，定額音楽サービスで広まりました。定額の月額払いなどで映画や音楽が聴き放題になるというサービスです。

　ネット配信だと固定費用は大きいものの限界費用は小さいと考えられます。そのため，従量料金が一定である二部料金制の特殊ケースとみなすことができます。なお，たとえば，同じく定額の月額払いである新聞は配達などで限界費用が発生していますので，サブスクとは異なる価格設定になると考えられます。

　こう考えるとサブスクで利益を得やすいサービスが明らかになります。初期費用，固定費用が大きくて自然独占と同様の産業であること，ネット配信など製品製造コストが一度きりで限界費用が一定に近いことなどです。さらに，消費者の需要も考慮する必要があるでしょう。

コラム5.4　価格転嫁とデフレ経済

　原材料費が上昇したときや財が課税されたとき，企業は販売価格に上乗せしますが，この上乗せのことを**価格転嫁**といいます。ただし，企業がいつでも価格転嫁できるとは限りません。どの程度価格転嫁されるのかは，需要曲線の傾き（需要の価格弾力性）によります。たとえば，価格弾力性が大きいと，値上げにより売上が大幅に落ち込んでしまうため，価格転嫁できません。

　次の新聞記事は，2013年に為替レートが円安となり，輸入している原料が高まったときの状況についてのものです。主要食品・日用品メーカー45社へ聞き取り調査をしたところ，半数が価格を据え置くと答えました。日本では，このような状況が長く続き低インフレ率や，賃金低迷の原因となってきました。

　図5.17では，記事の内容を図に表してみました。「消費者の低価格志向が強い」や「競合他社やプライベートブランド（PB）商品との競争が激しい」という回答から，低価格の代替品があるために，所得効果も代替効果も大きいと企業がとらえていることがわかります。「自助努力でコスト上昇分を吸収できる」というのは，労働賃金を引き上げられないことにつながっていると考えられます。

　2013年はこのような状況でしたが，2022年の物価高は広く価格上昇がみられました。相対価格が重要なので，広く物価高になれば価格弾力性が小さくなり，価格転嫁が可能となります。

「急速な円安と原料高が続く中，主要食品・日用品メーカー45社へ聞き取り調査したところ，ほぼ全社が2013年度に原材料の調達費の増加を見込むことがわかった。ただ価格にも転嫁する意向の企業は2割強どまりで，価格を「据え置く」企業が半数を超えた。前年度に比べ負担増が10％未満とみる企業が多く，当面値上げが広がる可能性は低そうだ。

　大豆や小麦，食肉など原料の高値に円安が重なり，食品の値上げが相次ぐ。……日本経済新聞は食品31社，日用品14社に今年度の原材料調達の負担増見通しと価格政策について聞いた。……価格を「据え置く」企業は56％と過半を占めた。……株高による資産効果で高額品の消費は好調だが，日本チェーンストア協会の調査ではスーパーの食品の既存店売上高は3月まで13カ月連続で前年割れ。今回の聞き取りで尋ねた値上げしない理由（複数回答）で「消費者の低価格志向が強い」「競合他社やプライベートブランド（PB）商品との競争が激しい」が36％で2位に並ぶ。「自助努力でコスト上昇分を吸収できる」とみる企業は44％。製造工程の見直しや代替原料の活用で対応する考えだ。……」

（2013年5月21日付日本経済新聞「主要食品・日用品メーカー，「価格据え置き」56％　本社調査」より抜粋。一部改変）

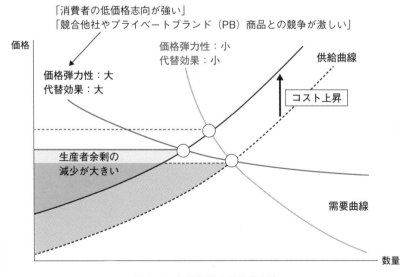

図 5.17　価格転嫁と価格弾力性

復習

(1) 価格は異なる財・サービスの間の[　　　]からとらえます。財Ａと財Ｂの価格をそれぞれ p_A, p_B とすると[　　　]は p_A / p_B となります。

(2) [　　　]（market price）は，消費者の需要と，企業の生産コストを反映する供給により定まります。

(3) 家計は所得を得て消費を行いますが，消費から得られる満足度である[　　　]ができるだけ大きくなるようにします。これを[　　　]最大化といいます。

(4) ある財の消費を１個増やしたときに得られる効用の増加量を[　　　]といいます。

(5) 需要曲線の傾きの大きさは[　　　]と所得効果で測ることができます。[　　　]はマイナスで，価格の変化と反対方向に変化します。

(6) 企業が利潤を最大にするとき，価格と[　　　]が等しくなります。[　　　]曲線が供給曲線となるため，供給曲線の傾きの大きさは費用構造によって決まるといえます。

(7) 余剰分析では，需要曲線，供給曲線および価格から，消費者余剰と[　　　]をとらえて，その合計を社会的余剰とします。

(8) 異なる消費者に異なる価格を設定することを[　　　]といいます。

練習問題

問題1　限界効用逓減

限界効用（Marginal Utility）が逓減するときのある財の消費量（横軸）と効用（縦軸）の関係を示す図を描いてください。限界効用の大きさ（大小）が消費量とともにどうなるかがわかるようにしてください。

問題2　限界代替率

本文2財モデルにおいて，なぜ限界代替率が逓減となるのか説明してください。
（ヒント：2財とも限界効用が逓減することから説明できます。）

問題3　価格弾力性

財により需要曲線の傾きに違い（価格弾力性）があることを説明してください。
（ヒント：代替効果の大小から価格弾力性の大小を説明できます。）

問題4　利潤最大化

企業の利潤最大化問題から $p = MC$ という最大化条件が導かれます。この条件について理解し，その導出と意味を説明してください。

問題5　ダイナミックプライシング（dynamic pricing）の例を2つ以上あげてください。

問題6　事例研究1

総務省統計局・家計調査のサイトに「家計調査の結果を見る際のポイント」があり，そのうち「No.13　家計調査結果からみる物価上昇時の消費行動」では，2008年に生じた小麦価格上昇の影響を分析しています。このレポートを読み，財によって物価上昇の影響がどのように異なるのかを確認してください。

問題7　事例研究2

問題6であげた資料で，食パンでは，全体の価格が上昇する中で，安い食パン（品質が比較的低いもの）が選ばれました。価格が上昇したのにもかかわらず需要が増加するものをギッフェン財（Giffen goods）といいます。安い食パンが価格上昇にもかかわらず需要が増加したことを図で説明してください。

問題8　事例研究3

問題6であげた資料で，バターの場合は，購入単価指数が消費者物価指数よりも上回っています。すなわち，バター全体の価格が上昇したときに，より高い価格のバター購入が増えたことになります。また，バター全体でみると支出金額や購入数量は減少しています。この理由をあなたなりに説明してみてください。

練習問題解答

問題 1　本文図 5.4 を参照。

問題 2　本文図 5.3，図 5.4 を参照。無差別曲線上では，財を交換するときに，新たに得られる財（図 5.4 の x_2）から得られる効用と，渡す財（図 5.4 の x_1）により失われる効用の大きさは絶対値で等しくなります。限界効用はそれぞれ逓減するから，渡す財の現在の保有量が小さければその限界効用（MU_1）は大きく，逆に新たに得られる財の元の保有量が多ければ，その財の限界効用（MU_2）は小さい。このとき，無差別曲線（効用が一定）上での交換比率である限界代替率（MU_1/MU_2）は大きくなります。一方で逆の場合は小さくなります。

問題 3　本文図 5.12 を参照し，所得効果と代替効果から説明してください。財ごとの価格弾力性は主に代替効果により説明できます。代替効果が大きいほど，価格が上昇すると他の財へ需要が振り替えられることを意味します。そのような財の価格弾力性は大きくなります。一方で，代替財がない場合は，代替効果は小さく，需要曲線は垂直に近づきます。このとき価格弾力性は小さくなります。

問題 4　本文での費用最小化問題と利潤最大化問題の説明をまとめて，記述してください。価格が限界費用と等しくなるのが供給曲線となります。

問題 5　本文ではスポーツや演劇などのチケットが，需要量に応じて自動的に価格設定される例をあげました。その他にも，ネットで購入する航空券，ホテル，ネット通販などが考えられます。具体的に適用されている商品を探してみるとより理解できます。

問題 6　総務省統計局・家計調査のサイトにある資料を探し，読んでみてください。なお，資料がネット上から削除されている場合は，2008 年に生じた小麦価格上昇について調べてみてください。その場合，続く問題は説明文に状況を記しているので，それに基づいて解答できます。

問題 7　説明：通常の品質 1（高）の食パンと，ギッフェン財となった品質 2

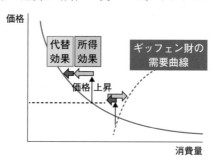

図　品質 1（高）の食パンと品質 2（低）の食パンの需要

（低）の食パンの需要曲線を描くと下の図のようになります。食パンから他の財への代替効果は小さく，価格上昇の分だけ所得効果は生じます。品質 2（低）の食パンは価格上昇によりむしろ需要が増えたので，右上がりの需要曲線となります。

問題 8　説明：バターの事例は，これまで学んだ基礎理論から考えると不思議で，高級品がギッフェン財のようになっています。バター全体でみると支出金額や購入数量は減少していることから，実は，品不足が原因の価格上昇だったためです。バターが必要な人は高くなったバターを購入せざるを得なかったため，食パンとは異なり購入単価が上昇しました。けれども，品不足なので購入できずに，家計のバターへの支出総額は減少したと考えられます。

家計消費と労働

予習

第 6 章と第 7 章の内容は，日本経済各論になります。代表的な経済統計をみながら，現実経済の動きやその変化の要因を考察していきます。最近の動向を自分でも確認できるように，コラムではデータ取得やデータ整形の方法を紹介します。本章では，家計消費と労働について，①経済統計の入手と読み方，②経済構造の把握，③最近の動向の 3 つの視点から学んでいきます。

家計消費：

世帯の年齢構成を把握し，世帯の消費の特徴をとらえる。食料，光熱・水道，通信費，教育，非消費支出など支出の中身をみる。

貯蓄：

ライフサイクル仮説により家計貯蓄の構造を把握し，その動向を統計により確認する。

労働：

完全失業率，有効求人倍率，賃金などの統計における各種用語の定義や入手方法について学び，その動向を把握する。

雇用の変化：

正規・非正規雇用，終身雇用と年功賃金，女性の労働参加について学ぶとともにその変化をとらえる。

学びのポイント

レクチャー**6.1** **家計の消費**

● 日本の世帯

　家計消費は（個人ベースではなく）世帯単位で把握されます。そのため，家計消費支出の中身や金額は世帯員の年齢構成に依存します。日本では核家族化や少子高齢化により世帯構成が変化してきているので，家計消費（平均）をみるときには，この点に注意が必要です。

　そこで，はじめに日本の世帯構成について確認します。総務省統計局「**国勢調査**」は日本の人口，世帯，就業状態等を，すべての世帯に対して調査しています。調査は5年ごとで，令和2年調査で21回目となっています。

　図6.1は国勢調査の結果の概要から抜粋しました。2005年からの家族類型は，わずかこの期間（15年）の間でも単独世帯の割合が増加し，一方で夫婦と子供から成る世帯が減少していることがわかります。図で**核家族**の割合も示されています。以前（高度成長期から1980年代頃）は**三世代世帯**（祖父母，夫婦，子供から成る世帯）から核家族化への変化が注目されました。現在では，**単独世帯**の増加が顕著です。

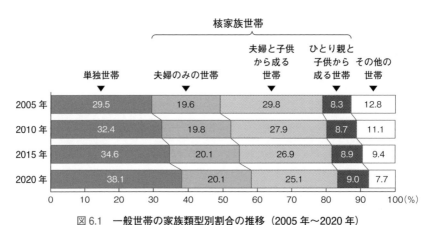

図6.1　一般世帯の家族類型別割合の推移（2005年～2020年）
(出所) 総務省統計局「令和2年国勢調査　人口等基本集計結果 結果の概要」「図Ⅴ-1-1 一般世帯の家族類型別割合の推移（2005年～2020年）」抜粋（35ページ）

　このような世帯構成の変化は少子高齢化の影響が大きいと考えられます。**表6.1**では同じく国勢調査を用いて，1995年と2020年における家族類型別世帯

数を比較してみました。経済分析では属性別に確認することで構造が把握しやすくなります。この表では年齢階級別と世帯類型（単独，二人以上の世帯など）別にみることで，世帯構成の変化を確認しています。

表 6.1　世帯主の年齢別家族類型別世帯数（1995 年，2020 年）

（出所）総務省統計局「令和 2 年国勢調査」「世帯の種類・世帯の家族類型，年齢（10 歳階級），男女別世帯人員の割合」より作成

世帯主の年齢	年	単独世帯	夫婦のみの世帯	夫婦と子供から成る世帯	一人親と子供から成る世帯	その他の世帯
20 歳未満	1995 年	56.9	0.5	0.6	0.2	1.4
	2020 年	28.8	0.1	0.3	0.2	0.6
20〜29 歳	1995 年	368.6	91.2	173.1	18.9	40.1
	2020 年	347.7	53.3	88.9	17.1	32.4
30〜39 歳	1995 年	143.8	114.2	794.1	70.4	160.3
	2020 年	229.4	110.9	629.5	77.6	54.5
40〜49 歳	1995 年	137.7	89.3	1,233.9	175.0	502.8
	2020 年	230.9	127.9	1,009.2	185.8	130.8
50〜59 歳	1995 年	130.4	216.7	899.5	134.2	482.2
	2020 年	251.8	211.0	674.9	187.9	211.6
60〜69 歳	1995 年	133.9	378.7	352.9	70.5	491.8
	2020 年	247.7	390.5	390.3	123.6	267.4
70〜79 歳	1995 年	107.8	196.4	81.8	38.2	264.3
	2020 年	289.2	522.8	311.1	127.1	223.0
80 歳以上	1995 年	44.8	53.8	18.2	19.1	89.1
	2020 年	249.3	257.4	125.2	114.5	139.4

（注）単位は万世帯。

　2020 年と 1995 年を比べると，30〜39 歳以上（世帯主年齢）の単独世帯に増加がみられます。高齢者における変化が顕著で，たとえば，70〜79 歳世帯主世帯数は，1995 年に 107.8 万世帯だったものが 2020 年には 289.2 万世帯へと増加しました。

　高齢者世帯については，単身世帯のみならず，夫婦のみの世帯や夫婦と子供から成る世帯も増加しています。2010 年代頃から 8050 問題とよばれる 80 歳代の高齢者の親と 50 歳代引きこもり等の子供の問題が注目されました。80 歳以上世帯において，2020 年の夫婦と子供から成る世帯数は 125.2 万世帯，一人

親と子供から成る世帯も 114.5 万世帯で，合わせると 239.7 万世帯にもなり，1995 年より大幅に増加しています。

　ただし，これらの 239.7 万世帯のうち子供が引きこもり状態というのは一部でしょう。内閣府「平成 30 年度生活状況に関する調査」によると，満 40 歳から満 64 歳までの者について，2018 年における広義の引きこもりは 61.3 万人と推計されています[1]。むしろ多くは介護の問題を抱えているのかもしれません。いずれにしても，世帯の形が変化していることがわかります。

　一方で，30 歳代，40 歳代，50 歳代で，夫婦と子供から成る世帯数は減少しています。特に 40 歳代では，夫婦と子供から成る世帯が，1995 年に 1,233.9 万世帯であったのが，1,009.2 万世帯へと約 18.2％もの減少がみられます。その減少分に対して逆に増加したのは単独世帯なので，未婚化・非婚化の影響がみられます。

● 家計消費

　消費統計の代表的なものは総務省統計局「**家計調査**」で，月次で消費支出，実収入，貯蓄・負債などが調査・公表されています。ただし，月次で公表されているのは，「**二人以上の世帯**」についての結果で，「**単身世帯**」や「**総世帯**」の統計は四半期または年次となっています。二人以上の世帯については，そのうち「**無職世帯**」と「**個人営業などの世帯**」を除く「**勤労者世帯**」の統計が主に参照されます。

　近年，高齢化により二人以上の世帯のうち無職世帯の割合（2021 年平均で二人以上の世帯のうち 35％）が増加しています。そのため，どの世帯に関する統計を用いるのかで，分析結果に違いが生じることに注意しましょう。

　図 6.2 は二人以上の世帯のうち勤労者世帯の家計収支の状況を 2017 年の結果から抜粋したもので[2]，数値は月額（平均）です。収入では，**勤め先収入**の他，利子受取りなどもあり，それらの合計が**実収入**です。非消費支出とは所得税や

---

[1]　広義の引きこもりとは，「家からは出ない又は自室からほとんど出ない」の他に「ふだんは家にいるが，自分の趣味に関する用事のときだけ外出する」や「ふだんは家にいるが，近所のコンビニなどには出かける」を含むもの。なお，2015 年調査での広義の引きこもり（満 40 歳から満 64 歳までの者）は 54.1 万人であった。

[2]　2020 年以降は新型コロナウイルス感染症拡大，通信費の下落，2019 年は消費税増税の影響があるので，少し前の 2017 年を参照した。

社会保険料（公的年金保険料や健康保険料）などのことです。実消費から非消費支出を差し引くと**可処分所得**（disposal income）となります。消費支出はいくつかの項目からなりますが，それぞれ消費支出に対する比率も記載されています。

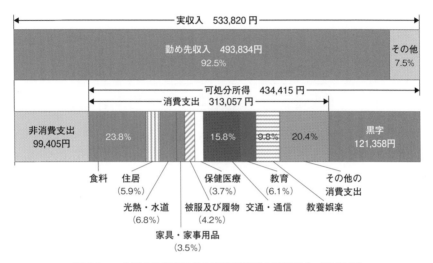

図 6.2　二人以上の世帯のうち勤労者世帯の家計収支（2017 年）

（出所）総務省統計局「家計調査年報（家計収支編）平成 29 年（2017 年）家計の概要」より抜粋

（注）食料費は，他の世帯への贈答品やサービスの支出を含まない金額である。

食料の割合は 23.8％となっていますが，これが**エンゲル係数**（Engel's coefficient）です。食料は生きていく上で必要な支出なので，所得が低くなっても一定額が必要です。そのため，貧困になるほどエンゲル係数が高くなる傾向があります。

図 6.3 では食料（右軸）の他，いくつかの消費項目について，推移を示しました。食料の割合は比較的動きが小さいのですが，消費税増税の後に増加しています。これは，必需品なので支出金額が固定的なためです。政府はその点（低い所得でも支出が必要）を考慮し，2019 年の消費税増税時は**軽減税率**の導入により，食料品（外食は含まない）の税率を据え置きました。それでも2020 年で食料品の支出割合が増えています。これは新型コロナウイルス感染症拡大の影響による食料品への需要増のためです。これはいわゆる**巣ごもり需要**で，外食等が減少する一方で自宅での調理が増えました。

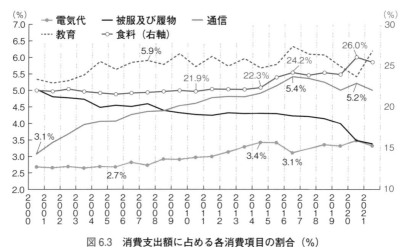

図6.3　消費支出額に占める各消費項目の割合（％）

（出所）総務省統計局「家計調査」（用途分類，二人以上の世帯のうち勤労者世帯）より作成

　その他，それぞれの項目で特徴があります。被服及び履物の支出割合が減少傾向にあるのに対して，通信は増加傾向です。ただし，通信は政府の携帯通信料金引下げの政策もあって，2020年頃から減少傾向がみられます。

　家計消費の論点として，世帯類型，年齢構成，消費項目などをみてきましたが，さらに所得との関係，あるいは**格差問題**（地域差や世代間格差を含む）も注目されることが多いです。家計調査の家計収支編には，年間収入**五分位階級別**の統計があるため，それを利用して世帯支出と所得の関係をみてみます。

　図6.4は家計調査家計収支編の二人以上の世帯，用途分類（年間収入五分位階級別）の統計を用いて，いくつかの時点における消費支出額（名目，月額）を示したものです[3]。年収五分位とは，世帯を年収ごとに5つのグループに分けて，そのグループ内での平均値をみたものです。年収五分位1とあるのは，そのうち一番低いグループで，順次，一番高い年収五分位5まであります。図では年収五分位1，3，5をみています。

---

[3] 家計調査では「用途分類」の他に「品目分類」による統計がある。たとえば，用途分類の食料費には，他の世帯への贈答品やサービスの支出が含まれず，交際のための費用（世帯外の人に対して支出する贈答，接待費）は交際費に分類される。一方で，品目分類では品目のみでまとめられるため，贈答用か自家用かは区別されない。本文のように世帯の消費行動をみるには用途分類が適切である。品目別ではより詳細な分類でかつ数量があるという特徴があり，分析目的に応じた使い分けができる。

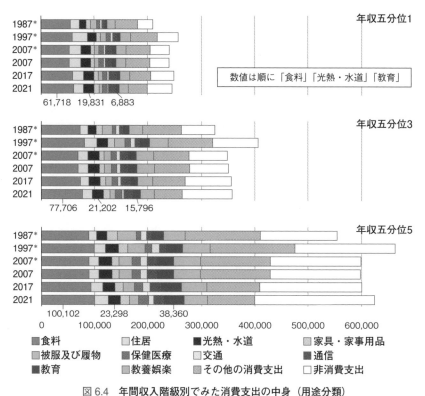

図 6.4　年間収入階級別でみた消費支出の中身（用途分類）
（出所）総務省統計局「家計調査」（家計収支編，用途分類（年間収入五分位階級別），年）より作成
（注）単位は円で月額。＊印の年は「二人以上の世帯のうち勤労者世帯（農林漁家世帯を除く）」の値
で，その他は「二人以上の世帯のうち勤労者世帯」である。

　このグループ分けはその年の年収に基づくため，年によってグループの平均
年収や範囲は異なります。2007 年の場合は年収五分位 1 が 441 万円以下，2 は
441～574 万円，3 は 574～721 万円，4 は 721～933 万円，5 は 933 万円以上で
した。また，＊印のある年は「農林漁家世帯を除く二人以上の世帯のうち勤労
者世帯」で，印のない年は「二人以上の世帯のうち勤労者世帯」です。調査方
法が異なるためですが，2007 年には両方の統計があるため，比較としてどち
らも載せています。ただし，数値にはそれほど違いはありません。
　この図からはいくつもの興味深い所得階級別消費の特徴を見つけられます。
まず，食料は，世帯収入別の支出差が比較的小さいです。年収五分位 1 の
2021 年月額は約 6 万円ですが，3 で約 7.8 万円，5 でも約 10 万円です。1987

年からの時系列でみても大きな変化はありません。光熱・水道はさらに年収差が小さく，収入が少ない五分位1で約2万円なのに対して，収入が多い五分位5でも約2.3万円とほぼ同程度です。

　一方で，教育には大きな差があります。年収五分位1で約7,000円なのに対して，年収五分位5では約5.6倍の約3.8万円です。ただし，この図からは子供がいるかいないか，何人いるのかは明らかではないので，1では子供がいない世帯が多い可能性もあります。とはいえ年収五分位3と比較しても差があるので，全体としては高所得者ほど教育支出が多いといえるでしょう。

　年収五分位5では税や社会保険料などの**非消費支出**が他のグループよりもかなり大きな割合を占めています。日本では現状，課税の他に，1,000万円前後の年収で支援制度の所得制約によって対象外になる場合も多く，**所得再分配政策**の影響が支出面からも確認できます。

　景気動向分析では，その他の資料として販売側統計も参考になります。経済産業省「**商業動態統計**」では，百貨店，スーパー，コンビニエンスストアなどにおける小売業販売額がわかります。また，代表的な耐久財である乗用車の販売動向がみられることもあり，日本自動車販売協会連合会が公表している「**新車販売台数**」（新車新規登録・届出台数，軽自動車を含む場合は全国軽自動車協会連合会の統計を合わせた値）がよく参照されます。

レクチャー**6.2** ライフサイクル仮説と家計貯蓄

● ライフサイクル仮説

　家計は現在の消費とともに，将来の消費に備えた貯蓄も行います。経済理論である**ライフサイクル仮説**（life-cycle hypothesis）は，そのような時間を通じた家計消費の問題を分析します。

　ライフサイクル仮説におけるシンプルな2期モデルは，第5章で学んだ2財モデルと似た枠組みです。財1と2ではなく，今期（第1期）の消費と来期（第2期）の消費の組合せを考え，今期と来期の消費をそれぞれ C_1, C_2, 所得を Y_1, Y_2 とします。

　効用は消費（C_1, C_2）から得られますので，限界効用（MU）については2財モデルと同様の考え方です。C_1 の限界効用を MU_1，C_2 の限界効用を MU_2 と

します。

　通常，人々は未来の消費よりも今期の消費に重点をおきます。皆さんも，今，欲しいものを買うのと，将来買うのとではどちらが望ましいでしょうか？　特に条件がなければ，今，購入したいはずです。このような**時間選好**（time preference）を考えると，将来の消費からの効用は，現在からみて割り引いてとらえる必要があります。

　将来の効用に対する**時間割引率**（discount rates）を ρ（ギリシャ文字ロー）とおきます。C_1 から得られる効用を効用関数 $u(C_1)$，C_2 から得られる効用を効用関数 $u(C_2)$ とすると，将来の効用のみ割り引く（$1+\rho$ で割る）ので，現在からみた将来にわたる効用の合計は，以下のように書くことができます。

$$u(C_1) + \frac{1}{1+\rho}u(C_2)$$

　限界代替率はどうなるでしょうか？　同じく割引率 ρ が加味されたものになります。なお，限界代替率はマイナスの値となりますが，ここでは絶対値をとり，プラスの値で大きさのみをとらえます。

2 期モデルにおける限界代替率

$$MRS = (1+\rho)MU_1 / MU_2$$

　次に問題は相対価格です。C_1 と C_2 の相対価格（のようなもの）をどのようにとらえればよいのでしょうか？　上記の時間選好から考えると C_1 の価格は C_2 の価格を上回るはずです。そのため，効用の場合と同じく C_2 の価格を割り引いてとらえますが，その割引率として，金利 r を用います。

C_1 の価格を 1 とし，C_2 の価格を $1/(1+r)$ とする。
2 期モデルにおける相対価格：

$$\left(\frac{C_1 \text{の価格}}{C_2 \text{の価格}} = \right) \frac{1}{1/(1+r)} = 1+r$$

　所得については，今期の所得 Y_1 を残して貯蓄（$Y_1 - C_1$）した場合，その貯蓄に対して金利 r を乗じた利子収入を得ることができます。第 2 期で所得を使い切るとすると，第 2 期の消費 C_2 は，貯蓄額，利子収入，第 2 期所得の合計額と等しくなるので，

$$C_2 = (1 + r)(Y_1 - C_1) + Y_2$$

という関係が得られます。これを**異時点間の予算制約式**といい，書き直すと，

$$Y_1 + \frac{1}{1 + r} Y_2 = C_1 + \frac{1}{1 + r} C_2$$

となります。第5章の2財モデルと同じく，2期モデルでも限界代替率が相対価格と等しくなるときに最適な組合せ（効用最大化）となります。

> **効用最大化条件**：限界代替率＝相対価格より
>
> $$\frac{MU_1}{MU_2} = \frac{1 + r}{1 + \rho}$$

図6.5ではこれらの関係を図にしました。横軸が第1期の消費 C_1 で，縦軸が第2期の消費 C_2 です。無差別曲線については，2財モデルと同様の性質があるとして描いています。予算制約式を以下のように書き換えると，予算制約線の切片と傾きがわかりやすくなります。なお，傾きはそれぞれマイナスなので，ここでは絶対値ではなく，そのままマイナスの記号をつけています。

$$C_2 = -(1 + r)C_1 + (1 + r)Y_1 + Y_2$$

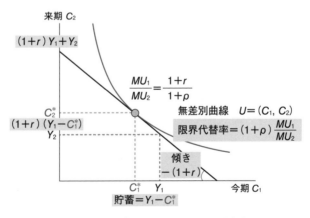

図6.5　**2期モデルにおける効用最大化条件**

ライフサイクル仮説では，消費者は生涯の消費から得られる**生涯効用**を最大

化します。このとき，毎期の消費は**平準化**されて同水準の消費が，時間を通じてなされます。消費は毎期の所得よりも**生涯所得**に依存しますが，同様の理論として**恒常所得仮説**（permanent income hypothesis）があります。恒常所得仮説では，一時的所得（平均からの乖離）と恒常所得（生涯所得の平均）とに所得を分けて，消費は一時的所得には反応しにくいことが示されます。

　生涯の所得は，一般的には（次の労働でみるように），若年期は小さく，壮年期に増加し，退職後は少なくなります。まとめると以下のようになります。

ライフサイクル仮説のまとめ

若年期（低所得期）：低貯蓄，あるいは将来の収入増を見越して借入れ

壮年期（高所得期）：退職後の生活に備えて貯蓄

老年期（退職後は勤労所得がゼロ）：貯蓄を取り崩す。年金給付

● 日本の貯蓄動向

　家計側の統計としては，総務省統計局「**全国家計構造調査**」があります。図6.6 は 2019 年の総務省統計局「全国家計構造調査」から抜粋した全世帯（単身世帯を含む）における世帯主の年齢階級別金融資産残高です。貯蓄等の積み重ねである金融資産が年齢とともに増加しています。一方で，30 歳代，40 歳代では，主に住宅ローンにより金融負債も増加しています。このように，ライ

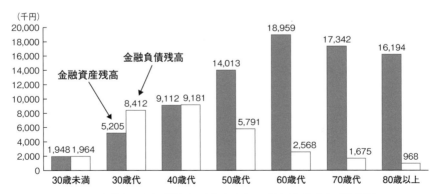

図 6.6　世帯主の年齢階級別金融資産残高及び金融負債残高（総世帯）

（出所）総務省統計局「2019 年全国家計構造調査」家計資産・負債に関する結果（結果の概要 10 ページ）図 I-9 を抜粋

フサイクル仮説は現実の家計消費や貯蓄をよく説明します[4]。

　全国家計構造調査は 5 年ごとの調査で，1959 年から実施されてきました。2014 年までは「全国消費実態調査」という調査名でしたが，2019 年から変更になっています。全国家計構造調査は規模が大きいという特徴があります。家計調査の調査世帯数が約 9,000 世帯なのに対して，全国家計構造調査では，家計消費調査が約 4.8 万世帯，所得関連調査は約 9 万件となっています。このような大規模調査を利用すると，より詳細な分析（たとえば，年齢階級別，都道府県別，性別など）が可能になります。

　たとえば，**表 6.2** は，世帯主の年齢区分（一部），世帯の種類，世帯主の性別でより細かく収入と金融資産の違い（それぞれの区分では平均値）をみています。最後の 70～74 歳（無職世帯）以外は，すべて勤労世帯です。単位は千円なので，たとえば，30～34 歳世帯主の二人以上の世帯・世帯主男性の平均年間収入は約 671.7 万円で，そのうち世帯主の勤め先収入は約 497.6 万円になります（その他の収入として配偶者の収入などがあります）。

　「二人以上の世帯・世帯主男性」をみると，終身雇用や年功賃金の傾向が読みとれます。また，金融資産残高はライフサイクル仮説から説明できそうです。一方で，「二人以上の世帯・世帯主女性」は，世帯主男性の場合と大きく異なります。また，「単身世帯」は大きな年齢差や性別差はありません。

　70～74 歳は勤労世帯と無職世帯を比較しています。公的年金・恩給給付や金融資産・負債の違いもわかるようにしました。皆さんも比較して，どうしてこのような違いが出るのかを考えてみてください。なお，構成比率は全世帯数に占める割合で，70～74 歳は勤労世帯が少ないことに注意が必要です。

　経済全体の貯蓄動向は国民経済計算（GDP 統計）でも確認できます。図 6.7 で家計における貯蓄率の推移をみてみました[5]。貯蓄率は徐々に低下していますので，ライフサイクル仮説から考えると少子高齢化が影響していそうです。ただし，1990 年頃までは少子高齢化とはいえませんが，すでに 1970 年代から低

---

[4] ただし，80 歳以上で金融資産が残ったままとなっている点は説明しきれない。個人のみでなく子や孫の消費を含めて，時間を通じた効用最大化がなされているのではないか（**遺産動機**）という説明がなされることが多い。

[5] 貯蓄率は貯蓄と可処分所得（収入－税・社会保険料等）から求めるが，家計調査では黒字が貯蓄にあたる。家計調査からも貯蓄率がわかるが，勤労者世帯が主に参照されるため，ライフサイクル仮説でみる貯蓄率とは意味合いが異なる。家計調査でマクロ経済での貯蓄率をみるためには推計が必要なため，ここでは GDP 統計をみた。

表 6.2　世帯主の年齢階級別・種類別・性別の年間収入，金融資産残高

（出所）総務省「2019 年全国家計構造調査」（所得構成（44 区分）別 1 世帯当たり年間収入額－全国），資産・負債の種類（42 区分）別 1 世帯当たり資産現在高・負債現在高－全国）より作成

年齢区分（一部）	世帯の種類	世帯主の性別	構成比率	年間収入		世帯主収入	公的年金・恩給給付	金融資産残高		金融負債残高
30～34歳	二人以上の世帯	女	0.2%		3,895	2,461	121		3,695	1,853
		男	2.7%		6,717	4,976	28		5,363	11,872
	単身世帯	女	0.8%		3,561		3		3,948	1,512
		男	1.4%		4,788		2		4,858	1,726
40～44歳	二人以上の世帯	女	0.6%		4,598	3,214	168		5,040	5,027
		男	4.2%		7,717	5,946	94		8,605	14,203
	単身世帯	女	0.6%		4,380		24		7,191	4,578
		男	1.2%		5,037		7		7,150	4,047
50～54歳	二人以上の世帯	女	0.7%		5,130	3,087	377		8,761	2,648
		男	4.1%		9,230	6,975	186		13,246	8,868
	単身世帯	女	0.8%		4,190		23		9,875	2,605
		男	1.2%		5,763		33		14,329	4,123
60～64歳	二人以上の世帯	女	0.3%		5,470	2,557	736		14,229	1,322
		男	3.3%		7,202	4,234	527		18,667	3,168
	単身世帯	女	0.6%		3,338		394		11,679	800
		男	0.6%		4,102		248		11,660	1,258
70～74歳	二人以上の世帯	女	0.2%		4,478	1,416	1,252		10,982	484
		男	1.4%		6,078	1,959	2,467		15,978	1,188
	単身世帯	女	0.3%		3,461		1,070		7,148	547
		男	0.2%		3,343		1,333		6,256	968
70～74歳（無職世帯）	二人以上の世帯	女	0.4%		4,024	50	1,619		17,691	1,713
		男	3.5%		4,522	53	2,842		20,583	858
	単身世帯	女	1.1%		1,796		1,422		14,577	282
		男	0.7%		2,042		1,626		16,003	128

（注）金額の単位は千円。年齢区分は 5 歳ごとであるが，ここでは一部のみ掲載した。勤労世帯。世帯の種類では「その他」もある。構成比率は全世帯に対する構成比率。金融資産残高には預貯金の他，生命保険の積み立て，有価証券なども含まれる。世帯主収入は勤め先収入で，家賃・地代や利子・配当金などの収入は含まれない。

下傾向がみられます。第 3 章で用いた人口統計で，65 歳以上の人口に占める割合は，1980 年 9.1%，1990 年 12.1%，2000 年 17.5%，2010 年 23.2%，2020 年 29.2% です。団塊世代（1947～1949 年生まれ）が 70 歳代となったのは 2017

年以降なので，高齢化以外の要因も貯蓄率低下に寄与していたと考えられます。たとえば，生涯所得の点から公的年金制度の整備や，あるいは金利や時間選好なども貯蓄率に影響します。

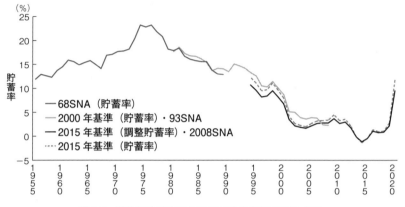

図 6.7　国民経済計算における家計貯蓄率の推移（%）

（出所）内閣府「国民経済計算年次推計」（制度部門別所得支出勘定／家計（個人企業を含む）／所得の使用勘定／可処分所得の使用勘定（暦年））より作成

（注）それぞれ，貯蓄率＝貯蓄（純）÷（可処分所得（純）＋年金基金年金準備金の変動（受取）），調整貯蓄率＝貯蓄（純）÷（調整可処分所得（純）＋年金受給権の変動調整（受取））。長期動向を確認するために，基準の異なる統計をつなぎ合わせた図となっている。重なり部分で基準による数値の差がわかる。2020 年の貯蓄率が急に上昇しているのは，消費減少や所得増加ではなく，一人当たり 10 万円を給付された新型コロナウイルス感染症緊急経済対策関連の特別定額給付金の影響で貯蓄が増加したためである。

コラム 6.1　Python による e-Stat 統計の取得：金融資産

　表 6.2 は全国家計構造調査という大規模調査（家計消費調査約 4.8 万世帯，所得関連調査約 9 万件）をまとめたもので，このような表は表計算ソフトを利用した手作業だと作成に非常に時間がかかります。一方で，Python や R などによるプログラミングでデータ整形ができれば，比較的短時間の作業で作成できます。さらに，大量のデータの中から必要なものを選び出すことも可能です。

　そこで，Google Colaboratory を利用して Python により統計を入手し，整形や条件による抽出を行う練習をしてみます。総務省統計局「2019 年全国家計構造調査」を用いて，世帯主の年齢階級別・種類別・性別の金融資産をみてみます。皆さんが将来社会人になってしばらくしてから，自分と同じ年齢の人がどれくらい貯蓄しているか気になることがあるかもしれません。このコラムのプログラムでそのような金額を抜き出して表示することができます。

　今回は比較的データ量が多い統計を利用したいので，総務省統計局のダッシュボードでは不十分です。そこで e-Stat に登録して，個人のアプリケーション ID（appId）を取得し，API 機能を利用した本格的な統計データの入手方法を試してみます。まずは登録して，ID を取得しましょう。登録方法は「政府統計の総合窓口（e-Stat）ユーザ登録」で確認しながら，進めてください。

> 政府統計の総合窓口（e-Stat）でユーザ登録し，アプリケーション ID（appId）を入手し，その ID を控えておく。ID は他の人に教えてはいけません。
>
> 　　　https://www.e-stat.go.jp/mypage/user/preregister
> プログラム内に '*** アプリケーション ID***' と指示がある箇所には，自分の ID を記入する。

　登録が済んだら，統計の概要を「全国家計構造調査」（政府統計コード00200564）の「家計資産・負債に関する結果［所得資産集計］」で確認してみてください。さまざまな統計が取得できますが，今回は「4-4 世帯の種類（3 区分），世帯区分（4 区分），世帯主の性別（3 区分），世帯主の年齢階級（32 区分），資産・負債の種類（42 区分）別 1 世帯当たり資産現在高・負債現在高―全国」を利用します。

　なお，ここで用いる DB（データベース）の他に Excel ファイルでの入手も可能です。ただ，プログラミング操作では DB のほうが扱いやすいです。

　さて，次のアドレスをウェブブラウザで表示させると，e-Stat の API により，統計の概要を確認することができます。***アプリケーション ID*** の箇所には，皆さんが自分で取得した個人のアプリケーション ID（appId）を記載します。0003426576 は統計表 ID です。

```
http://api.e-stat.go.jp/rest/3.0/app/getSimpleMetaInfo?app
Id=*** アプリケーション ID***&lang=J&statsDataId=0003426576
```

　2022 年時点では以下のような表示となり，データ数が約 5 万 4,000（"OVERALL_TOTAL_NUMBER","54144"）とわかります。

```
"RESULT"
・・・
"TABLE_INF","0003426576"
"STAT_NAME","00200564","全国家計構造調査（旧全国消費実態調査）"
```

```
・・・
"TITLE","4-4","1世帯当たり資産現在高・負債現在高　世帯の種類（3
区分），世帯区分（4区分），世帯主の性別（3区分），世帯主の年齢階級
（32区分），資産・負債の種類（42区分）別1世帯当たり資産現在高・負債
現在高－全国"
・・・
"OVERALL_TOTAL_NUMBER","54144"
"UPDATED_DATE","2021-10-30"
```

　次にデータを取得します。Python で pandas-estat というパッケージを利用すると，統計表 ID を指定するだけで容易に取得できます。執筆時点では Google Colaboratory にこのパッケージが含まれていないので，最初にインストールしています（!pip install pandas-estat）。

　プログラミングの解説は省略していますが，意味はコメント行（#）で説明しています。#から始めるコメント行は入力しなくてもかまいません。また，改行の位置がわかりやすいように・を記載していますが，この・は入力しません。スペースやカンマなどはすべて半角で，全角にするとエラーになります。「'」は半角のシングルクォーテーションです。ダブルクォーテーション「"」にしても問題ありません。Python では if，for，def などの構文では行の最後に「:」をつけるとともに，構文内の行はインデント（空白）をつけますので，例で文字の開始位置が下がっているかどうかを注意しながら，記入してください。インデントは tab キーでつけることができます。

　その他，入手の統計で仕様が変更になるとエラーになる可能性があります。しばらくは大丈夫かと思いますが，その場合は統計表で項目名などを確認して修正する必要があります。

　実行すると統計の中身の概要が表示されます。このように統計の中身の概要を表示させておけば，それに続くプログラムで，これらの文字をコピーして貼り付けることで，間違えずに変数の名前を入力できるので便利です。

```
#パッケージ（およびインストール）
・!pip install pandas-estat
・import pandas as pd
・from pandas_estat import read_statsdata
```

```
・from pandas_estat import set_appid
#自分のアプリケーション ID（appId）を入力する。'　'で囲む。
・set_appid('*** アプリケーション ID***')


#e-Stat からデータ読み込み
・df=read_statsdata('0003426576')
#データ形式の確認
・print(df.info())
#項目と値の確認，_code の列は削除。インデント（字下げ）があることに
注意
・for col in df.columns:
・    if col.endswith('_code'):
・        df.drop(col, axis=1, inplace=True)
・    else：
・        print(col)
・        print(df[col].unique())


#value が数値ではない（object）ため，数値化
・df['value']=pd.to_numeric(df['value'], errors='coerce')
```

　次にどのようなデータを表示させるかを選択します。この例では 5 歳階級の年
齢別データのうち，30〜34 歳と 50〜54 歳を指定しました。世帯主は男性として
います。表示させたいデータは純金融資産や預貯金，金融負債残高などです。こ
の部分を皆さんが変更することで，抽出データを選べます。

```
#ここを変更して，表示したいデータを指定する。
#世帯主の年齢階級 32 区分から選ぶ（複数選択可）
・age=['30〜34(5 歳階級)','50〜54(5 歳階級)']
#世帯主性別 ['平均'，'男'，'女']
・head=['男']
#世帯の種類 ['総世帯'，'二人以上の世帯'，'単身世帯']
・type1=['二人以上の世帯']
#世帯区分 ['全世帯'，'勤労者世帯'，'無職世帯'，'その他の世帯']
・type2=['勤労者世帯']
```

```
#データ表示項目の選択
・var=['純金融資産(貯蓄-負債)','金融資産残高(貯蓄現在高)',
  '預貯金', '金融負債残高', '住宅・土地のための負債',
  '純資産総額(純金融資産+住宅・宅地)']
```

　次は抽出です。抽出リストにある語句を含むデータを isin( ) 関数で選んでいます。なお，数値条件の場合は =，＜，＞などを利用して抽出します。あとは見やすいようにインデックス設定したりしてから表示させます。表示画面は図のようになり，30 歳代前半と 50 歳代前半の預貯金や，住宅・土地のための負債の違いなどがわかります。

```
#データ選択 (1) df と dfs の違いに注意
・dfs=df[(df['資産・負債の種類 42 区分'].isin(var))]
#データ選択 (2)
・dfs=dfs[(dfs['世帯主の年齢階級 32 区分'].isin(age))]
・dfs=dfs[(dfs['世帯の種類 3 区分'].isin(type1))]
・dfs=dfs[(dfs['世帯区分 4 区分'].isin(type2))]
・dfs=dfs[(dfs['世帯主の性別 3 区分'].isin(head))]
#表のインデックス設定
・inlist=['世帯主の年齢階級 32 区分','世帯の種類 3 区分',
  '世帯主の性別 3 区分','世帯区分 4 区分','資産・負債の種類 42 区分']
・dfs=dfs.sort_values(inlist)
・dfs=dfs.set_index(inlist, drop=True)
#表の表示
・display(dfs[['value','unit']])
```

```
dfs=dfs.sort_values(inlist)
dfs=dfs.set_index(inlist, drop=True)

# 表の表示とコピー
display(dfs[['value','unit']])
```

世帯主の年齢階級32区分	世帯の種類3区分	世帯主の性別3区分	世帯区分4区分	資産・負債の種類42区分	value	unit
30~34（5歳階級）	二人以上の世帯	男	勤労者世帯	住宅・土地のための負債	11198.0	千円
				純資産総額（純金融資産＋住宅・宅地）	7630.0	千円
				純金融資産（貯蓄－負債）	-6508.0	千円
				金融負債残高	11872.0	千円
				金融資産残高（貯蓄現在高）	5363.0	千円
				預貯金	3910.0	千円
50~54（5歳階級）	二人以上の世帯	男	勤労者世帯	住宅・土地のための負債	7903.0	千円
				純資産総額（純金融資産＋住宅・宅地）	25950.0	千円

レクチャー **6.3** 労　働

● 雇 用 統 計

　ここでは日本の労働市場を統計で確認しながら，その特徴をとらえていきます。失業（unemployment）や就業者数などの統計は総務省統計局「**労働力調査**」（月次）にあり，主要項目は，労働力人口，就業者，雇用者，完全失業者，非労働力人口，**完全失業率**です。このうち特に注目されるのは完全失業率でしょう。「完全」とよばれるのは，やや狭い範囲の失業者数をとらえているためです。

　失業はその中身の確認も必要です。男女の違いや，正規と非正規雇用との差，産業別，あるいは年齢による違いなどから，その時々の労働市場における問題点が明らかになります。

・完全失業率：「労働力人口」に占める「完全失業者」の割合

・完全失業者：次の３つの条件を満たす者

1. 仕事がなくて調査週間中に少しも仕事をしなかった（就業者ではない。）。

2. 仕事があればすぐ就くことができる。

3. 調査週間中に，仕事を探す活動や事業を始める準備をしていた（過去の求職活動の結果を待っている場合を含む。）。

（総務省統計局ウェブサイト（「労働力調査　用語の解説」（2018年5月11日改定））より引用，一部改変）

（注）就業状態についての調査週間とは，就業状態については，毎月の末日に終わる1週間（12月は20日から26日までの1週間）のこと。

　また，労働力調査では失業者数の「非自発的」「自発的」「新たに求職」の内訳（求職理由別）がわかります。図6.8はこの内訳ごとの推移を描いています。イギリスの経済学者ケインズ（John Maynard Keynes, 1883-1946）は，その著書『雇用，利子および貨幣の一般理論（*The general theory of employment, interest and money*）』（1936年）において，不況下で名目賃金の下方硬直性により**非自発的失業**（involuntary unemployment）が発生することを指摘しました。それまでの経済学では，労働市場で需要と供給が均衡するような賃金調整がな

され，失業は一時的なものにすぎないと考えられていました。

　図6.8をみると，2000年代のITバブル崩壊やリーマンショック（世界金融危機）後に非自発的失業が急増している一方で，自発的失業の変化は大きくありません。この時期に新たに求職が増加しているのは，たとえば，配偶者の失業や賃金低下で，新たに職を探し始めたなどの理由が考えられます。2020年の新型コロナウイルス感染症拡大の影響はやや異なります。非自発的失業の増加がやや抑えられる一方で，新たに求職は増加しています。これは政府の雇用調整助成金[6]により失業は抑えられたものの，賃金は低下したためと考えられます。

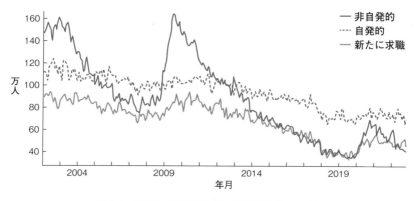

図6.8　求職理由別失業者数（季節調整値，万人）
（出所）総務省統計局「労働力調査」より作成

　失業率とともに**有効求人倍率**も主要な労働指標です。厚生労働省「**一般職業紹介状況**」（月次）では有効求人倍率や新規求人倍率が調査・公表されます。有効や求人倍率等の意味は，以下の統計の定義で確認してください。

　• **求人倍率**：求職者に対する求人数の割合をいい，「新規求人数」を「新規求職申込件数」で除して得た「新規求人倍率」と，「月間有効求人数」を「月間有効求職者数」で除して得た「有効求人倍率」の2種類がある。

---

[6]　雇用調整助成金は企業が従業員に支払う休業手当を補助する制度で，新型コロナウイルス感染症拡大では特例措置としてその補助金額を引き上げられた。売上が大幅に落ち込んだ場合，企業は休業手当全額の補助を得ることも可能となった。

- 新規求職申込件数：期間中に新たに受け付けた求職申込みの件数をいう。
  - 月間有効求職者数：前月から繰り越された有効求職者数と当月の「新規求職申込件数」の合計数をいう。
- 新規求人数：期間中に新たに受け付けた求人数（採用予定人員）をいう。
- 月間有効求人数：前月から繰り越された有効求人数と当月の「新規求人数」の合計数をいう。

(厚生労働省「一般職業紹介状況（職業安定業務統計）」用語の解説より引用，一部改変)

● **賃金の統計**

　賃金に関する統計は，厚生労働省「**毎月勤労統計調査**」で確認できます。月次データで，現金給与，労働時間，実質賃金などが公表されています。産業別や就業形態別になっているので，どの産業でどのような労働者が，という視点で分析することができます。

　表6.3で用語の定義と金額を確認します。毎月勤労統計調査における現金給与総額は「**きまって支給する給与**」と「**特別に支払われた給与**」からなり，さらに，きまって支給する給与は「**所定内給与**」と「**所定外給与**」から構成されます。

　特別に支払われた給与はいわゆるボーナス（夏冬の賞与，期末手当等）などの一時金なので，月によって大きく異なり，ボーナス支給月は多くなります。そのため，通常の給与水準を確認したい場合は，きまって支給する給与をみることになります。

　所定内給与は所定の労働時間に対する給与です。一方で，所定外給与は，時間外手当（残業による）など，所定の労働時間を超える労働に対して支給される給与や休日出勤手当などのことです。

　表6.3では一般労働者とパートタイム労働者についてそれぞれ金額が示されています。また，表にはありませんが，**常用労働者**という用語もあり，(1) 期間を定めずに雇われている者，(2) 1カ月以上の期間を定めて雇われている者，のいずれかに該当する者のことをいいます。**一般労働者**とは常用雇用者のうちパートタイム労働者以外の者を指します。**パートタイム労働者**とは，常用雇用

表 6.3　**現金給与総額とその内訳**

（出所）厚生労働省「毎月勤労統計調査　令和３年分結果確報」（第１表　月間現金給与額　調査産業計　常用労働者）より作成

一般労働者　**現金給与総額** 419,500			パートタイム労働者　**現金給与総額** 99,532		
きまって支給する給与 339,807		特別に支払われた給与 79,693	きまって支給する給与 96,510		特別に支払われた給与 3,022
所定内給与 314,712	所定外給与 25,095		所定内給与 94,012	所定外給与 2,498	

（注）単位は円（名目，月額）。事業所規模５人以上。

者のうち，（1）１日の所定労働時間が一般の労働者より短い者，（2）１日の所定労働時間が一般の労働者と同じで１週の所定労働日数が一般の労働者よりも少ない者のいずれかに該当する者のことをいいます。

　このように，労働者の形態については定義が複雑で，言葉の使われ方に注意が必要です。**正規雇用，非正規雇用**で区別することもあります。以下は，厚生労働省「望ましい働き方ビジョン」で示された正規雇用の定義です。労働契約，労働時間，雇用関係の３つからとらえられるので，わかりやすいと思います。

　　いわゆる「非正規雇用」については，法令や統計上の定義，事業所での呼称などにより様々な類型，呼称があり，また形態も多様であるが，このビジョンでは，その名称，形態を問わず，広く「非正規雇用」をその対象として論ずることとする。「非正規雇用」と相並ぶ概念として「正規雇用」がある。これも，「社員」「職員」「従業員」「正社員」など，呼称は事業所によって様々であるが，このビジョンでは，正規・非正規という雇用形態を巡る課題に焦点を当てるというその性格上，便宜的に，雇用形態に係る法制的な視点から，以下の①，②及び③いずれも満たすものを原則として「正規雇用」とする。

①労働契約の期間の定めはない。

②所定労働時間がフルタイムである。

③直接雇用である（労働者派遣のような契約上の使用者ではない者の指揮命令に服して就労する雇用関係（間接雇用）ではない。）。

（「望ましい働き方ビジョン」（「非正規雇用のビジョンに関する懇談会」報告（平成 24 年 3 月　厚生労働省職業安定局）），6 ページより引用）

コラム 6.2　Google スプレッドシートで最新データを自動取得

これまでも Google スプレッドシート利用による総務省統計局のダッシュボード（https://dashboard.e-stat.go.jp/）からの最新データ取得を紹介しました。労働やインフレ率など景気に関わる経済統計は月次で発表されることが多く，この方法は，自動で最新データが確認できるので便利です（なお，ネットの情報は変化しやすいので，ここで紹介した方法ではできなくなっているかもしれません。うまくいかない場合は，検索等で方法を再確認してみましょう）。

基本は，総務省統計局ダッシュボードの提供データ一覧（https://dashboard.e-stat.go.jp/providedDataList）から必要なコードを探して，https://dashboard.e-stat.go.jp/api/1.0/Csv/getData? から始まる URL を用いて CSV 形式のファイルでデータ取得することです（第 3 章コラム 3.2 を参照）。

たとえば 2022 年 1 月からの完全失業率のデータを取得する場合のアドレスは，以下のようになります（改行はなし）。

```
https://dashboard.e-stat.go.jp/api/1.0/Csv/getData?
&IndicatorCode=0301010000020020010
&Cycle=1&RegionalRank=2&IsSeasonalAdjustment=2
&TimeFrom=20220100
```

（注）系列要素 ID 後半部分は，&Cycle= からの箇所に記入するが，03 は 3 として 0 をつけない。TimeFrom は取得開始年月で，月次データの場合は 20220100 のように月の数値の後に 00 が入る。

系列 ID　　　　0301010000020020010

系列要素 ID　　0301010000020020010010202

このアドレスだけでもデータ取得はできますが，さらに Google スプレッドシートから取得して，整形することで確認しやすくなります。具体的には以下の枠にある関数をセルに入力（IMPORTDATA 関数でデータを取得し，QUERY 関数で必要なデータを選択）します。総務省統計局ダッシュボードのデータは Col10

（10列目）にデータ値があるので，"SELECT Col10" としています。なお，timeCd とある5列目に日付があるので，それも一緒に選択したい場合は "SELECT Col5, Col10" とします。LABEL をつけることもできます。ダブルクォーテーション（"）やシングルクォーテーション（'）が入力ミスになることがあるので，気をつけてください。

```
=QUERY(IMPORTDATA("https://dashboard.e-stat.go.jp/
api/1.0/Csv/getData?&IndicatorCode=0301010000020020010&
Cycle=1&RegionalRank=2&IsSeasonalAdjustment=2&TimeFrom=2
0220100"),"SELECT Col10 LABEL Col10 '%'")
```

図 6.9 は失業率の他，有効求人倍率，消費者物価指数（インフレ率），現金給与総額を取得した結果例です。ただし，さらに以下のような工夫もしています。日にちを取得してくれたり，コードの追加や修正をしやすくしてくれます。仕組みがわかれば，いろいろと工夫ができます。

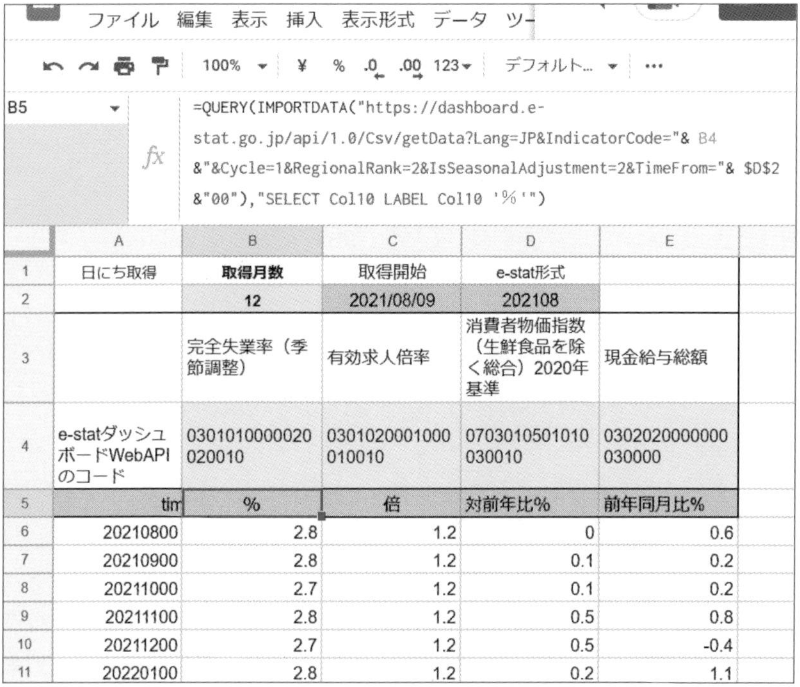

	A	B	C	D	E
1	日にち取得	**取得月数**	取得開始	e-stat形式	
2		12	2021/08/09	202108	
3		完全失業率（季節調整）	有効求人倍率	消費者物価指数（生鮮食品を除く総合）2020年基準	現金給与総額
4	e-statダッシュボードWebAPIのコード	0301010000020020010	0301020001000010010	0703010501010030010	0302020000000030000
5	tim	%	倍	対前年比%	前年同月比%
6	20210800	2.8	1.2	0	0.6
7	20210900	2.8	1.2	0.1	0.2
8	20211000	2.7	1.2	0.1	0.2
9	20211100	2.8	1.2	0.5	0.8
10	20211200	2.7	1.2	0.5	-0.4
11	20220100	2.8	1.2	0.2	1.1

図 6.9　Google スプレッドシートと e-Stat による自動データ取得例

B2 セル：取得したい月数を入力（例は 12 カ月分）

C2 セル：（関数）：【B2 セル値】カ月前の日にちを取得
　=edate(today(),-B2)

D2 セル：（関数）：e-stat の日付形式に変換
　=year(C2)&if(month(C2)<10,"0"&month(C2),month(C2))

B4〜E4 セル：統計コードを入力。ただし，先頭に 0 があるので ' をつける。
　'03010100000020020010

B5〜E5 セル：コードと日付参照のため，以下の青字部分を変更。
　=QUERY(IMPORTDATA("・・/getData?Lang=JP&IndicatorC
　ode="& B4 &"&Cycle=1&・・&TimeFrom="& D2 &"00"),"SE
　LECT Col10 LABEL Col10 '%'")
　・・は記述を省略した部分。"& B4 &" の B4 はそれぞれの列で C4〜E4 へ
　変更する。"& D2 &" はすべての列で同じ。

レクチャー **6.4**　**雇用の変化**

● 賃金の変化と正規・非正規雇用

　日本では，労働者の実質賃金が伸びないことが課題となってきました。図
6.10 は 1990 年 1 月から 2022 年 10 月までの現金給与総額（特別に支払われた
給与を含む）の実質賃金指数を月別に描いたものです[7]。6 月，7 月，12 月は賞
与（ボーナス）支給の企業が多く，その他の月と動向や水準が大きく異なるた
め，下図に分けて示しています。

　実質賃金は，1990 年代半ば以降で低下傾向が続いています。さらに，賞与
（ボーナス）の月である 6 月，7 月や 12 月の賃金が顕著に下落してきました。
なぜ賃金は減少し続けたのでしょうか。考えられる要因としては，生産性の低
下や非正規雇用者比率の上昇があります。

　表 6.3 でみたように，ボーナス（特別に支払われた給与）はパートタイム労
働者で少ない傾向にあります。そのため，パートタイム労働者（あるいは非正

---

[7]　実質賃金は名目賃金を物価で除して求めるが，名目賃金月額は 1 年程度の期間をかけて調
整される（たとえば春闘とよばれる賃金交渉は年に 1 回）。そのため，時系列での実質賃金
変動はインフレ率に依存しやすくなる。そこで，ここでは月別で分けて長期動向をみている。

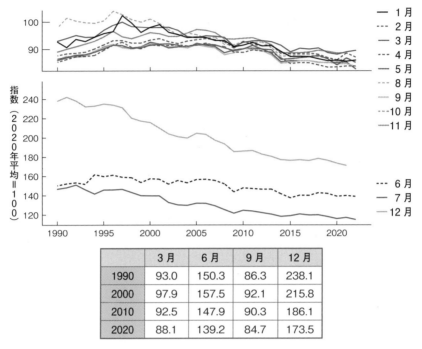

	3月	6月	9月	12月
1990	93.0	150.3	86.3	238.1
2000	97.9	157.5	92.1	215.8
2010	92.5	147.9	90.3	186.1
2020	88.1	139.2	84.7	173.5

図6.10　月別実質賃金指数（1990年1月～2022年10月，2020年平均＝100）
（出所）厚生労働省「毎月勤労統計調査」より作成
（注）長期時系列表の「実質賃金（現金給与総額）指数及び増減率－就業形態計（5人以上）（調査産業計）」の値。実質値は，名目賃金を物価水準で除して実質化するとともに，その2010年平均値を100として指数化したもの。

規雇用）の雇用に占める割合が増加したことで，平均的な実質賃金が低下した可能性があります。正規雇用と非正規雇用を合わせてみた平均賃金は，賃金が相対的に低い非正規雇用が増えることで低下するからです。

　図6.11は年齢別と性別で非正規雇用の割合（％）の推移を描いたものです。2000年代に非正規雇用割合が増加していますが，男性よりも女性での伸び率が大きくなっています。ただし，2010年代に入ると，女性で55歳以上（含む65歳以上）では伸びが続いているものの，それ以外の世代はやや低下してきています。男性も65歳以上では伸び続けています。

　賃金や正規・非正規雇用の問題は，産業別でみた統計からも要因を推測できます。図6.12は労働力調査の長期時系列データから産業別の就業者数の変化をみたものです。2002年前後でギャップがありますが，これは統計調査での

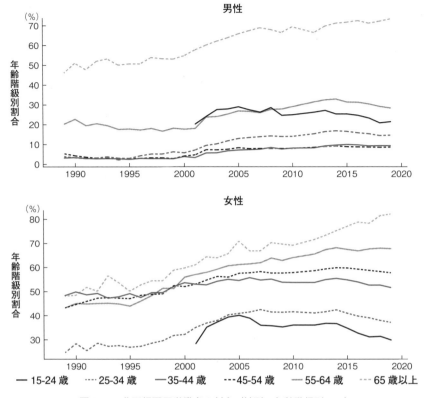

図 6.11　**非正規雇用労働者の割合（性別・年齢階級別，%）**

（出所）厚生労働省『令和 2 年度版厚生労働白書』の本編図表バックデータより作成（図表 1-3-19 および図表 1-3-20）。元のデータは，2001 年以前は総務省統計局「労働力調査特別調査」，2002 年以降は「労働力調査　詳細集計」のもの

（注）図の値（%）は「非正規の職員・従業員」が役員を除く雇用者に占める割合である。15-24 歳については，在学者を除く。元データからの非正規雇用の時系列データ整形は意外と難しい。そこで，白書により公表されている整理された統計を利用した。

　産業分類（サービス業）が変更になっているため，データの連続性がないためです。サービス業は，その他サービス業に含まれていた「医療，福祉」が別に分けられました。

　図は日本経済の構造変化の特徴を明らかにしています。男性の職は製造業や建設業など第 2 次産業において減少し続けています。一方で，女性の就業者は，同じく第 2 次産業で減少しているものの，医療，福祉などのサービス業（第 3 次産業）で増え続けています。日本で賃金が上昇しないことの要因として，サービス業の生産性が低いことが指摘されることがあります。ただし，サービ

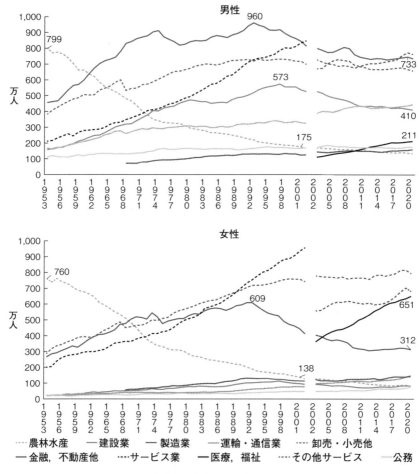

図 6.12　産業別就業者数の推移（性別，万人）

（出所）総務省統計局「労働力調査　長期時系列データ」より作成

（注）1953 年〜2002 年は「第 10 回改定日本標準産業分類別就業者数」，2002 年〜2020 年は「第 12・13 回改定日本標準産業分類別就業者数」による（2002 年のみデータが重なる）。2002 年まで「医療，福祉」はその他サービスに含まれる。

業は，生産性を引き上げるのが難しい業種です。たとえば，介護などでは人が人を世話するため，生産性を上げるには１人の介護士がより多くの人をみるか，料金を引き上げるかですが，どちらも難しいことが容易に想像できます。

　1990 年代に入り，比較的生産性の高い製造業での雇用が減少しました。このような産業構造の変化も実質賃金の低下に寄与している可能性があります。

● 終身雇用と年功賃金

このように日本の賃金停滞は経済構造に原因がありそうです。そこで，構造問題として日本的雇用慣行についても統計で確認してみます。日本の労働では，**終身雇用**と**年功賃金**が特徴となっています。終身雇用とは一定の企業に定年までなど長く勤めることで，年功賃金はその間，年齢が高くなるほど給与水準が高まっていくことです。経済学の基礎的な理論では生産性と等しい賃金となると考えますが，日本的雇用慣行では必ずしもそうではありません。

図 6.13 は，賃金を年齢別，産業別，性別などで細かくみることができる厚生労働省「**賃金構造基本統計調査**」を用いて，男性の製造業における年齢階級別賃金（月額，名目）を年別にグラフにしています。年齢とともにどのように賃金が変化するのかの動きを**賃金プロファイル**（age-wage profile）といいます。

なお，賃金構造基本統計調査は調査年の 6 月分の賃金に関する統計です。月額で，年平均ではありません。6 月はボーナス支給の企業も多いですが，図では現金給与総額のうち「きまって支給する給与」を選んでいますので，ボーナス（「特別に支払われた給与」）は含まれていません。残業代等は「所定外給与」として含まれています。

図 6.13 の左図は製造業のうち就業者が 1,000 人以上で，右図が 10〜99 人です。企業規模による違いを確認できます。また，図 6.13 は上下で異なる図を描いています。上段図は通常のもので，ある時点での年齢階級別の賃金プロファイルです。しかしながら，この図では，たとえば，2000 年時点 40 歳の人が，30 歳だったときの月給水準はわからず，2000 年時点で 30 歳の人の給与と比較できるだけです。

そこで，図 6.13 の下段では 2000 年時点の年齢階級を基準に，世代ごとに賃金がどのように推移してきたのかを描いてみました。この図では，たとえば 2000 年時点で 40 歳の人が，その後 45 歳や 50 歳だったときの賃金がわかります。それぞれの世代にとっては，下段図が実感に近い推移になっているといえるでしょう。

製造業の男性では年齢とともに賃金が上昇する年功賃金がまだ残っていることがわかります。ただし，小規模企業では，賃金の低下（下へのシフト）がみられます。加えて，下段のそれぞれの年齢を追った図では，小規模企業での**賃金プロファイルのフラット化**が進んでいます。たとえば，2000 年時点で 40〜

49歳の賃金は，45～49歳，50～55歳になっても増えていません。

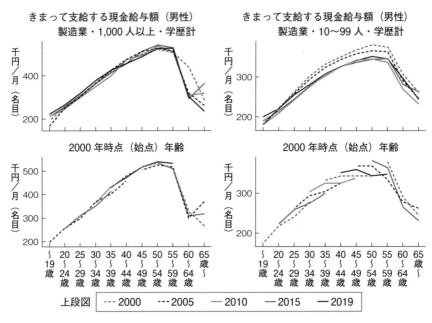

図6.13　賃金プロファイル（男性）：製造業，規模，年齢

（出所）厚生労働省「賃金構造基本統計調査」より作成

（注）上段図はある時点における年齢階級別の賃金プロファイル，下段図はある時点を始点として，そのときの年齢階級の者のその後の賃金を追ったもの。年齢階級の幅が5歳のため，5年ごとのデータでつないでいる。2000～2019年の20年間の統計のため，4時点のみとなっている。

　女性についてみたのが**図6.14**です。ただし，比較として女性の場合は，左図を製造業1,000人以上とし，右図を医療・福祉，企業規模10人以上としました。

　男性と異なり，製造業では製造業における年功賃金化がむしろ進んでいます。この特徴は下段の年齢を追った図でさらに明らかです。2000年時点の35～39歳の年齢以下で，賃金が年齢とともに上昇しています。その結果，上段図で年とともにその年齢以上での賃金が上昇している結果になっています。

　一方で，医療・福祉ではそのような変化はあまりみられません。上段，下段ともに30歳代以降はフラットで，金額から考えても非正規雇用の割合が多い中で，年とともに賃金が上がらない体系となっていることが示唆されます。

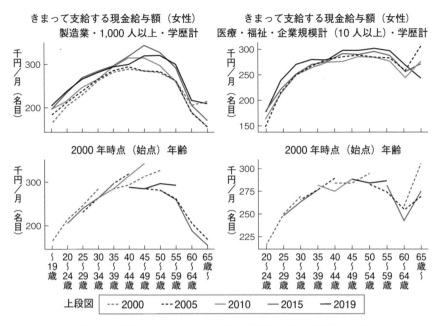

図 6.14　**賃金プロファイル（女性）：製造業，医療・福祉，年齢**

(出所) 厚生労働省「賃金構造基本統計調査」より作成
(注) 上段図はある時点における年齢階級別の賃金プロファイル，下段図はある時点を始点として，そのときの年齢階級の者のその後の賃金を追ったもの。

● 女性の労働参加

　人口（15歳以上）に占める雇用者の割合を**就業率**または**労働参加率**といいます。女性や高齢者の労働参加はそれまでも進んでいたものの，2010年代に入りさらに増加しました。就業率を年齢階級別にとり，かつ男女で分けて図にしたのが図6.15です。引用の新聞記事にある通り，かつて女性の労働参加率は，**M字カーブ**とよばれる形状でした。一度就職した後に20〜30歳代に離職し，結婚して育児に専念した後，再度働くようになるというパターンがよくあったからです。

　2021年時点では20〜30歳代の離職が減少したため，M字カーブのくぼみが小さくなっています。一見，男性との違いが小さくなったようですが，正規の割合（対雇用者数）をみると男女のパターンはまったく異なっています。図6.15ではさらに雇用者を正規と非正規でも分けたものを加えています。女性では，正規の割合が年齢とともに減少している一方で，非正規の割合は増加し

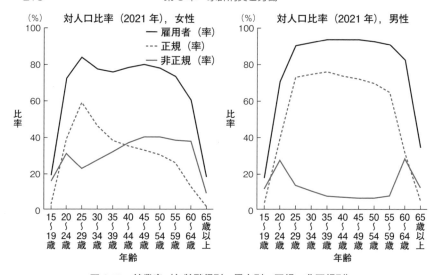

図 6.15　就業率（年齢階級別，男女別，正規・非正規別）

（出所）総務省統計局「労働力調査」より作成

（注）正規および非正規は就業者のうち「役員を除く雇用者」の中の分類である。そのため，正規・非正規の対人口比率の合計は就業率（就業者数／人口）よりも小さい値となる。

ています。このような正規の割合の減少を下の記事では L 字カーブ（L 字をひっくり返した形状）とよんでいます。

　　出産や育児で仕事を辞めることで 30 代を中心に就業率が下がる「M 字カーブ」は長年，女性の労働参加が進んでいない象徴とされてきたが，近年は解消が進んでいる。女性活躍の機運の高まりを背景に仕事と育児を両立できる働き方が広がった結果とみられ，2019 年には就業者数が初めて 3000 万人を突破した。

　　新たな課題として浮上したのが「L 字カーブ」だ。子育てが一段落した後に再就職しやすくなったとはいえ，非正規雇用が主な受け皿で，女性の正規雇用率は 20 代後半をピークに右肩下がりで減っていく。最近はコロナの影響も大きい。……

（2021 年 5 月 10 日付日本経済新聞朝刊「女性の雇用，「L 字」課題 出産後，正社員比率低く」より引用）

それでは，どの世代においてM字カーブの解消が進んだのでしょうか。図6.16は賃金プロファイルの図と同様に世代別でみた変化をとらえています。ここでは，2020年時点（終点）の年齢階級の世代が，どのような就業率で推移してきたのかを描きました。賃金プロファイルの下段図と同じく，世代ごとのそれぞれの年齢時点における就業率がわかります。

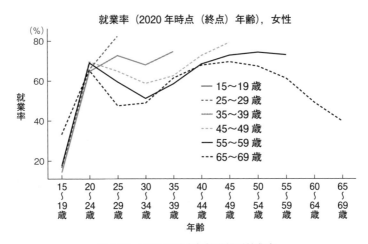

就業率（2020年時点（終点）年齢），女性

図6.16　2020年時点年齢階級別就業率

（出所）総務省統計局「労働力調査」より作成
（注）年齢階級の幅が5年のため，5年ごとの点をつないでいる。統計は1953年以降と長期のため過去に遡る場合はすべて描けるが，2020年以降は統計がないため途切れた図になっている。

2020年で65～69歳の女性を終点（グラフ線右端）から左へ遡ってみると，この世代ではM字カーブの特徴が強く表れています。この世代の女性では20歳代半ばから30歳代半ばまでの年齢の頃（2020年から30～40年前），就業率はいったん下がり，その後徐々に上昇します。40歳代半ば以降は，再び就業率は下がっています。

2020年時点55～59歳の女性では，M字カーブの特徴は残るもののその上の世代と違いもあります。比較してみると，20歳代の頃では離職は少なくなり，また，40歳代半ば以降では就業率が高めです。M字カーブの解消は，若年期だけではなく高齢期での就業率が高まっていることもその要因です。

さらに20歳下の2020年時点35～39歳は，30歳代までにおける離職がほぼみられません。2020年時点25～29歳では就業率の高まりが顕著です。以上か

ら，2010年代に入ってから，若年女性の就業パターンが大幅に変化したことがわかります。

コラム6.3　プログラミングによる女性の労働力率分析

　本文での女性就業率の図（**図6.16**）は，ある年の年齢・世代の者がどのような状況になったのかを個別に追ったものです。このような図は，さまざまな分野の**世代間格差**の分析で広く利用できて便利です。

　女性の労働参加率（M字カーブ）をできるだけシンプルなプログラムで作成してみます（本文の図とほぼ同じ）。Pythonにより統計を入手しますが，Pythonの実行はGoogle Colaboratoryを利用します。また，**コラム6.1**と同様にe-Statに登録して得られる個人のアプリケーションID（appId）を用いて，API機能での統計データ入手を行います。

　用いた統計は「労働力調査」（政府統計コード00200531）の「年齢階級別労働力人口比率，就業率及び完全失業率（1953年～）」（統計表ID0002060049）です。労働力調査には，さまざまな統計表（統計表IDが割り振られている）がありますので，どれを使用するのかを選ぶ必要があります。選び方については手順を覚える必要があり，第7章で紹介しますが，ここでは選んだ後の利用方法をみていきます。

　プログラム実行の注意点はこれまでと同じです。追加の注意として，プログラム中で＝と＝＝（＝が2つ）に違いがあります。1つの＝は変数に数値等を代入するときに用いられます。2つの＝＝は等しいという意味で利用します。

　はじめにネット上から統計表IDを指定してデータを読み込みます。なお，この統計表IDや仕様が変更になったためにエラーになる可能性があります。しばらくは大丈夫かと思いますが，その場合は統計表で項目名などを確認して修正する必要があります。

> プログラム内に'＊＊＊アプリケーションID＊＊＊'と指示がある箇所には，政府統計の総合窓口（e-Stat）でユーザ登録して得たアプリケーションID（appId）を記入する。'　'で囲む。

```
#パッケージとインストール
・!pip install pandas-estat
・!pip install japanize-matplotlib
```

```
・import pandas as pd
・from pandas_estat import set_appid
・from pandas_estat import read_statsdata
・import matplotlib.pyplot as plt
・import japanize_matplotlib

#設定 01:' '内にアプリケーション ID（appId）を入力する。
#*** アプリケーション ID*** に各自のアプリケーション ID を入力する。
・set_appid('*** アプリケーション ID***')

#設定 02：ここで設定する時点の年齢階級が基準となる。2020 年の例
・yearat=2020

#性別 :['男'] への変更可
・ts=[' 女 ']

#労働力調査　1-2-5　年齢階級別労働力人口比率，就業率及び完全失業率
(1953 年〜) データの読み込み（統計表 ID 0002060049）
・df=read_statsdata('0002060049')
```

　次にデータの整形と世代別のシミュレーションを行います。ある年を基準に 5
歳ごとの世代について，その現在と過去の値を拾い出し，まとめていきます。結
果は列（縦方向）の値を追っていきます。たとえば，2020 年時点の 70 歳以上の
世代を列で下方向にみていくと，過去における各年齢時点での就業率の値（69.1,
41.4, ..., 31.6, 12.2）がわかります。

　なお，NaN とあるのはデータがないことを意味します。たとえば，15（15〜
19 歳）の列をみると，1 行目（15〜19 歳）には 19.6（％）とありますが，それ
以降の行はすべて NaN です。これは未来のことなので，現時点ではデータはな
いためです。その他の世代についても同様なので，行列の左下部分はすべて未来
のことで，データはありません。70（70 歳以上）の 1 行目も NaN ですが，これ
はデータがそれ以上遡って入手できないためです。

　データ整形ができたので，図にしてみます。次のプログラムを実行すると女性
の労働参加率の図が描かれます。本文とほぼ同じですが，少し細かく結果を表示

しています。

```
#年齢階級の関数，変数の選択など，def構文の中にインデント（字下げ）
があることに注意。
・def af(x):
・    return str(x)+'～'+str(x+4)+'歳'


・age_g=[af(x) for x in range(15,70,5)]
・age_g.append('70歳以上')
・var=['性別', '就業状態', '年齢階級', '時間軸(年次)', 'value']


#データ整形（必要なデータのみを取り出す）＝と==（＝が2つ）の違いに
注意。
・df=df[df['就業状態']=='就業'][var]
・df=df.query('性別 in @ts & 年齢階級 in @age_g')
・df['year']=df['時間軸(年次)'].str.replace('年','').astype(int)
#注）上の''はシングルクォーテーション2つ。ダブルクォーテーション
2つ（""）でも可。
・df['age_at']=df['年齢階級'].str[:2].astype(int)
・df['age_year']=df['age_at']-(df['year']-yearat)


#データ並べ替え（設定時点の年齢階級別にするとともに，年齢階級を時間
を通じて合わせた表を作成する），数値へ変換（pd.to_numeric）。
・df_age=df.pivot(index='年齢階級',columns='age_year',
  values='value')
・df_age=df_age.apply(lambda x: pd.to_numeric(x, errors=
  'coerce'))


#15歳から5歳ごとの年齢，表の表示。
・age_y=list(range(15,75,5))
・display(df_age[age_y])
#図の作成。for構文の中にインデントがあることに注意。
・fig=plt.subplots(figsize=(10, 6))
・g=0
```

```
・for n in age_y:
・　plt.plot(df_age[n], label=age_g[g])
・　g+=1
・plt.title("就業率("+str(yearat)+"年時点年齢),"+str(ts[0])
  +"性")
・plt.xticks(rotation=45)
・plt.ylabel(' 就業率 (％)')
・plt.legend()
・plt.show()
```

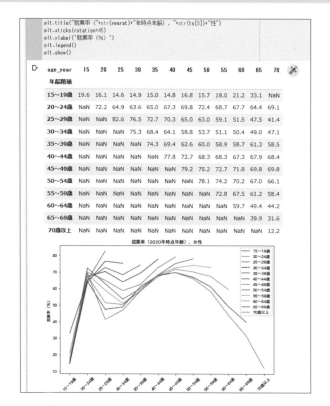

このように，それほど長いプログラムではないにもかかわらず，データ取得から整形，図の作成までができています。データの出所がわかっていますので，表計算ソフトで同じように作成してみて，作業量の違いを確認してみてもよいかもしれません。

復習

(1) 家族類型は，以前（高度成長期から1980年代頃）では三世代世帯（祖父母，夫婦，子供からなる世帯）から□□□化への変化が注目されました。現在では，単独世帯の増加が顕著です。

(2) 消費統計の代表的なものは総務省統計局「□□□」で，月次で消費支出，実収入，貯蓄・負債などが調査・公表されています。月次で公表されているのは，「二人以上の世帯」についての結果で，「単身世帯」や「総世帯」の統計は四半期または年次となっています。

(3) □□□仮説では，消費者は生涯の消費から得られる生涯効用を最大化します。このとき，毎期の消費は平準化されて，同水準の消費が時間を通じてなされます。

(4) □□□仮説では，一時的所得（平均からの乖離）と恒常所得（生涯所得の平均）とに所得を分けて，消費は一時的所得には反応しにくいことが示されます。

(5) 完全失業率は「□□□人口」に占める「完全失業者」の割合です。失業や就業者数などの統計は総務省統計局「労働力調査」（月次）にあります。

(6) 求職者に対する求人数の割合を求人倍率といい，「新規求人数」を「新規求職申込件数」で除して得た「□□□求人倍率」と，「月間有効求人数」を「月間有効求職者数」で除して得た「有効求人倍率」の2種類があります。

(7) 日本の労働は，終身雇用と□□□賃金が特徴となっています。終身雇用とは一定の企業に定年までなど長く勤めることで，□□□賃金はその間，年齢が高くなるほど給与水準が高まっていくことです。

(8) 人口（15歳以上）に占める雇用者の割合を就業率または労働参加率といいます。かつて女性の労働参加率は，□□□字カーブとよばれる形状でしたが，最近はフラット化が進んでいます。

練習問題

問題 1 日本の世帯

表 6.1 (世帯主の年齢別家族類型別世帯数) で用いた統計では, 1995 年の総世帯数は約 8,377 万世帯で, 2020 年は約 8,672 万世帯です。2020 年の「単独世帯」は全体の約 20%で, 「夫婦のみの世帯」は約 18%です。以下の問いに答えてください。(1) 2020 年および 1995 年における世帯主年齢 70〜74 歳における「単独世帯」および「夫婦のみの世帯」の全体に占める構成比率を求めてください。(2) この期間に, なぜ「単独世帯」および「夫婦のみの世帯」の構成比率が増加したかを考察してください。

問題 2 家計消費

図 6.4 (年間収入階級別でみた消費支出の中身) では, 世帯年収 (年間収入五分位階級別) が大きいと「その他消費支出」や「非消費支出」が大きくなる傾向があります。総務省統計局「家計調査」で「その他消費支出」と「非消費支出」の定義を調べて, なぜ所得と相関するのかを考察してください。

問題 3 ライフサイクル仮説による消費や貯蓄動向の説明として, 適切ではないものを選んでください。個人は雇用状態などによるので, ここでは一般的な状況を考えるものとします。

(1) 若年期の貯蓄額は比較的小さく, 将来の収入増を見越して借入れする場合もある。

(2) 壮年期においては, 退職後に備えて貯蓄するため貯蓄額は大きくなる。

(3) 好景気の時期はどの世代においても消費額が大きくなるため, 貯蓄額は小さくなる。

(4) 老年期においては, 退職後に所得がゼロとなり, 年金や貯蓄の取り崩しで生活する。

問題 4 実習: 金融資産

コラム 6.1 で紹介した「Python による e-Stat 統計の取得」を自分で行ってください。

問題 5 実習: 雇用統計

コラム 6.2 を参考に, Google スプレッドシートで完全失業率の最新データを自動取得してください。また, あなたが気になる経済統計を, 総務省統計局ダッシュボードの提供データ一覧からそのコードを探して, 同じく Google スプレッドシートで自動取得してください。

問題 6　賃金

　本文表 6.3「現金給与総額とその内訳」は 2022 年 2 月に公表された厚生労働省「毎月勤労統計調査　令和 3 年分結果確報」の「第 1 表　月間現金給与額　調査産業計　常用労働者」より作成されています。最新の年あるいは年度分結果から，表 6.3 と同様の表を作成してください。（ヒント：月ごとの統計ではなく年平均・年度平均確報あるいは速報を用います。）

問題 7　実習：M 字カーブ

　コラム 6.3 を参考に，女性の M 字カーブを描き，労働力率分析をしてください。

練習問題解答

問題 1　(1) 世帯主年齢 70～74 歳「単独世帯」の全体に対する構成比率は約 1.820％で，「夫婦のみの世帯」は 3.382％です。1995 年では，それぞれ 0.727％，1.477％です。いずれの世帯でも 2020 年のほうが大きく，差を求めると「単独世帯」でプラス 1.09％ポイント，「夫婦のみの世帯」では 1.91％ポイントとなります。(2) 少子高齢化により，高齢者世帯の割合が増加したためで，75 歳以上でも同様です。また，世帯主年齢 70～74 歳の「夫婦と子供から成る世帯」の構成比率も増加しています。一方で，30 歳代から 40 歳代の「夫婦と子供から成る世帯」の構成比率低下が著しくなっています。

問題 2　家計調査のウェブサイトで「用語の解説」をみると，「非消費支出」については，「税金や社会保険料など原則として世帯の自由にならない支出である。」と解説されています。我が国の所得税や社会保険料は所得とともに負担が増える累進課税制度のため，所得が多いほど非消費支出は大きくなります。「その他消費支出」は「用語の解説」に説明がないので，「収支項目分類一覧」で確認します（ここでは令和 2（2020）年 1 月改定をみました）。理美容サービス，身の回り品，たばこなどの「諸雑費」の他，「こづかい」や「交際費」が含まれています。これらは所得が多い世帯で支出額が大きくなります。

問題 3　正解 (3)：(1)，(2)，(4) は本文にあるようにライフサイクル仮説の説明になっています。(3) が異なります。なお，好景気の時期において所得が一時的に増加した場合の影響はライフサイクル仮説では分析しにくくなっています。一方で，恒常所得仮説では，一時的所得としてその影響をとらえることができます。一時的所得に消費は大きくは反応しないので，その分，貯蓄額は増加すると考えられます。

問題 4　方法はコラム 6.1 の通り。

問題 5　方法はコラム 6.2 の通り。その他の統計については，例として本文では，有効求人倍率（0301020001000010010），消費者物価指数（生鮮食品を除く総合）2020 年基準（0703010501010030010），現金給与総額（0302020000000030000）を試しています。

問題 6　例として，2022 年 5 月公表の「毎月勤労統計調査　令和 3 年度分結果確報」から作成すると次のようになります。なお，例年，年平均の速報は翌年 2 月上旬頃，確報は 2 月下旬頃，年度平均は翌年 5 月下旬頃に公表されます。

一般労働者　**現金給与総額** 421,092		
きまって支給する給与 340,788	特別に支払われた給与 80,304	
所定内給与 315,419	所定外給与 25,369	

パートタイム労働者　**現金給与総額** 99,971		
きまって支給する給与 96,910	特別に支払われた給与 3,061	
所定内給与 94,367	所定外給与 2,543	

問題 7　方法はコラム 6.3 の通り。

企業活動と貿易・金融

予習

　第7章では企業活動とそれに関連する市場の動きを学びます。マクロ経済での企業の実態をとらえるため，財務データ情報を集めた財務省「法人企業統計調査」を読めるようにします。海外との関係（輸出，輸入，為替レート），金融市場（資金，金利）との関係についても学んでいきます。例題から経済統計の入手や整形について，一歩進んだ手法を紹介します。

企業活動と法人企業統計：
企業の財務諸表に基づいて，法人企業統計調査が公表されている。マクロ経済での売上高，営業利益，経常利益等がわかる。

経済のグローバル化と貿易：
企業はさまざまな国で原材料や部品を調達・生産するグローバル・バリュー・チェーンを形成。中間財の輸出割合が高まっている。

金融：
金融市場の役割，株式市場の読み方（日経平均株価指数等），資金の動き，金融資産と負債残高などについて学ぶ。

外国為替：
為替レートの長期動向を購買力平価説（PPP），短期の動きを金利平価で説明する。

学びのポイント

レクチャー **7.1** 企業活動

● 企業の実態

　会社あるいは企業には，**法人企業**（法人登記により人と同等の権利および義務をもつ組織）と**個人事業主**（法人ではなく個人で事業を行う）の形態があります。法人企業は**資本金**（common stock あるいは capital stock）をベースに生産活動を行い，売上から費用を差し引いた利益を得て，**法人税**などの税を納めます。また，法人としては，株式会社などの**営利法人**の他に，NPO 法人など**非営利法人**もあります。

　ここでは営利法人である法人企業を中心に，企業の経済活動をみていきます。現在，法人企業の組織形態のほとんどが**株式会社**です。株式会社は，**株式**を発行して資本金を得て，その資本金を元手に事業を行います。株式を購入した者は**株主**（出資者）とよばれ，企業の所有者となりますが，その**経営**は株主から委託された**経営者**が行います。会社が利益を得ると，株主は出資額に応じた**配当**を得ることができます。株式は持ち分の自由譲渡性があり，株式公開している場合は**株式市場**で自由に株式を売買できます。

　表 7.1 は国税庁「会社標本調査結果」における法人数です。産業（業種）別とともに，資本金の規模別で法人数と産業内割合（%）も示しています。**大企業**や**中小企業**は，資本金や従業員数で分類されます。ただし，その定義は統一的ではありません。たとえば，中小企業基本法と日銀短観での定義は以下の通りです。国税庁の統計から作成した表 7.1 では，日銀短観の区分とほぼ同じで，資本金 10 億円超が大企業，1 億円超 10 億円以下が中堅企業となっています。

〈中小企業基本法での中小企業〉
　製造業等：資本金 3 億円以下または従業員 300 人以下の企業
　小 売 業：資本金 5,000 万円以下または従業員 50 人以下の企業
〈日銀短観での定義〉
　中小企業：資本金 1 億円未満（資本金 2,000 万円以上の企業が調査対象）
　中堅企業：資本金 1 億円以上から 10 億円未満
　大 企 業：資本金 10 億円以上

　2020（令和 2）年の法人数の合計は 280 万社で，うち大企業（0.2%）と中堅

表 7.1　法人数（税務統計）

（出所）国税庁「令和 2 年会社標本調査結果（税務統計から見た法人企業の実態）」調査結果の概要，
第 3 表　業種別・資本金階級別法人数より作成

	合計 産業別合計		資本金	1,000 万円以下		1,000 万円超 1 億円以下		1 億円超 10 億円以下		10 億円超	
	法人数	構成比		法人数	産業内 構成比	法人数	産業内 構成比	法人数	産業内 構成比	法人数	産業内 構成比
合計	2,804,371	100		2,428,112	86.6	355,168	12.7	15,002	0.5	6,089	0.2
サービス業	827,678	29.5		733,615	88.6	88,733	10.7	4,445	0.5	885	0.1
卸売業・小売業	547,022	19.5		475,451	86.9	68,175	12.5	2,591	0.5	805	0.1
建設業	450,851	16.1		385,436	85.5	64,523	14.3	643	0.1	249	0.1
不動産業	346,480	12.4		309,723	89.4	35,442	10.2	1,026	0.3	289	0.1
料理飲食旅館業	130,523	4.7		121,228	92.9	9,006	6.9	183	0.1	106	0.1
運輸通信公益事業	95,811	3.4		71,309	74.4	22,682	23.7	1,257	1.3	563	0.6
機械工業	75,460	2.7		58,744	77.8	14,740	19.5	1,235	1.6	741	1.0
金融保険業	49,782	1.8		42,111	84.6	5,337	10.7	1,087	2.2	1,247	2.5
鉄鋼金属工業	47,792	1.7		38,806	81.2	8,305	17.4	481	1.0	200	0.4
食料品製造業	42,294	1.5		34,219	80.9	7,552	17.9	362	0.9	161	0.4
農林水産業	34,590	1.3		31,280	90.4	3,213	9.3	90	0.3	7	0.0
その他	156,088	—		—	—	—	—	—	—	—	—

（注）表の構成比は各業種の法人数の合計に対する割合（％），資本金ごとの列における産業内構成比
は業種内における各資本金の法人数の割合（％）。構成比順に並べ，下位の産業を一部省略して合計数
をその他とした。

企業（0.5％）の数は，合わせても全体の 0.7％にすぎません。金融保険業や製
造業（運輸通信公益事業，機械工業など）での大企業・中堅企業の割合は高め
です。一方で，料理飲食旅館業では 92.9％が資本金 1,000 万円以下です。

　個別企業の経営状況は，各企業の**損益計算書**（Profit and Loss Statement;
P/L），**貸借対照表**（Balance Sheet; B/S），**キャッシュフロー計算書**（Cash
Flow Statement; C/S）からなる**財務諸表**（Financial Statements）でみることが
できます。財務データ情報を集め，企業全体の統計として公表されるのが財務
省「**法人企業統計調査**」です。年次別調査と四半期別調査があり，どちらも長
期の統計（年次別調査は 1948 年より，四半期別調査は 1950 年より）が入手可
能です。この調査は，資本金 1,000 万円以上の営利法人を調査対象とし，無作
為抽出による標本調査で，2020 年度の年次調査の標本法人数は 3 万 7,346 社で
した。

　ここでは企業経営の状況をみるため，損益計算書に関わる項目を中心に紹介
します。企業の本業からの利益を**営業利益**（operating profit）といい，営業利

益に本業以外の営業外収益を加えたものを**経常利益**（current profit）といいます。営業利益は売上から費用（**売上高**）を差し引いたものです。費用には原材料費（**売上原価**）の他，光熱費や人件費（**販売費及び一般管理費**）があります。本業以外での収入を**営業外収益**とよび，費用は**営業外費用**とよびます。

> 営業利益＝売上高－売上原価－販売費及び一般管理費
>
> 経常利益＝営業利益＋（営業外収益－営業外費用）

　法人企業統計では年次調査と四半期調査で調査項目が異なる場合があります。四半期の場合，営業外収益と営業外費用は以下のように計算します。

> 営業外収益＝受取利息等＋その他の営業外収益
>
> 営業外費用＝支払利息等＋その他の営業外費用

　経常利益に特別利益と特別損失との差額や法人税等などの支払いを加算あるいは減算すると，最終的な利益である**当期純利益**となります。

> 税引前当期純利益＝経常利益＋（特別利益－特別損失）
>
> 当期純利益＝税引前当期純利益－（法人税等＋法人税等調整額）

　法人企業統計はマクロでみた企業活動が把握できます。**表7.2** は，法人企業統計の年次調査から，製造業と非製造業（企業規模は全規模）について，いく

表7.2　法人企業統計における統計例

（出所）財務省「法人企業統計調査」年次調査より作成

年度	全規模	母集団 (千社)	売上高 (10億円)	売上原価	営業利益 (10億円)	経常利益 (10億円)	一社当たり (百万円)	当期純利益 (10億円)	従業員一人当たり付加価値 (万円)
2010年	製造業	1,186	557,247	465,785	15,521	10,227	8.6	4,416	468
	非製造業	1,596	1,019,612	827,684	30,183	20,627	12.9	9,055	703
2015年	製造業	2,101	1,014,046	781,472	21,655	19,440	9.3	3,319	671
	非製造業	2,375	982,429	733,655	26,318	27,919	11.8	11,377	641
2020年	製造業	2,410	1,033,692	760,111	39,454	44,883	18.6	27,271	694
	非製造業	2,519	997,375	727,183	30,220	41,023	16.3	23,067	658

（注）金額は名目額。母集団とは，標本数（調査した企業数）ではなくすべての企業数のこと。

つか統計を選んで載せたものです[1]。

● 産業別でみる企業活動

　法人企業統計から，日本の企業・産業の特徴をみてみましょう。図 7.1 は左図に経常利益と営業利益，右図に売上高と**利益剰余金**（純資産）を描いたもので，上段が製造業，下段が非製造業です。企業規模は全規模で，企業数はカッコ内に記載しています。四半期調査では，利益剰余金が**内部留保**[2]に該当しま

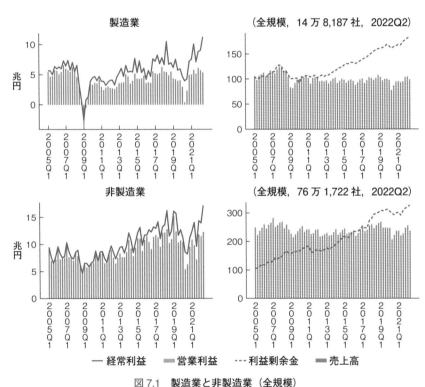

図 7.1　製造業と非製造業（全規模）
（出所）財務省「法人企業統計調査」（四半期別，2022 年 7～9 月期）より作成
（注）2005 年第 1 四半期から 2022 年第 3 四半期まで。

---

[1]　その他にも法人企業統計には，売上高営業利益率（＝営業利益／売上高），総資本経常利益率（ROA）（＝経常利益／総資本），総資本回転率（＝売上高／総資本），自己資本比率（＝自己資本／総資本）といった統計がある。また，年次調査では労働生産性（従業員一人当付加価値）（＝付加価値／従業員数）もわかる。設備投資も参照されることが多い。

[2]　当期純利益から株主への配当金を差し引いたものを内部留保（社内留保）とよぶ。社内留保と減価償却費を合わせた値をキャッシュフローとしてみることもできる。近年，大企業の内部留保の増加が政策議論になる（賃金引上げが可能ではないかなどの主張）ことがある。

す。

　製造業と非製造業とでは，経常利益や営業利益の動向に違いがあります。リーマンショック（世界金融危機）後の 2009 年では，製造業では落ち込み，利益剰余金も減少していますが，非製造業での落ち込みは小幅でした。2020 年の新型コロナウイルス感染症の拡大では，どちらにおいても落ち込んでいますが，2009 年のときのようにはマイナスにはなっていません。利益剰余金は非製造業のほうが減少しています。

　図 7.2 は製造業における企業規模の違いをみています。上段は資本金 10 億円以上の大企業，下段は中小企業のうち「1 千万円以上 - 2 千万円未満」の規模を図にしました。総じて，中小企業のほうが上下に動きが大きくなっています。中小企業では，利益剰余金も増加傾向にはありません。

　なお，図の金額は 1 社当たりではなく総額です。大企業は約 1,800 社で，経

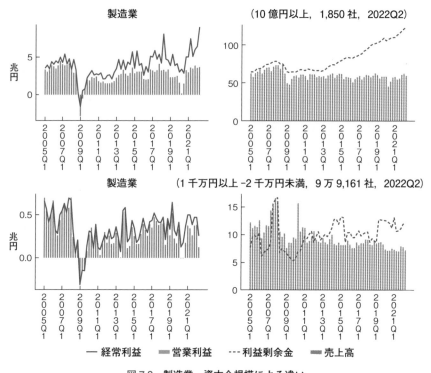

図 7.2　製造業，資本金規模による違い
（出所）財務省「法人企業統計調査」（四半期別，2022 年 7〜9 月期）より作成

常利益が 5 兆円程度，売上は 50 兆円前後となっています。中小企業「1 千万円以上 - 2 千万円未満」の企業数はその約 55 倍で，各指標の金額は大企業より小さいので 1 社当たりでも小さな値となります。

　図 7.3 は，非製造業のうち卸売業・小売業と情報通信業の違いをみています。情報通信業では，リーマンショックや新型コロナウイルス感染症拡大の影響がみられません。卸売業・小売業の売上高がやや減少傾向にあるのに対して，情報通信業は上向きです。利益剰余金のトレンドにも差があります。総じて，情報通信業には勢い（伸び）があるようにみえます。

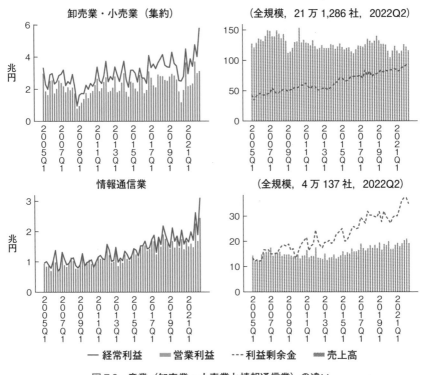

図 7.3　産業（卸売業・小売業と情報通信業）の違い
（出所）財務省「法人企業統計調査」（四半期別，2022 年 7〜9 月期）より作成

　企業の生産活動は，労働や投資とも連動します。投資動向については，日銀短観（日本銀行「全国企業短期経済観測調査」）の設備投資計画や，内閣府「機械受注統計調査報告」の「機械受注（船舶・電力を除く民需）」が参照され

ます。GDPや日銀短観が四半期なのに対して，機械受注統計調査報告は月次
なので，速報性に優れています。

　図7.4は機械受注統計調査のうち，機械受注額について，いくつかの指標で
投資の動向をみています。上段が機械受注額の合計で，下段は機械受注（船
舶・電力を除く民需），機械受注（船舶・電力を除く非製造業），機械受注（製
造業）です。

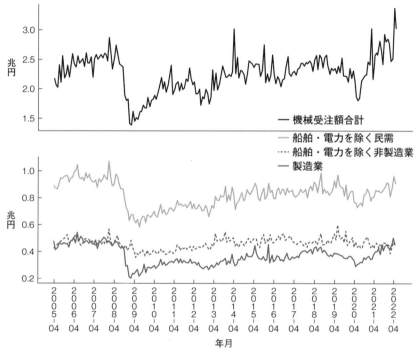

図7.4　主要需要者別受注額（季調系列，月次）
（出所）内閣府「機械受注統計調査報告」主要需要者別機械受注額より作成

　投資動向は，非製造業よりも製造業においてその動き（変動）が大きい傾向
があります。たとえば，リーマンショック後の投資（機械受注額）をみると，
非製造業よりも製造業で大きく落ち込んでいます。ただし，新型コロナウイル
ス感染症拡大の時期は，非製造業で停滞しているのに対して，製造業ではむし
ろ増加しています。このように景気動向は，製造業と非製造業で違いがあり，
海外経済の動向も加味しながらその違いの原因を分析していきます。

コラム7.1　法人企業統計のデータ入手

　法人企業統計調査は長期にわたる統計で，かつ，調査項目が多いため，そのデータサイズは非常に大きくなっています。たとえば，e-Statで四半期調査の「時系列データ 金融業，保険業以外の業種（原数値）」をみると，2021年度第1四半期時点でのサンプルサイズは約2,105万と出ます。

　そのため，通常は，e-Statのウェブサイトでデータベースの時系列データ検索をして必要なものを取り出したり，あるいはExcel形式のファイルですでにまとめられているものを利用したりすることになります。しかしながら，そうするよりも必要なデータのみを入手するほうが簡単です。すでに，**コラム6.2**で総務省統計局e-Statでの登録と**アプリケーションID**の取得をしていれば，以下の手順により，必要なデータのみを取得することができます。

　e-Statの各統計には，**政府統計コード**（法人企業統計調査の場合は00350600）がありますが，さらに，その統計はいくつもの統計表からなっており，それぞれ固有の**統計表ID**があります。法人企業統計の四半期調査「時系列データ 金融業，保険業以外の業種（原数値）」は0003060191で，年次調査の場合は0003060791です。法人企業統計では，調査項目，業種，規模の3つの組合せがあり，それらのコードを調べるには，メタ情報を確認します。

　ここでe-StatのAPI機能を利用し（2019年7月からのAPI仕様のバージョンは3.0に基づきます），CSV形式でメタ情報を取得（getSimpleMetaInfo?）します。また，CSVファイルをGoogleスプレッドシートで直接読み込むことで，必要な情報を確認しやすくします。

　Googleスプレッドシートのどこかのセルに以下のように入力してみてください。ただし，***アプリケーションID***とある部分には，各自で取得したe-StatのアプリケーションID（appId）を記載します。記号***は入力しません。また，入力時に改行はしません。なお，https://～部分によりウェブブラウザで閲覧することもできますが，可視性はよくありません。

```
=IMPORTDATA("https://api.e-stat.go.jp/rest/3.0/app/getSi
mpleMetaInfo?statsDataId=0003060191&appId=*** アプリケーシ
ョン ID***")
```

　statsDataId=0003060191で四半期調査の統計表IDを指定しています。年次調査の場合はstatsDataId=0003060791とします。得られた結果例は図のようになります。ここで，最初のA列にcat01とあり，その他にcat02とcat03があります。

また，C 列（CLASS_CODE）には調査項目のコード番号が出てきます。

| A1 | ▼ | *fx* | =IMPORTDATA("https://api.e-stat.go.jp/rest/3.0/app/getSimpleMetaInfo?statsDataId=0003060191&appId=▮▮▮▮▮▮▮▮▮▮▮▮▮▮▮▮▮▮▮▮▮▮▮") |

	A	B	C	D	E	F
1	RESULT					
5	TABLE_INF	3060191				
6	STAT_NAME	350600	法人企業統計調査			
7	GOV_ORG	350	財務省			
8	STATISTICS_NAME	法人企業統計調査 時系列データ				
9	TITLE	1	時系列データ 金融業、保険業以外の業種(原数値)			
10	CYCLE	四半期				
17	OVERALL_TOTAL_NUMBER	21053196				
18	UPDATED_DATE	44713				
19	STATISTICS_NAME_SPEC	法人企業統計調査	時系列データ			
20	TITLE_SPEC	時系列データ	金融業、保険業以外の業種(原数値)			
21	CLASS_INF					
22	CLASS_OBJ_ID	CLASS_OBJ_NAME	CLASS_CODE	CLASS_NAME	CLASS_LEV	CLASS_UNI' CLA
23	cat01	調査項目 (金融業、保険	1	母集団(当期末)	1	社
24	cat01	調査項目 (金融業、保険	2	現金・預金(当期末流動資産)	1	百万円
25	cat01	調査項目 (金融業、保険	3	受取手形・売掛金(当期末流動資産)	1	百万円
26	cat01	調査項目 (金融業、保険	4	株式(当期末流動資産)	1	百万円
27	cat01	調査項目 (金融業、保険	5	公社債(当期末流動資産)	1	百万円
28	cat01	調査項目 (金融業、保険	6	その他の有価証券(当期末流動資産)	1	百万円
29	cat01	調査項目 (金融業、保険	7	製品又は商品(当期末流動資産)	1	百万円
30	cat01	調査項目 (金融業、保険	8	仕掛品(当期末流動資産)	1	百万円
31	cat01	調査項目 (金融業、保険	9	原材料・貯蔵品(当期末流動資産)	1	百万円

　D 列（CLASS_NAME）にさまざまな調査項目が表示されていますので，ここから取得したい項目を見つけ出して，そのコード番号（C 列（CLASS_CODE））を確認していきます。調査項目は多いので，Google スプレッドの検索機能を利用するのが便利です。

　次にコードを利用して，大きなデータセットから，自分が必要とするデータのみをダウンロードします。データ取得も API 機能（getSimpleStatsData?）を利用します。

　たとえば，取得したいデータが以下のものだとします。ここで，cat01 とcat02 は 3 つの数字からなるコードなので，Google スプレッドシートで 1 と表記されている場合は，001 とします。なお，法人企業統計の場合，cat01 は調査項目で，cat02 は業種，cat03 が規模となっています。この 3 つの違いはすべて A 列（CLASS_OBJ_ID）に記載されています。他の統計だと別の名前や対象となっていたりしますが，CLASS_OBJ_ID の列で確認できます。

〈データ選択の例〉

cat01（数字 3 つ）調査項目（金融業，保険業以外の業種）
　001：母集団（当期末），081：営業利益（当期末），086：経常利益（当期末）

cat02（数字 3 つ）業種（金融業，保険業以外の業種）
　104：全産業（除く金融保険業），108：製造業，144：非製造業

> cat03（数字 2 つ）規模（金融業，保険業以外の業種）
>
> 　26：全規模，25：10 億円以上，19：1 千万円以上〜1 億円未満

　CSV 形式ファイルでデータを取得する場合は，上記のコードを以下のように &cdCat01= の後にカンマ（,）でつないでいき，取得のためのアドレスを作成します。cat02 と cat03 のコードも同様にします。なお，ここでわかりやすいように改行していますが，実際には改行せずにそのままつないで記載します。スペースは必要ありません。

```
http://api.e-stat.go.jp/rest/3.0/app/getSimpleStatsData?
statsDataId=000306019&appId=*** アプリケーション ID***
&cdCat01=001,081,086
&cdCat02=104,108,086
&cdCat03=26,25,19
```

　このアドレスで，データ取得可能です。ウェブブラウザで直接閲覧できますが，IMPORTDATA 関数により Google スプレッドシートから読み込むこともできます。あるいは，R や Python などのプログラムで取得することも可能です。

　Google スプレッドシートの利用では，後でコードを変更しやすいように，次の図にあるように，各部分を別々にセルに入力しておく方法もあります。ここでは，A5 セルに=IMPORTDATA(A1&B2&B3&B4) と入力しています。これは A1，B2，B3，B4 に記入した文字を & でつなぎ合わせて，そのアドレスからデータを取得していることを意味します。

　TTOTAL_NUMBER に取得したデータの数があり，この例の場合は 4,770 です。元のデータサイズ（OVERALL_TOTAL）は約 2,105 万なので，かなり絞り込んでいることがわかります。例は 1954 年 4-6 月期からの時系列データですが，もし期間を変更したい場合，たとえば 1990 年第 1 四半期（コード表記は 19901）からとする場合，パラメータに &cdTimeFrom=19901 を追加します。もし，さらにある期までとしたい場合は &cdTimeTo=で指定することができます。

　AI，機械学習，ディープラーニングなどビッグデータという非常に大きなサイズのデータを分析する技術が注目されています。経済学分野でも個票（元の個別のデータ）の時系列データ利用など，データのサイズが大きいものを利用した分析が増えてきています。皆さんも法人企業統計の利用をその学習の第一歩として，試してみてください。

A5	▼	fx	=IMPORTDATA(A1&B2&B3&B4)							
	A	B	C	D	E	F	G	H	I	J
1	http://api.e-stat.go.jp/rest/3.0/app/getSimpleStatsData?statsDataId=0003060191&appId=									
2	cat01 調査項目	&cdCat01=001,081,086								
3	cat02 業種	&cdCat02=104,108,086								
4	cat03 規模	&cdCat03=26,25,19								
5	RESULT									
6	STATUS	0								
10	TOTAL_NUMBER	4,770								
11	FROM_NUMBER	1								
12	TO_NUMBER	4770								
13	TABLE_INF	3060191								
14	STAT_NAME	350600	法人企業統計調査							
15	GOV_ORG	350	財務省							
16	STATISTICS_NAME	法人企業統計調査 時系列データ								
17	TITLE	1	時系列データ 金融業、保険業以外の業種(原数値)							
18	CYCLE	四半期								
25	OVERALL_TOTAL	21,053,196								
26	UPDATED_DATE	44713								
27	STATISTICS_NAME	法人企業統計調	時系列データ							
28	TITLE_SPEC	時系列データ	金融業、保険業以外の業種(原数値)							
29	NOTE	*	計算結果が値を持たない項目							
30	VALUE									
31	cat01_code	調査項目（金融）	cat02_code	業種（金融業、	cat03_code	規模（金融	time_co	年　期	unit	value
32	1	母集団(当期末)	104	全産業（除く金	26	全規模	19542	1954年4 - 6月	社	6013
33	1	母集団(当期末)	104	全産業（除く金	26	全規模	19543	1954年7 - 9月	社	6085

　なお，Googleスプレッドシート（他の表計算ソフトも同様）には扱えるデータ量に上限があります。今回はデータを絞り込んで利用していますが，それでも上限を超えることがあるかもしれません。その場合は，プログラミングによるデータ取得が必要となります。

レクチャー7.2　日本の貿易

● 産業構造とグローバル化

　第4章の国際収支表（Balance of Payments）でみたように，日本の経常収支では，財・サービスの貿易収支よりも所得収支（第一次所得収支）が大きな割合を占めるようになっています。2021年の貿易収支が約1.7兆円なのに対して第一次所得収支は約20.5兆円でした。第4章を復習すると，第一次所得収支は直接投資収益，証券投資収益，その他投資収益からなります。日本の企業が海外現地生産を増加させるときには対外直接投資を行うので，第一次所得収支の対外直接投資収益が増えることになります。第一次所得収支が大きいのは，日本企業が海外での現地生産を増加させてきたことも一因です。財務省「国際収支状況」で2021年の第一次所得収支内訳をみると，直接投資収益が約10.7兆円で，証券投資収益は約8.5兆円でした。

　図7.5は，法人企業統計の売上高と，経済産業省「海外事業基本活動」の海外現地法人売上高から**海外生産比率**（＝海外現地法人売上高／（海外現地法人

売上高＋国内法人売上高））を求めたものです。すなわち，日本企業の国内での売上に対して，海外での売上がどの程度かをとらえています。いくつかの産業をみるとともに，製造業については海外現地法人売上高（名目，兆円）を棒グラフにして重ねて示しています。

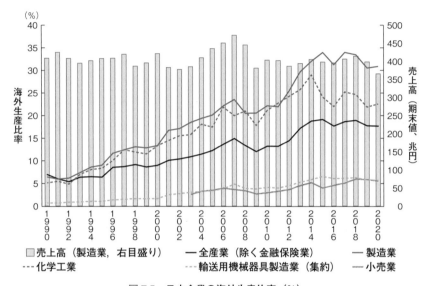

図 7.5　**日本企業の海外生産比率（%）**

（出所）財務省「法人企業統計」（売上高（当期末））および経済産業省「海外事業基本活動」（海外現地法人売上高）より作成

（注）海外生産比率＝海外現地法人売上高／（海外現地法人売上高＋国内法人売上高）。全産業は，法人企業統計では「全産業（除く金融保険業）」の値，海外事業基本活動では「合計」を用いた。

　1990 年以降，海外生産比率は上昇傾向にありましたが，2013 年頃からは横ばいです。2013 年はアベノミクスとよばれる一連の経済政策が採用され，為替レートは円安傾向となりました。円安であれば，企業は海外で生産せずとも，日本から輸出することで利益を得ることができます。

　日本の海外での現地生産が増加し始めたのは，1980 年代半ばからの円高の影響です。日米経常収支不均衡などの解決のため，1985 年 9 月にニューヨークのプラザホテルで開催された先進 5 カ国財務大臣・中央銀行総裁会議（G5）でドル安政策が採用されました[3]。これはプラザ合意とよばれています。円／ド

---

[3]　1970 年代の 2 度の石油ショック後，日本の実質賃金が相対的に安くなったこと，省エネルギーである日本の小型自動車への需要が増えたことなどから，日本から米国への輸出が急増した。米国は財政赤字と貿易赤字の双子の赤字を抱えることになり，日米貿易摩擦が生じた。

ルの為替レートは急激な円高となり，1985年8月に1ドル約240円だったものが1988年末頃には1ドル124円台にまで増価しました。

ただし，為替レートのみが要因ではありません。2000年代以降も海外生産比率は上昇しているのは，経済のグローバル化によると考えられます。分業による生産が国内や企業内のみでなく，世界的な規模で行われています。かつては，発展途上国などから原材料費（中間財）を輸入して，先進国で最終財を製造して国内販売や海外に輸出するような**垂直的国際分業**が中心でした。グローバル化によって同じ種類でも特徴が異なる財を先進国間で相互に輸出入する**水平的国際分業**が増加しました。加えて，企業はさまざまな国で原材料や部品を調達・生産する**グローバル・バリュー・チェーン**（global value chain）を形成するようになっています。

貿易構造はグローバル化により複雑化し，製品，企業，産業，国でその特徴が異なります。その構造を個人で経済統計などから把握するのは難しいので，経済産業省の『**通商白書**』を読むことをおすすめします。貿易に限らず，その分野の構造問題を知るには，政府の白書が参考になります。

たとえば，図7.6は2022年の『通商白書』から，日系製造業の立地・調達をまとめたものを抜粋しました。製造業の日系企業がどの国から調達し，販売しているのかという動きがわかります。日系企業は，アジアからは輸出と輸入がともに大きく，一方で，欧米へは輸出が中心です。**域内貿易**とはアジア，ヨーロッパ，北米など近距離の地域内における貿易のことです。

「……アジア域内の日本，中国，ASEAN，NIEs間に相互に調達の流れがあり，特に中国，ASEANには日本やアジアの他の地域からの資材が流入している。既に世界貿易において中国やASEANにアジアから中間財が集まっているのを見たが，日系製造業の調達網においても同様の動きが見える。一方，アジアと北米，欧州のように地域をまたがる調達も存在するが規模は限られている。本節冒頭で見たように，輸送費の関係から近距離の貿易が多く，域内貿易比率が高まる動きと整合的である。」

（経済産業省『通商白書2022』263ページより）

その解決のためのドル安政策であった。

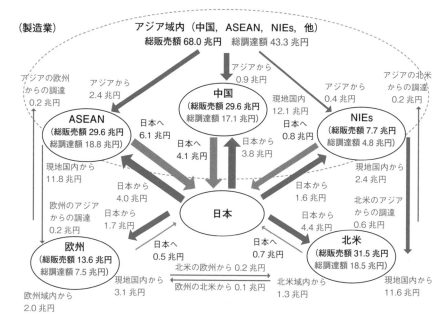

（製造業）

アジア域内（中国，ASEAN，NIEs，他）
総販売額 68.0 兆円　総調達額 43.3 兆円

アジアの欧州からの調達 0.2 兆円

アジアから 2.4 兆円

アジアから 0.9 兆円

アジアから 0.4 兆円

アジアの北米からの調達 0.2 兆円

中国
（総販売額 29.6 兆円
総調達額 17.1 兆円）

現地国内 12.1 兆円

ASEAN
（総販売額 29.6 兆円
総調達額 18.8 兆円）

日本へ 6.1 兆円

日本へ 4.1 兆円

日本へ 0.8 兆円

日本から 3.8 兆円

NIEs
（総販売額 7.7 兆円
総調達額 4.8 兆円）

現地国内から 11.8 兆円

日本から 4.0 兆円

日本から 1.6 兆円

現地国内から 2.4 兆円

欧州のアジアからの調達 0.2 兆円

日本から 1.7 兆円

日本

日本から 4.4 兆円

北米のアジアからの調達 0.6 兆円

欧州
（総販売額 13.6 兆円
総調達額 7.5 兆円）

日本へ 0.5 兆円

日本へ 0.7 兆円

北米
（総販売額 31.5 兆円
総調達額 18.5 兆円）

現地国内から 3.1 兆円

北米の欧州から 0.2 兆円

欧州の北米から 0.1 兆円

北米域内から 1.3 兆円

現地国内から 11.6 兆円

欧州域内から 2.0 兆円

図 7.6　日系製造業の立地・調達（2019 年度）

（出所）経済産業省『通商白書 2022』（第Ⅱ-1-1-43 図　日系製造業の立地・調達（2019 年度），263 ページ）抜粋

（注）図は経済産業省「海外事業活動基本調査」から作成されている。

●貿易動向

　次に日本の貿易（輸出と輸入）の特徴をみてみましょう。表7.3 は，輸出と輸入それぞれにおいて，いくつか選んだ品目の全体に占める割合です。1990 年から 5 年ごと，2020 年までの数値となっています。

　輸出に占める割合が大きいのは，自動車を含む輸送用機器，電気機器，一般機械です。電気機器はやや減少傾向がみられます。科学光学機器は写真（カメラ），めがね，時計などですが，デジタルカメラがスマートフォンに代替された影響がみられ，2000 年の 5.1％から 2020 年は 2.9％へと減少しました。

　一般機械は多様な機械を含みます。統計項目をみると，原動機（蒸気発生ボイラー等），加熱用・冷却用機器，金属加工機械，繊維機械，半導体等製造装置，農業用機械，食料品加工機械，建設用・鉱山用機械，事務用機器，印刷機械及び製本機械など，生産のための機械が中心です。日本は，図7.6 でみたよ

表7.3 日本の輸出・輸入各項目の対総額比（構成割合，%）
（出所）財務省「普通貿易統計」（概況品別国別表）から作成

輸出 年 (平均)	化学製品	原料別製品	鉄鋼	一般機械	電気機器	半導体等電子部品	輸送用機器	自動車	科学光学機器
1990	5.3	13.3	5.8	21.1	23.4	4.6	24.9	18.5	4.1
1995	6.8	11.2	4.0	24.0	25.6	9.2	20.4	12.0	4.2
2000	7.4	9.8	3.1	21.5	26.4	8.9	21.0	13.4	5.1
2005	8.9	11.3	4.6	20.4	22.1	6.7	23.2	15.1	3.8
2010	10.3	13.0	5.5	19.7	18.8	6.2	22.6	13.6	3.0
2015	10.3	12.2	4.9	19.1	17.6	5.2	24.0	15.9	3.1
2020	12.6	11.0	3.8	19.3	18.9	6.1	20.8	13.7	2.9

輸入 年 (平均)	食料品及び動物	鉱物性燃料	原油及び粗油	液化天然ガス	化学製品	医薬品	電気機器	通信機	雑製品
1990	14.3	20.5	10.1	2.8	7.9	1.4	5.0	0.3	10.0
1995	13.7	16.0	9.0	2.3	7.4	1.5	10.3	0.9	14.1
2000	10.9	20.3	11.7	3.4	7.0	1.3	14.2	1.4	14.0
2005	8.7	25.4	15.4	3.5	7.6	1.6	13.0	0.7	13.0
2010	7.6	28.7	15.5	5.7	8.9	2.5	13.3	2.1	11.3
2015	8.0	23.2	10.4	7.0	9.9	3.7	15.3	3.7	12.7
2020	8.6	16.4	6.7	4.7	11.6	4.7	16.7	4.2	12.9

（注）数値の単位は％で，輸出総額または輸入総額に占める各項目の割合を示す。

うな**最終財**の部品だけでなく，製造のための機械などの**中間財**の輸出割合も高いのです。日本の輸出の比重は，自動車や電気製品などの最終財貿易から一般機械のような中間財貿易へと変化してきました。

　輸入は原油や液化天然ガスなどの鉱物性燃料の割合が高くなっています。2011年の東日本大震災後に原子力発電所が停止となったため，発電用の液化天然ガス輸入が増加しました。ただし，2020年では低下しています。新型コロナウイルス感染症拡大による内需低迷や一時的に国際価格が低下したためです。

　第4章の**図4.12**（輸入額と輸入量：原油及び粗油の輸入）でみたように，鉱物性燃料（エネルギー）への需要は比較的固定的なので，その輸入数量は一定です（ただし，省エネ等により減少傾向）。しかしながら，国際価格や為替

レートの変動により，その輸入額は変動します。

　食料品（及び動物）の輸入構成比率は以前よりも低くなっています。とはい
え，金額では，2000年の4.44兆円から2015年では6.23兆円へと増加してい
ます。輸入では電気機器のうち通信機（スマートフォンなど）の比率が高まり，
液化天然ガスと同程度の規模です。2015年の金額を調べてみると，液化天然
ガスが約5.5兆円で，通信機は約2.9兆円です。2020年の医薬品輸入割合が高
まったのは新型コロナウイルス感染症拡大の影響と思われます。

　図7.7は輸出についてのみ，表7.3と同じ各財の構成比率を図にしたもの
で，1988年からの長期で示しました。中間財では，一般機械だけでなく化学製
品の割合が徐々に高まってきました。一方で最終財である電気機器の割合は
1990年代から低下傾向が続いています。同じ最終財の中でも自動車は一定割
合で推移してきました。下段図をみると，半導体等電子部品が特に低下傾向に
あります。一方で，半導体等製造装置は増加しています。このように日本の貿

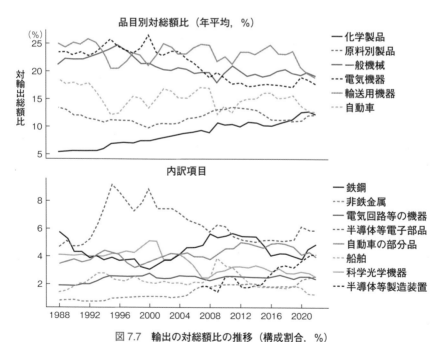

図7.7　輸出の対総額比の推移（構成割合，%）

（出所）財務省「普通貿易統計」（概況品別国別表）から作成
（注）上段図の分類に対して，下段図はその中の項目のうちいくつかの財である。自動車は輸送用機器
の内訳項目の一つだが，構成比率が大きい。そのため，図で動きがわかりやすいように上段図に含め
た。

易構造の中間財貿易へのシフトは中長期で徐々に進んできたことがわかります。

　表7.4は，化学製品，一般機械，電気機器，輸送用機器における，輸出相手国の金額上位10か国についてのシェア（％）と金額で，2000年と2019年を比較しています。2000年ではすべてにおいて，アメリカ合衆国がもっとも大きなシェアを占めていましたが，2019年では中国（中華人民共和国）のシェアが高まりました。ただし，自動車などの輸送用機器については2019年時点でもアメリカ合衆国への輸出シェアが1位です。中間財はアジア諸国への輸出が中心となっている一方で，最終財では，電気機器と輸送用機器とで輸出先に違いがあります。

表7.4　日本の輸出相手国：各財シェア上位10カ国
（出所）財務省「普通貿易統計」（概況品別国別表）から作成

順位	化学製品 2000年	シェア	10億円	2019年	シェア	10億円	一般機械 2000年	シェア	10億円	2019年	シェア	10億円
1	アメリカ合衆国	18.1	689	中華人民共和国	29.1	2,542	アメリカ合衆国	30.4	3,374	アメリカ合衆国	23.9	3,620
2	台湾	13.9	531	大韓民国	14.4	1,257	台湾	9.7	1,074	中華人民共和国	22.5	3,397
3	大韓民国	12.1	459	アメリカ合衆国	12.2	1,066	大韓民国	5.9	655	台湾	6.2	942
4	中華人民共和国	11.3	430	台湾	10.7	936	中華人民共和国	5.8	640	大韓民国	6.0	912
5	香港	6.7	254	タイ	3.9	340	オランダ	5.1	566	タイ	4.7	713
6	タイ	3.7	139	香港	3.9	337	シンガポール	4.5	503	オランダ	3.0	461
7	シンガポール	3.4	131	ドイツ	2.6	226	ドイツ	4.4	486	ドイツ	2.8	421
8	マレーシア	3.1	116	インド	2.2	196	香港	3.7	407	インドネシア	2.8	418
9	オランダ	2.6	99	シンガポール	2.2	193	英国	3.2	354	インド	2.2	329
10	ドイツ	2.6	97	ベトナム	2.2	189	タイ	3.1	348	シンガポール	2.1	312

順位	電気機器 2000年	シェア	10億円	2019年	シェア	10億円	輸送用機器 2000年	シェア	10億円	2019年	シェア	10億円
1	アメリカ合衆国	26.0	3,556	中華人民共和国	23.0	3,039	アメリカ合衆国	43.6	4,720	アメリカ合衆国	31.2	5,645
2	香港	8.4	1,152	アメリカ合衆国	15.1	1,989	パナマ	6.2	666	中華人民共和国	8.3	1,506
3	大韓民国	7.8	1,072	香港	10.4	1,374	オーストラリア	4.2	457	オーストラリア	4.1	747
4	台湾	7.1	970	台湾	8.4	1,107	カナダ	3.4	367	パナマ	3.4	621
5	シンガポール	6.9	937	大韓民国	6.4	848	英国	3.1	336	カナダ	2.9	522
6	中華人民共和国	6.6	899	タイ	5.0	655	ドイツ	2.9	310	アラブ首長国連邦	2.6	467
7	ドイツ	5.5	750	ドイツ	4.7	619	イタリア	1.9	209	ロシア	2.4	437
8	マレーシア	4.8	651	ベトナム	3.6	476	台湾	1.5	163	英国	2.4	431
9	英国	3.7	510	シンガポール	3.0	398	シンガポール	1.5	162	ベルギー	2.1	384
10	フィリピン	3.4	458	マレーシア	2.8	367	香港	1.4	156	タイ	2.1	376

（注）シェアの単位は％で，それぞれにおける総額に対する割合を示す。

コラム 7.2　貿易統計のデータ入手と整形

本文でみたように貿易構造は複雑です。品別×国別×時間×(輸出・輸入)での組合せなので、データサイズも大きくなります。たとえば、表7.4 はシンプルな表にみえますが、データを入手して、表計算ソフトで整理し作成するのは相当な時間がかかるはずです。

労働力調査や法人企業統計でのデータ取得では、1 つの統計表 ID で必要なデータをおおむね入手することができました。しかしながら、貿易統計は大きなデータセットのため、統計表が分かれています。たとえば、概況品別国別表の輸出を時系列で分析したい場合は、複数の統計表をつなぎ合わせなければなりません。こうなると、これまで利用してきた Google スプレッドシートでは分析が難しくなります。

加えて、データベースの統計は、普段皆さんがみるような形の表ではなく、縦にデータが並んでいるだけです。たとえば、中国への自動車の輸出額の推移を知りたい場合、国々から中国を選び、さらに輸出品から自動車を選び、そして時系列でデータを並び替える必要があります。

そこで、貿易統計の輸出を例に、Google Colaboratory を利用した Python プログラミングでデータ入手、統合、整形、データ保存の作業をしてみましょう。まずは Google スプレッドシートを利用して、API 機能で統計表情報(getSimple StatsList?statsCode=)を取得します。貿易統計の政府統計コードは 00350300 です。ただし、表示項目が多すぎるので、QUERY 関数で表示する列を選んでいます(この例では 1, 7, 8, 9, 30 列を表示、統計によって適宜変更します)。図のように結果が表示されます。

```
=QUERY(IMPORTDATA("https://api.e-stat.go.jp/rest/3.0/
app/getSimpleStatsList?statsCode=00350300&appId=***アプリ
ケーション ID***"),"SELECT Col1, Col17, Col8, Col19, Col30")
```

A 列(TABLE_INF)に表示されるのが貿易統計各調査の統計表 ID です。例として輸出統計を時系列(2006 年から 2020 年)で取得します。この場合、3 つの統計表の入手が必要です。

なお、概況品別国別表というものを利用しますが、それぞれの統計表のサンプルサイズは 400 万を超えます。3 つで約 1,300 万となり、かなりデータ数が多くなっています。ちなみに、品別国別表というさらに細かなデータでは、輸出 5 年間分のみでも 3,000 万前後にもなります。

```
↶ ↷ 🖨 ♇ | 100% ▼ | ¥ % .0 .00 123▼ | デフォルト... ▼ | 10 ▼ | B I S̶ A̲ | ◇. 田 ▦ ▼ | ⋯
A8        fx   =QUERY(IMPORTDATA("https://api.e-stat.go.jp/rest/3.0/app/getSimpleStatsList?
              statsCode=00350300&appId=b2f2eb8bf7ce4e362ea591b1fe6664354c8fd623*"),"SELECT Col1,Col7,Col8,Col19,Col30")
```

	A	B	C	D	E
24	3425294	品別国別表	輸入	確速 品別国別表 (輸入 1-12月：確々報)2021年 (輸入 1-5月：確報 6)	6,878,410
25	3228190	概況品別国別表	輸出	確定 概況品別国別表 (輸出 1-12月：確定) 2001年〜2005年	4,392,130
26	3228191	概況品別国別表	輸出	確定 概況品別国別表 (輸出 1-12月：確定) 2006年〜2010年	4,406,018
27	3228192	概況品別国別表	輸出	確定 概況品別国別表 (輸出 1-12月：確定) 2011年〜2015年	4,278,480
28	3258349	概況品別国別表	輸出	確定 概況品別国別表 (輸出 1-12月：確定) 1988年〜1990年	2,982,187
29	3258350	概況品別国別表	輸出	確定 概況品別国別表 (輸出 1-12月：確定) 1991年〜1995年	4,779,146
30	3258351	概況品別国別表	輸出	確定 概況品別国別表 (輸出 1-12月：確定) 1996年〜2000年	4,609,621
31	3313967	概況品別国別表	輸出	確定 概況品別国別表 (輸出 1-12月：確定) 2016年〜2020年	4,264,730
32	3425295	概況品別国別表	輸出	確報 概況品別国別表 (輸出 1-12月：確々報)2021年，(輸出 1-6月：確報	1,567,118
33	3228197	概況品別国別表	輸入	確定 概況品別国別表 (輸入 1-12月：確定) 2001年〜2005年	2,338,983
34	3228198	概況品別国別表	輸入	確定 概況品別国別表 (輸入 1-12月：確定) 2006年〜2010年	2,305,606
35	3228199	概況品別国別表	輸入	確定 概況品別国別表 (輸入 1-12月：確定) 2011年〜2015年	2,302,611
36	3258352	概況品別国別表	輸入	確定 概況品別国別表 (輸入 1-12月：確定) 1988年〜1990年	1,167,746
37	3258353	概況品別国別表	輸入	確定 概況品別国別表 (輸入 1-12月：確定) 1991年〜1995年	2,055,794
38	3258354	概況品別国別表	輸入	確定 概況品別国別表 (輸入 1-12月：確定) 1996年〜2000年	2,265,109
39	3313968	概況品別国別表	輸入	確定 概況品別国別表 (輸入 1-12月：確定) 2016年〜2020年	2,381,732
40	3425296	概況品別国別表	輸入	確速 概況品別国別表 (輸入 1-12月：確々報)2021年 (輸入 1-5月：確報	921,720
41	3228204	航空貨物品別国別表	輸出	確定 航空貨物品別国別表 (輸出 1-12月：確定) 2001年〜2005年	16,461,287

TABLE_INF（数字 10 文字）確定　概況品別国別表（輸出 1-12 月：確定）

　　0003228191：2006 年〜2010 年

　　0003228192：2011 年〜2015 年

　　0003313967：2016 年〜2020 年

　次に調査項目のコードを調べる必要があります。これは，法人企業統計の例と同じ方法です。Google スプレッドシートに以下のように入力すると，調査項目が表示されます（statsCode ではなく statsDataId となっていることに注意）。その情報からコードを選び出します。貿易統計では，コードがやや複雑（数字が多め）になっています。

```
=IMPORTDATA("https://api.e-stat.go.jp/rest/3.0/app/getSi
mpleMetaInfo?statsDataId=0003228191&appId=*** アプリケーシ
ョン ID***")
```

cat01（数字 8 つ）概況品目（輸出）

　　61100000：鉄鋼，70503000：自動車

cat02（数字 3 つ）概況品目表の数量・金額

　　110：合計＿数量，120：合計＿金額

area 国

　　50105：中華人民共和国，50304：アメリカ合衆国

```
〈統計表 ID データは以下のようなアドレスからも取得可能（改行はしない）〉
http://api.e-stat.go.jp/rest/3.0/app/getSimpleStatsData?
statsDataId=0003228191&appId=*** アプリケーション ID***
&cdCat01=61100000,70503000
&cdCat02=110,120
&cdArea=50105,50304
```

　準備が整いましたので，次にプログラミングでデータ取得し，3 つの統計表を
つなぎ合わせた上で，表を整形します。プログラムの説明は省略しますが，概要
としては，for n in range(0,len(ID)): からの部分で，ID で指定した統計表を順番
に読み込んでいます。pd.concat( ) というのが，表を結合するための関数です。
pd.pivot_table( ) は，表を並べ替えています。国・時系列ごとに，列としては
「概況品目（輸出）」別に数量と金額を示しています。なお，ここで系列名に半角
カッコ「( )」が含まれていたりして入力ミスしやすいので，print(ex.columns)
で表示された系列名をコピーして入力するのがよいでしょう。

```
#アプリケーション ID の記入
・appId='appId=*** アプリケーション ID***'

#読み込みたい統計 ID のリストの記入。[] で囲みリストにする。
#〈例〉確定 概況品別国別表 ( 輸出 1-12 月：確定 )
・ID=['0003228191','0003228192','0003313967']

#データの選択〈貿易統計・輸出の例〉
#cat01 概況品目（輸出）
・cat01='&cdCat01=61100000,70503000'
#cat02 概況品目表の数量・金額
・cat02='&cdCat02=110,120'
#area 国
・area='&cdArea=50105,50304'
```

```
・import pandas as pd
#データ取得のアドレス（準備）
・url00='http：//api.e-stat.go.jp/rest/3.0/app/getSimple
  StatsData?'
・param='&sectionHeaderFlg=2&statsDataId='
・url01=url00+appId+cat01+cat02+area

#統計 ID のリストの統計を順番に取得し，統合していく。
#for 構文の中のインデント（空白）に注意。
・ex=pd.DataFrame()
・for n in range(0,len(ID)):
・    data=url01+param+ID[n]
・    add=pd.read_csv(data, header=0, index_col=None)
・    ex=pd.concat([ex, add], axis=0)
#列名を表示（確認用）
・print(ex.columns)
```

　ex.to_excel('輸出.xlsx') という命令で，得られたデータを「輸出.xlsx」という
ファイル名で保存（Excel 形式）しています。Google Drive に保存されています
ので，それをダウンロードすれば，得られた統計表を他で利用（図表作成や統計
分析）が可能になります。

```
#統計情報 url（確認用）。数値の単位など確認できる。
・print(url01+'&statsDataId='+ID[0])

#pivot_table でデータを並べ替える。
・ex=pd.pivot_table(ex, index=['国','時間軸（年次）'],
    columns=['概況品目（輸出）','概況品目表の数量・金額 '],
    values='value')

#データ表示
・display(ex)
#Excel 形式で保存
・ex.to_excel('輸出.xlsx')
```

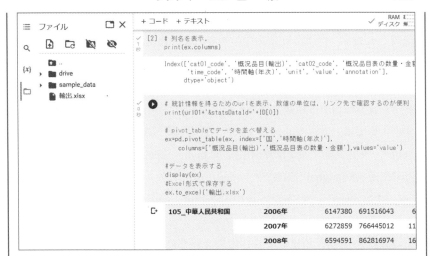

本章コラムでは，例題により e-Stat からの本格的なデータ取得について紹介しました。ここまでの方法で一通りの作業が可能です。ただし，データ形式は統計ごとに異なるため，同じようにできても統計は同じではありません。あるいはプログラミングの各行の意味の理解が不十分と感じるかもしれません。けれども，まずは試してみることで，今後の学習の道しるべとなるでしょう。

レクチャー **7.3** 金　　融

● 金融，株式市場

　日本経済のニュースとして日々話題となるのが，株価や為替レートといった金融市場の動きです。財・サービス市場と比べると金融市場の動きは速く，また，グローバルに資金が動いています。

　株式市場では株式会社の株式が売買されます。本章の企業の実態で学んだように，株式会社は，株式の発行により広く資本を調達し，株式を保有する株主が会社の所有者となります。資本により会社が利益を生み出すと，株主に**配当金**として還元されます。

　資本の株主（出資者）は**有限責任**を負うのみです。たとえば，会社が破産した場合，出資した分の責任は負い返却されませんが，会社の負債などの負担は負いません。

　株式は持ち分の自由譲渡性があり，株式公開している場合は株式市場で自由に売買されます。株式会社は一定の審査により**証券取引所**（Stock exchange）での株式取引が可能になり，証券取引所で株式を公開した企業は**上場企業**とよばれます。

　日本の証券取引所は複数ありますが，中心的かつ最大なのが**東京証券取引所**です。世界では，米国のニューヨーク証券取引所（NYSE; New York Stock Exchange），英国のロンドン証券取引所（London Stock Exchange），中国の上海証券取引所（Shanghai Stock Exchange）などがあります。米国には NASDAQ（National Association of Securities Dealers Automated Quotations；ナスダック）もあります。

　東京証券取引所は 2022 年 4 月に市場区分を再編しました。かつては，大企業向けの第 1 部，中堅企業向けの第 2 部，成長企業やその他の企業向けのマザーズや JASDAQ でした。再編後は，**プライム，スタンダード，グロース**の区分となりました。上場基準はプライムがもっとも高く，新規上場基準をみると最近 2 年間の利益合計が 25 億円以上，売上高 100 億円以上かつ時価総額 1,000億円以上などとなっています。2022 年 8 月の上場企業数は，プライムが 1,838社，スタンダードが 1,452 社です。再編直前の 2021 年末（日本取引所グループ「上場会社数の推移」に基づく）では，東証 1 部が 2,182 社，東証 2 部が472 社でした。

　株式の取引価格を**株価**といいます。また，株価に株式発行枚数を乗じたものを**時価総額**といいます。株式の発行枚数は会社によって異なります。たとえば，その企業の企業価値が 1 億円として，10 万の株式を発行していれば株価（株式 1 当たり）は 1,000 円（＝ 1 億円／ 1 万）となりますが，もし 1 万の発行であれば 1 万円になるでしょう。

　例として 2022 年 12 月 30 日（1 年の最終取引日で大納会という）の終値でみると，トヨタ自動車（株）の株価は 1,812.5 円で，ソニーグループ（株）は10,035 円と株価はソニーが高くなっています。時価総額はトヨタ自動車が 29.6兆円程度に対して，ソニーはそれよりも小さい 12.7 兆円程度です。これは発行済株式数に違いがあるためです。

　株価を決めるのは，その会社の将来にわたる利益の合計です。将来予想も含むため，その市場予想の変化で株価も瞬時に変化します。このような会社の利

益を踏まえて導出される株価を**マーケット・ファンダメンタルズ**といい，将来にわたる配当金の割引現在価値[4]となります。

　証券取引所の取引時間における1日の開始時点で最初についた株価を，**始値**（はじめね）といいます。1日の間でもっとも高い値を**高値**（たかね），逆にもっとも安い値を**安値**（やすね）といいます。そして，最後についた値を**終値**（おわりね）といいます。

　ニュースでよく紹介される**日経平均株価指数**は，日本経済新聞社が作成しているもので，上場企業のうち225社の（調整された）平均株価です。別にTOPIX（トピックス；東証株価指数）という指標もあり，こちらは東京証券取引所が作成しています。

　株価など1日の間に動きがある指標をみるとき，**ローソク足**（あし）**チャート**とよばれるグラフを目にすることもあるでしょう。図7.8右はその説明です。高値と安値は同じく描かれますが，始値と終値のどちらが大きかったかで，色づけが異なります。その日に値段が上がったのか下がったのかがわかります。図7.8左は，リーマンショック（世界金融危機）が発生した2018年9月以降のローソク足チャート図です[5]。連日，始値より終値が低く，かつ，その幅が大きかっ

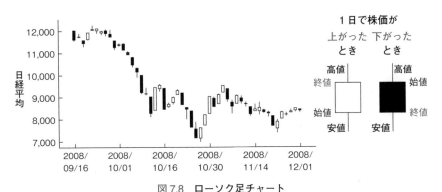

図7.8　ローソク足チャート

（出所）株価データは，GoogleスプレッドシートのGOOGLEFINANCE関数を用いてGoogle Financeから取得

（注）2008年9月16日～2008年12月1日（日次データ，リーマンショック後の動き）。

---

[4] 時間を通じた家計の消費で学んだように，時間選好として，将来の価値は差し引かれる。マーケット・ファンダメンタルズでも同様に金利で将来の値を割り引く。すなわち来期の配当金は「配当金/(1＋金利)」とし，その次はさらに割り引くので「配当金/(1＋金利)^2」とする。

[5] 図データ取得にはGoogleスプレッドシートの**GOOGLEFINANCE**関数を用いた。ここで

たことが一目でわかります。

● 金融資産と負債残高

　企業が株式発行により株式市場から資金調達する仕組みを**直接金融**といいます。その他に直接金融としては，**債券市場**において**社債**の発行により資金調達する方法があります。社債を含む債券は借入れの一種で，毎期利息の支払いがあるとともに，満期になると元本が返済されます。一方で，株式は出資なので，配当金の支払いはありますが，元本の返済はありません。国が借入れを行う際に発行する**国債**も債券です。

　金融機関（金融仲介機関）から貸し出される仕組みは**間接金融**といいます。直接金融と異なり，企業は破綻等により資金を返済できない場合のリスクは金融機関が負うことになります。皆さんが自分で株式を購入し，もし株価が下がればその負担は皆さん自身が負うことになります。一方で，もし銀行に預金していれば，金融機関がその資金を株式運用していたとしても，株価下落の負担はありません。

　金融市場では，家計が余った資金を金融機関に預けたり，あるいは直接資金を企業に提供したりします。企業は金融機関から借入れをしたり，あるいは社債を発行したりします。また，政府や日銀の関わりもあったり，海外との関係があったりします。これらの関係をまとめたものが，日本銀行「**資金循環統計**」で四半期ごとに発表されています。資金循環統計では，参考図表として作成されている「部門別の金融資産・負債残高」が全体像の把握に便利です。

　図7.9は2022年第1四半期における状況です。項目がいくつも並んでいますが，その定義や範囲については以下の日本銀行「資金循環統計の解説」からの引用を参考にしてください。

は Google スプレッドシートのセルに，＝GOOGLEFINANCE("NI225", "all", "2008/9/16", "2008/12/1", "DAILY") と入力した。データはネットに接続した状態で自動取得される。NI225 というのが日経平均株価のコードで，このコードを他のものに変えるとその指標が取得できる（たとえば，円ドル為替レートのコードは CURRENCY:USDJPY）。詳しくは Google のヘルプで確認できる。

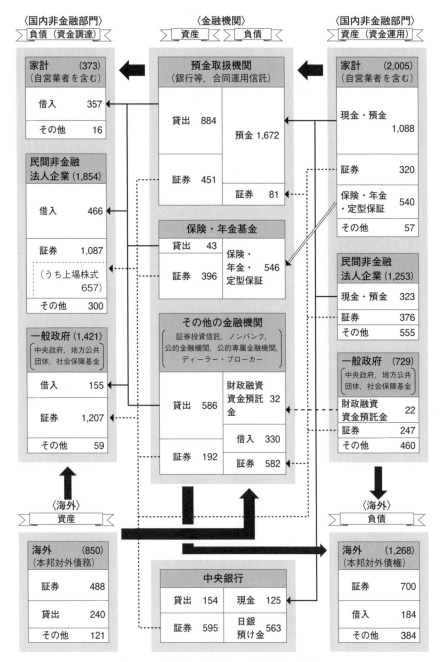

図 7.9 部門別の金融資産・負債残高（兆円）

（出所）日本銀行「資金循環統計」（2022 年第 1 四半期の資金循環（速報），参考図表，図表 1 部門別の金融資産・負債残高）抜粋

現金・預金：現金・預金は，現金，日銀預け金，政府預金，流動性預金，定期性預金，譲渡性預金，外貨預金という内訳項目で構成されている。居住者が海外金融機関に預けた預金も含まれている。

債務証券：債務証券とは，発行主体に償還義務のある証券形態の金銭債権である。（国債，財投債，地方債，CP など）

株式等・投資信託受益証券：株式等・投資信託受益証券は，債権保有者が発行主体に対して残余請求権を有している金融商品である。

保険・年金・定型保証：保険・年金・定型保証は，保険・年金契約における加入者の債権である。保険の積立金のうち加入者の持分に相当する部分のほか，年金基金の年金受給権や対年金責任者債権，定型保証支払引当金が含まれる。

（日本銀行「資金循環統計の解説」（第 4 章取引項目の定義・範囲）より引用，一部改変）

　図一番右の〈国内非金融部門〉資産（資金運用）をみると，家計，民間非金融法人企業，一般政府があります。家計の現金・預金総額は 1,088 兆円とありますが，それが，真ん中の〈金融機関〉負債として，預金取扱機関（銀行等）の負債となっています。その預金の資金は資産にある貸出となり，家計，法人企業，一般政府へと流れています。なお，家計や法人企業の現金は，中央銀行（日本銀行）の負債に現金として計上されています。

　この図で一般政府の負債にある証券は国債や地方債などの公債です。一般政府の合計で 1,207 兆円と非常に大きく，家計の現金・預金の 1,088 兆円を超えています。中央銀行の資産にある証券は，法人企業の証券も含まれますが，多くは国債です。その金額は 595 兆円にも及んでいます。

レクチャー 7.4　国際金融と為替レート

● 購買力平価説（PPP）

　図 7.9 をみると，海外との関係では，対外債権が債務よりも 400 兆円程度多くなっており，国内資金の余剰が海外で運用されている状況です。これは残高

（ストック）であり，毎期のフロー（IS バランス）における黒字額ではありません。フローの積み重ねがストックになります。

　図 7.10 は第 4 章図 4.1「マクロ経済の構造」を修正して，海外経済との関係をわかりやすくしたものです。海外への資金移動には為替レートによる通貨交換が必要です。たとえば，日本円で資金を保有する日本の金融機関が，海外でドル建て債券を購入する場合，円とドルを交換する必要があります。為替レートは金融市場とのつながりの他に，貿易（財・サービスの輸出入）との関係もあります。財・サービス市場では物価が決まりますが，海外の物価は＊印をつけています。

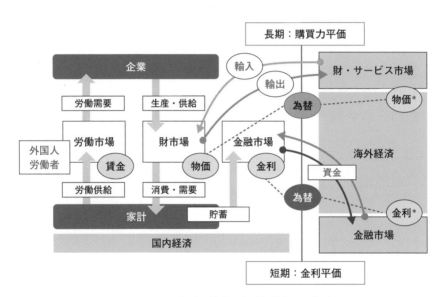

図 7.10　マクロ経済の構造：海外経済とのつながり

　為替レートが 2 国の物価水準が同一になるように定まるとするのが**購買力平価説**（PPP; Purchasing Power Parity）です。図にあるように，このとき海外との財・サービスの取引を通じた調整になります。もし，ある財の価格が国内と海外とで異なる場合，貿易業者は価格が安い国から高い国へ輸出することで利益を得ることができます。これを**裁定取引**といいます。そのような財の移動があれば需給関係から，やがてどちらの国でも同じ価格になるはずです。同一財の価格が国家間で同じになることを**一物一価の法則**といいます 。したがっ

て，購買力平価では以下が成立します。

> 自国の物価水準＝為替レート×外国の物価水準

この式が成立するときの為替レートが購買力平価（PPP）です。基準年の為替レートをベースとして，購買力平価は以下のように求められます。

$$購買力平価（PPP）＝基準時為替レート \times \frac{自国の物価水準}{外国の物価水準}$$

現実の為替レートが購買力平価と等しくなるとは限りません。皆さんが海外旅行したとき，購買力平価よりも実際の為替レートが円安であれば，海外のモノの値段を高く感じます。逆に日本に来る海外からの旅行者は日本のモノを安く感じることになります。財・サービスでの調整速度は緩やかなはずです。財を運ぶのは時間がかかるだけでなく，量の制約もあります。そのため，購買力平価は長期の為替決定理論と考えられています。

図7.11はOECDによる購買力平価説（PPP）に基づく為替レートの長期推移と，実際の為替レートを比較したものです。物価として何を指標とするかと

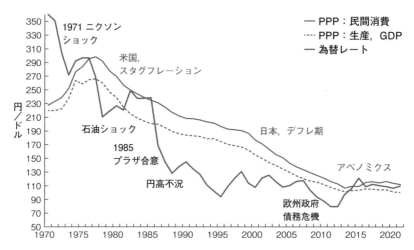

図7.11　**購買力平価（2015年基準）と為替レート**
（出所）OECD.Stat（4. PPPs and exchange rates）より作成，釣（2014）『入門 日本経済論』（図表7-1，新世社）の図をベースに期間を延ばして作成
（注）「PPP：生産, GDP」はPPP for GDP，「PPP：民間消費」はPPP for private consumptionを用いた。その他に，PPP for actual individual consumptionがある。為替レートはOECD統計から得た為替レートの年平均である。

いう問題がありますが，購買力平価の基本的な考え方に基づけば消費財でみる
のが適切でしょう。しかしながら，広くマクロ経済での変化からとらえるため
の GDP デフレータでの推計値もみています。GDP の PPP は購買力平価でみ
た GDP で国際比較するときにも利用できます。

　図をみると，PPP と実際の為替レートは短期ではあまり連動していません。
とはいえ，数十年という長い期間でとらえれば，変化の方向が同じになってい
ます。1980 年代以降，円／ドル為替レートは PPP で円高傾向でした。背景に
は米国のインフレ率が高かったり，日本が長くデフレ期（低インフレ）だった
りしたことがあります。けれども，2013 年からのアベノミクスの時期以降は
円高傾向が終了したようにみえます。

　第 2 章では実質為替レートを学びました。実質為替レートは以下のように定
義されるもので，名目為替レートが変化している点が購買力平価と異なります。
為替レートについて考えるときには，実質的為替レートも合わせてみたほうが
よさそうです。

$$実質為替レート = \frac{1}{名目為替レート} \times \frac{自国の物価指数}{外国の物価指数}$$

　筆者には，購買力平価（PPP）の解釈は難しく感じられます。次の新聞記事
では購買力平価でみた中国の GDP は，2017 年にすでに米国を逆転したとあり
ます。ただ，現時点でそうであっても，物価が調整されれば変化するかもしれ
ません。

　「米財政赤字の拡大などでドルの覇権を危ぶむ声が出てきた。米国との
激しい対立も辞さない世界第 2 位の経済大国，中国は人民元の国際化を推
し進める。通貨の覇権はどこに向かうのか。……いま，覇権国の米国に挑
むのが中国だ。2030 年までに経済規模で中国が米国を追い抜くとの試算
もある。さらに購買力平価という通貨の交換比率で比べると，17 年にす
でに逆転している。……

（2021 年 8 月 3 日付日本経済新聞電子版「中国の GDP，購買力平価では米
逆転　通貨漂流ニクソン・ショック 50 年」より引用）

● 金 利 平 価

　為替レートが 2 国の金利差により定まるとするのが**金利平価**（interest rate parity）です。資金は，グローバル世界においても一瞬で大きな額を取引することが可能ですので，金利平価は短期の為替レート決定理論といえます。

　財の場合と同じく，2 国間に金利差があればその差から利益を得る金利裁定が生じます。そのような利益が得られなくなる（その条件を**無裁定条件**という）まで，資金の移動が生じ，その過程で為替レートが調整されます。

　ただし，資金は運用後に再び自国通貨に交換する必要があります。現在の名目為替レートを**直物レート**（スポットレート）といいますが，それを e_1 とおきます。ここで添え字の 1 は今期を意味するとします。第 2 期に自国通貨に戻す場合，その為替レートは e_2 であるとします。日本の金利（円建て）を i，米国の金利（ドル建て）を i^* とすると，金利平価は以下のときに成立します。左辺は日本で 1 単位（円）運用した場合は，右辺は円を e_1 で米国ドルに交換した後，e_2 で円に戻すことを意味します。ここから金利平価の式が得られます[6]。

$$1 + i = (1 + i^*)\frac{e_2}{e_1} \quad \rightarrow \quad i - i^* = \frac{e_2 - e_1}{e_1}$$

　実際には e_2 の為替レートは現時点では不明なので予測値になります。e_2 の為替レートを期待値で表現したものは**カバーなし金利平価**といいます。

　図 7.12 は 2 つの時期について，米国と日本の国債金利差と為替レートの推移を重ねて描いたものです。どの金利が為替レートとの相関が強いのかは時期によります。金融政策やその予想が市場で意識される場合と，景気が急激に悪化した場合とでは状況が異なります。図では 2 年金利と 10 年金利の 2 つの金利で金利差をとらえています。

　図 7.12 上段は 2022 年の円安の時期（2022 年 3 月 1 日から 12 月 20 日まで）です。日次データを用いることで細かな動きをとらえています。この頃の為替レートは名目為替レートが円安となるだけでなく，実質でも過去最安値となりました。米国ではインフレ率の上昇に対して，金融引締め（金利引上げ）が行

---

[6]　式の導出については本文では省略したが，金利が小さい値であることから，$i \times i^* \approx 0$，$i^{*2} \approx 0$ と近似できることを利用している。

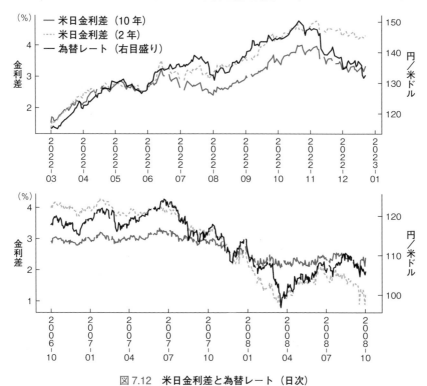

図 7.12　米日金利差と為替レート（日次）

（出所）米国 FRB, FRED および財務省「国債金利情報」より作成
（注）米国国債金利，為替レートは 2022 年の図では日本銀行の統計（東京市場ドル・円スポット 17
時時点），2006～2008 年の図では米国 FRB の FRED の統計を用いた。日本国債の金利は財務省
「国債金利情報」の統計を用いた。

われました。一方で日本では金融緩和が継続され，金利差が拡大しました。

　下段図はリーマンショック後の状況です。日米どちらも景気後退に対して金
融緩和策をとりましたが，日本の金利はもともと低かったこともあり，金利差
は縮まりました。為替レートは円高へと変化しています。

　この図を見るとほとんど金利差で説明できそうですが，実際には他の要因も
あります。リーマンショック後は欧州銀行のドル資金不足もあり，ドルは円以
外の通貨に対してはドル高でした。「有事の円買い」といわれることもありま
す。また，金融政策に対する市場の予測も影響するので，市場がその変化を先
取りして取引すれば，ある時点の金利と為替レートは必ずしも相関しない場合
もあります。

コラム7.3　回帰分析：株価と為替レート

　経済分析では，経済変数の相関関係だけでなく，**因果関係**の把握も必要になります。因果関係とは影響の方向性のことです。たとえば，天候が悪化すれば農作物の収穫が減少するという関係はありそうですが，逆に収穫量が減少したとしても天候は悪化しそうにありません。政府発行の白書を読んでみると，**回帰分析**（regression analysis）など**計量経済学**（Econometrics）の手法を用いて，因果関係も含む結果がよく出てきます。日本経済を読むためにも必要なので，ここでは回帰分析の概要を学び，結果をある程度解釈できるようにします[7]。

　本文で学習した株価と為替レートを例に考えます。相関係数は相互関係を確認するにすぎませんでしたが，ここでは為替レートが円安になると株価が上昇するという因果関係を含む分析をしてみます。ある日 i の為替レート（円・米ドル為替レート）を X_i，株価（日経平均株価指数）を Y_i として，次の式でその関係を示します。

$$Y_i = a + bX_i + u_i$$

　因果関係という視点から，為替レート X を**説明変数**（explanatory variable），株価 Y のことを**被説明変数**（explained variable）といいます。株価と為替レートは時系列データで，ここで i は日次を意味します。この式で b は回帰係数（パラメータ（parameter））とよばれるもので，ここで求めたい株価と為替レートの関係を表す値です。a は**定数項**といいます。u 以外は，中学校の数学で出てくる1次関数の式と同じになっており，a はその切片にあたります。u は**誤差項**（または攪乱項）とよばれるもので，この回帰式を求める際のポイントになります。

　さて，為替レートと株価の関係である a と b が統計分析で得られたとします。その求めた値を a，b とすると，実際の為替レートから，株価の**予測値**（理論値）を以下のように求めることができます。＾（ハット）の記号は実際の値ではなく，推計で得られた値であることを示しています。

$$\hat{Y}_i = \hat{a} + \hat{b}X_i$$

　ただ，このようにして得られる予測値（理論値）は，ぴったり実際の値（観測値）と一致するとは限りません。むしろ，なかなか一致しないでしょう。図7.13

[7] 回帰分析を自分で分析できるようになるには，計量経済学を学ぶ必要があるが，計量経済学の教科書はそれなりの分量がある。本書では経済ニュースで出てきたときに，感覚的に把握できるようになる程度を目指して学習する。

左は，相関係数でみた株価と為替レートのプロット図に回帰分析で求めた式（$Y_i = \hat{a} + \hat{b}X_i$）を描いています。この直線には u 値は含まれていません。図のように実際の値を示す点と直線には乖離があります。

右の図は為替レート X の実際の値を代入して株価の予測値と実際の株価を比較したものです。かなり近い動きですが，完全に一致しているわけではありません。このように予測値と実際値には差があり，それを残差（residual）とよびます。上記式ではそれを誤差項として含んでいるのです。

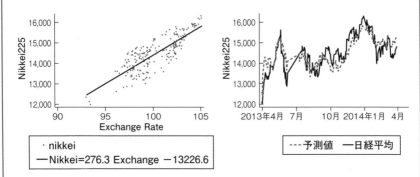

・nikkei
—Nikkei=276.3 Exchange −13226.6

┈予測値 —日経平均

図 7.13 回帰分析：誤差項と予測値

a や b は，誤差項が全体でできるだけ小さくなるような値を求めます。誤差項はプラスとマイナスの値が出てくるので，それを 2 乗してすべてプラスの値に変換します。この 2 乗した値の最小値を求めるため，最小 2 乗法（OLS; ordinary least squares method）とよばれています。本書では具体的な求め方を説明しませんが，この発想だけでも知っておけば今後の経済学の学習に役立つでしょう。

回帰分析のような高度な分析には専門のソフトウェアを用いることになります[8]。表 7.5 は Stata というソフトウェアによる結果ですが，さまざまな数値が出力されています。計量経済学ではそれぞれの値の求め方や意味を学んでいきます。

さて，ここで用いた株価と為替レートの回帰分析結果をまとめると，以下の式になります。為替レートが対ドルで 1 円の円安になると，株価が 276.35 上昇するという意味です。

---

[8] Microsoft Excel にも回帰分析の機能がある。バージョンにもよるが，データ・タブにデータ分析というのがあり，そこにさまざまな分析ツールが用意されている。回帰分析の他にも，ヒストグラムを作成するツールもある。本書では Stata というソフトウェアの結果である。その他に，無料のソフトウェアの R や Python でも分析できる。

表 7.5　Stata による推計結果（例）

Source	SS	df	MS			
Model	96046709	1	96046709	Number of obs	=	217
Residual	45683563.4	215	212481.69	F(1, 215)	=	452.02
				Prob > F	=	0.0000
				R-squared	=	0.6777
Total	141730272	216	656158.669	Adj R-squared	=	0.6762
				Root MSE	=	460.96

nikkei	Coefficient	Std. err.	t	P>|t|	[95% conf. interval]	
exchange	276.3492	12.99803	21.26	0.000	250.7293	301.969
_cons	−13226.57	1303.938	−10.14	0.000	−15796.71	−10656.43

$$Y_i = -13226.57 + 276.35X_i + u_i$$
$$(-10.14)^{**} \quad (21.26)^{**}$$

ここでカッコ内の数値は t 値とよばれるもので，推計したパラメータがゼロとは
ならない（すなわち意味ある数値が推定されたかどうか）の**仮説検定**をするため
のものです。とりあえずは，絶対値でみて 2 を超えているかどうかを確認しまし
ょう。

　カッコ外に＊印がついています。この＊印があれば有意に推定されたことを意
味します。＊印が 2 つで有意水準 1 ％，＊印が 1 つだと有意水準 5 ％で推計値が
ゼロの仮説を棄却できることを示しました。有意水準 5 ％，すなわち，推定した
パラメータがゼロとなる確率が 5 ％以下であれば，この値はもっともらしいとと
らえます。ただし，有意水準と＊印の数の関係は分析によって異なります。表の
注意書きで確認しましょう[9]。

　回帰分析は政府が発行する白書やその他の報告書でもよく利用されているため，
ここでもその概要を学んでおきました。ただし，回帰分析などの統計分析をする
場合は，その方法が正しいのかどうかなどの検討も必要です。回帰分析もいくつ
もの前提が必要で，それが満たされない場合，結果も正しいとはいえません。

　詳しくは，計量経済学で学んでいくと思いますが，ここでは 1 つだけ紹介しま
す。図 7.14（1）は，上で得られた残差（予測値と観測値の差）をプロットした
ものです。残差を最小にするように（残差の平均がゼロとなる）推定をしたので
すが，それが一様ではなく，残差のグラフが 1 つの時系列データのように動いて

---

[9]　本書では説明しなかったが，推定した回帰分析があてはまるかについて，決定係数
（R-squared）もよく参照される。本文表の Stata による結果では 0.6777 という数値が出
力されている。1 に近いほうがあてはまりがよいと解釈する。説明変数が複数の場合は
修正決定係数（Adjusted R-squared）も参照する。

いるような形になっています。これは時系列データによくみられる現象で系列相関といい，回帰分析が適切ではないことを示しています。

　系列相関への対応方法は，水準ではなく，変化率を用いて推定することです。変化率を用いた場合の結果は以下のようになります。

$$Y_i \text{変化率} = -0.0004 + 1.02 X_i \text{変化率} + u_i$$
$$(-0.39) \quad (6.15)^{**}$$

　図 7.14（2）は変化率による場合の残差をプロットしたものです。若干，平均ゼロから極端に離れた点がありますが，ばらつきは一様になっていますので，水準で分析するよりも適切だといえます。ちなみに，結果は1%の為替レート変化が，ほぼ同じ1%の株価上昇となっています。

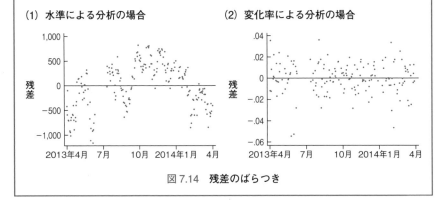

図7.14　残差のばらつき

復習

(1) 個人事業主や非営利法人とは異なり，法人企業は◻◻◻金をベースに生産活動を行い，売上から費用を差し引いた利益を得て，法人税を納めます。

(2) 個別企業の経営状況は，各企業の損益計算書（P/L），◻◻◻表（B/S），キャッシュフロー計算書（C/S）からなる財務諸表でみることができます。財務データ情報を集め，企業全体の統計として公表されるのが財務省「法人企業統計調査」です。

(3) 投資動向は，日銀短観の設備投資計画や，内閣府「◻◻◻統計調査報告」の「◻◻◻（船舶・電力を除く民需）」でみることができます。GDP や日銀短観が四半期なのに対して，◻◻◻統計調査報告は月次なので，速報性に優れています。

(4) 法人企業統計の売上高と，経済産業省「海外事業基本活動」の海外現地法人売上高から◻◻◻比率（＝海外現地法人売上高／（海外現地法人売上高＋国内法人売上高））を求められます。1990 年以降について，◻◻◻比率はおおむね上昇傾向にありましたが，2013 年頃からは横ばいです。

(5) 東京証券取引所は 2022 年 4 月に市場区分を再編しました。かつては，大企業向けの第 1 部，中堅企業向けの第 2 部，成長企業やその他の企業向けのマザーズや JASDAQ でしたが，再編後は，◻◻◻，スタンダード，グロースの区分となりました。

(6) 株式の取引価格を株価といいます。また，株価に株式発行枚数を乗じたものを◻◻◻総額といいます。

(7) 株価を決めるのは，その会社の将来にわたる利益の合計です。将来予想も含むため，その市場予想の変化で株価も瞬時に変化します。このような会社の利益を踏まえて導出される株価をマーケット・◻◻◻といい，将来にわたる配当金の割引現在価値となります。

(8) ◻◻◻説（PPP; Purchasing Power Parity）とは，2 国の物価水準が同一になるように為替レートが定まるとするものです。

(9) 2 国間に金利差があればその差から利益を得る◻◻◻裁定が生じます。そのような利益が得られなくなる条件を無裁定条件といいます。無裁定条件が満たされるまで，資金の移動が生じ，その過程で為替レートが調整されます。

(10) 経済分析では，経済変数の相関関係だけでなく，◻◻◻関係の把握も必要になります。回帰分析など計量経済学の手法を用いて分析します。

練習問題

問題 1　財務省「法人企業統計調査」には四半期別調査と年次別調査があります。最近公表された調査結果に関するニュースをネット検索等で調べ，どのような報道がなされているかをまとめてください。

問題 2　コラム 7.1 で紹介した「法人企業統計のデータ入手」を自分でしてみてください。

問題 3　内閣府「機械受注統計調査報告」は月別調査です。最近公表された調査結果に関するニュースをネット検索等で調べ，「機械受注（船舶・電力を除く民需）」についてどのような報道がなされているかをまとめてください。

問題 4　グローバル・バリュー・チェーン

　下図は 2021 年 6 月の日本経済新聞の記事より引用したもので，Apple 社の iPad pro に含まれる部品がどの国の企業により生産されたかを，新旧製品について分解により調査した結果です（部品原価の総額に対する割合）。ここから，この製品の製造や付加価値がどの国で行われているかについて議論してください。

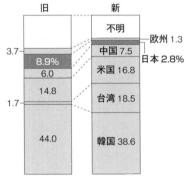

iPad Pro の新旧モデルの部品
国・地域別構成比率

主な採用部品や増減要因	
欧州	ST マイクロエレクトロニクスの電源 IC など
台湾	エノスターの LED など液晶向け拡大
日本	ソニー G のセンサー寄与も価格減
中国	ATL の電池や USI の通信部品
米国	クアルコムの 5G 半導体など
韓国	LG ディスプレーの液晶や SK ハイニックスのメモリー

（出所）2021 年 6 月 17 日付日本経済新聞
（注）フォーマルハウトの調査を日本経済新聞が推計。比率は今回分解した端末を分析した。企業は本社ベース。

問題 5　コラム 7.2 で紹介した「貿易統計のデータ入手と整形」を自分でしてみてください。

問題 6　株価

　次の図は 2020 年 3 月前後における日経平均株価指数のローソク足チャートです。2022 年 3 月 13 日に前日終値からの下落幅が 1128.58（始値 18183.47，高値 18184.46，

安値 16690.60，終値 17431.05）となりました。一方で，3 月 24 日，25 日には大幅な上昇となっています。このような動きとなった原因を調べてみてください。なお，3 月 23 日（月）終値は 16887.78 であり，3 月 24 日（火）終値は 18092.35 なので，上昇幅は 1204.57 です（3 月 24 日始値 17206.88，高値 18100.39，安値 17197.14，終値 18092.35）。3 月 25 日（水）の上昇幅は 1454.28（（始値 18446.80，高値 19564.38，安値 18446.80，終値 19546.63）です。

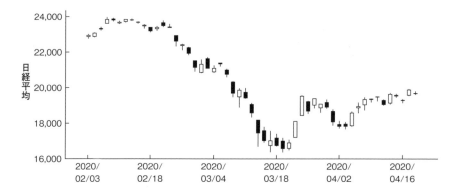

問題 7　図 7.9 の日本銀行「資金循環統計」は 2022 年第 1 四半期の資金循環（速報），参考図表，図表 1 部門別の金融資産・負債残高を抜粋したものです。最新の統計について，この図と同じものを日本銀行のウェブサイトで確認してください。

問題 8　金利平価

　図は図 7.12 と同じ統計（日次データ）から，2011 年 1 月〜2024 年 3 月について，米日金利差（10 年）と為替レートを描いたものです。2012 年頃までの円高，2013 年頃からの円安への変化について議論してください。

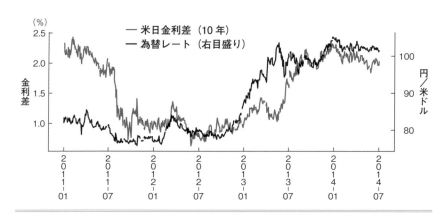

練習問題解答

問題1　例として，2022 年 12 月 1 日 8 時 50 分公表の 2022 年 7〜9 月期分のニュースでは，経常利益の増加，7 期連続で前年同期を上回っていること，利益額が 7〜9 月期としては過去最高であることが報道されました（2022 年 12 月 1 日付日本経済新聞など）。部品不足の解消や円安による効果で製造業での伸びが大きかった。その他にも，非製造業での状況，売上高，設備投資などの状況が報道されています。

問題2　方法はコラム 7.1 の通り。

問題3　例として，2022 年 12 月 14 日 8 時 50 分公表の 2022 年 10 月実績について，内閣府のウェブサイトでは以下のように説明されており，ニュース報道でも同様の内容となっています。「民間設備投資の先行指標である「船舶・電力を除く民需」の動向をみると，2022（令和 4）年 9 月前月比 4.6％減の後，10 月は同 5.4％増の 9,147 億円となりました。このうち，製造業は同 6.4％減の 4,254 億円，非製造業（除く船舶・電力）は同 14.0％増の 4,842 億円となった。」（内閣府「令和 4 年 10 月実績：機械受注統計調査報告」調査結果の概要（季節調整値）より抜粋）

問題4　Apple 社は米国企業ですが，その製品の部品は日本，台湾，韓国などさまざまな国で製造されています。主な組立て（生産）は中国で行われ，製品は Made in China ですが，付加価値は中国以外の国にも帰属します。このような Apple 社の多くの製品には Designed in California. Assembled in China と表記されています。

問題5　方法はコラム 7.2 の通り。

問題6　2020 年 3 月は新型コロナウイルス感染症の拡大による経済への影響が強く意識された時期でした。米国では雇用者数が 3 月に前月差マイナス 70 万人（4 月，5 月はさらに減少）となるなど，リーマンショック並の状況だと考えられました。日本でも 2020 年 4 月の就業者数が前年同月に比べて 80 万人減少し，88 カ月ぶりの減少となりました。それに対して，米連邦準備制度理事会（FRB）は 3 月 15 日（日本時間 16 日）に緊急利下げ，日本銀行は 3 月 16 日の金融政策決定会合で追加金融緩和を決定しました。その他，大阪府や東京都で外出自粛要請依頼，3 月 24 日に東京五輪・パラリンピックの延期などの対応も行われました。これらの対策に対して株価が反応したものと思われます。

問題7　日本銀行「資金循環統計」の参考図表のうち「部門別の金融資産・負債残高」で確認できます。

問題8　2009年に発生したギリシャ財政危機を契機に，債務危機はポルトガルやイタリアへ拡大し，2010年代前半は欧州債務危機となりました。この時期の円高は，米日金利差でも説明できますが，それとともに安全資産として円が買われたことも影響しています。2012年後半頃から欧州債務危機が落ち着くとともに，日本では政権交代となり，金融緩和策を含むアベノミクスが採用されました。一方で，米国では金融緩和（量的緩和政策第3弾）の終了があり，金利差が拡大して円安となりました。

索　引

著者略歴

つり　まさお
釣　　雅雄

1972 年　北海道小樽市生まれ
1997 年　高崎経済大学経済学部卒業
2002 年　一橋大学大学院経済学研究科博士後期課程単位修得退学
2005 年　博士（経済学）取得
　　　　　日本学術振興会特別研究員 PD，一橋大学経済研究所助手，岡山大学大学院
　　　　　社会文化科学研究科助教授，准教授，教授を経て
2022 年　武蔵大学経済学部教授（現在に至る），岡山大学名誉教授

主要著書・訳書

『グラフィック財政学』（2009 年・共著），新世社

『ジョーンズ　マクロ経済学　第 I 巻・第 II 巻』（2011 年・共訳），東洋経済新報社

『入門 日本経済論』（2014 年・単著），新世社

『入門・日本経済 ［第 6 版］』「第 7 章　財政・財政政策」（2020 年・分担執筆），有斐
　閣

ライブラリ 経済学レクチャー＆エクササイズ=6

レクチャー＆エクササイズ **日本経済論**

2023 年 6 月 25 日©　　　　　　　　初 版 発 行

著 者　釣　　雅 雄　　　　　発行者　森 平 敏 孝
　　　　　　　　　　　　　　　印刷者　中 澤　　眞
　　　　　　　　　　　　　　　製本者　小 西 惠 介

【発行】　　　　　　　株式会社　**新世社**
〒151-0051　　東京都渋谷区千駄ヶ谷 1 丁目 3 番 25 号
編集 ☎ (03) 5474-8818（代）　　　サイエンスビル

【発売】　　　　　　　株式会社　**サイエンス社**
〒151-0051　　東京都渋谷区千駄ヶ谷 1 丁目 3 番 25 号
営業 ☎ (03) 5474-8500（代）　　　振替 00170-7-2387
FAX ☎ (03) 5474-8900

組版　ケイ・アイ・エス
印刷　㈱シナノ　　　　　　　　製本　ブックアート
《検印省略》

サイエンス社・新世社のホームページのご案内
https://www.saiensu.co.jp
ご意見・ご要望は
shin@saiensu.co.jp　まで.

ISBN978-4-88384-368-8

PRINTED IN JAPAN

ライブラリ 経済学レクチャー & エクササイズ=1

レクチャー & エクササイズ
経済学入門

上村 敏之 著
A5 判／ 240 頁／本体 2,050 円（税抜き）

本書は，経済学にはじめてふれる方のためにやさしく書かれた入門書です。「予習→講義→復習→練習」というサイクルに沿って学ぶことにより，「経済学的な考え方」を自ずと身につけることを目指します。また，直観的にも理解しやすいように，多くの図表を用いています。経済学をはじめて学ぶ方，学び直そうとする方におすすめの一冊です。

【主要目次】
経済学の基礎的な概念／市場における交換／家計の経済行動Ⅰ／家計の経済行動Ⅱ／企業の経済行動／市場の働きと政策の効果／マクロ経済学の基礎

発行　新世社　　　発売　サイエンス社